Contraste insuffisant

NF Z 43-120-14

Y. 6462
D+a.6.

(c)

Yk 323

SHAKESPEARE.

TOME SIXIÈME.

SHAKESPEARE
TRADUIT
DE L'ANGLOIS,
PAR M. LE TOURNEUR.
DÉDIÉ
AU ROI.

Homo sum : humani nihil à me alienum puto. Tér.

TOME SIXIÈME.

A PARIS,

Chez
- L'AUTEUR, rue de Tournon, hôtel de Valois.
- MÉRIGOT Jeune, Libraire, quai des Augustins, au coin de la rue Pavée, maison neuve.
- VALADE, Imprimeur-Libraire, rue des Noyers.

M. DCC. LXXIX.
Avec Approbation & Privilége du Roi.

ANTOINE ET CLÉOPATRE.

ACTE PREMIER.

La Scène repréſente le Palais d'Alexandrie en Egypte. DÉMÉTRIUS & PHILON *entrent continuant un entretien.*

SCÈNE PREMIÈRE.
PHILON.

Non. Ce fol amour de notre Général paſſe toutes les bornes; & ſes yeux, qu'on voyoit au milieu de ſes légions rangées en bataille, étinceller de feux, comme l'œil de Mars quand il s'eſt couvert de ſon armure divine, maintenant eſclaves d'un front baſanné, tiennent ſans ceſſe attachés ſur cette Idole leurs languiſſans & ſerviles regards. Ce cœur né pour la guerre, ce cœur qui plus d'une fois dans la chaleur des grands combats, brisa dans ses élans les boucles de son armure sur son sein, s'amollit & perd sa trempe belliqueuse! Ainsi Antoine épuise sa force & son courage, à exciter, à calmer les lascives ardeurs d'une (†) Égyptienne!... Vois: les voilà qui viennent ensemble.

SCÈNE II.

On entend des fanfares.

Les mêmes. ANTOINE & CLÉOPATRE *qui s'avance suivie de ses femmes, & précédée d'Eunuques agitant des éventails devant elle.*

DÉMÉTRIUS *continue.*

Observe-le; & tu verras Antoine, la (§) troisième colonne de l'Univers, transformé en fol esclave d'une coquette sans pudeur.

(†) *Gypsy* est ici employé dans ses deux sens, d'Égyptienne & de Bohémienne, femme de mauvaise mœurs.

(§) Allusion au Triumvirat.

CLÉOPATRE à *Antoine.*

Si c'est de l'amour, dis-moi, quel degré d'amour ?

ANTOINE.

Qui peut déterminer la mesure de son amour, n'a qu'un amour foible & vulgaire.

CLÉOPATRE.

Je veux poser la dernière borne de l'amour, & savoir jusqu'à quel point je peux être aimée.

ANTOINE *avec transport.*

Découvre donc un nouveau ciel, une terre nouvelle, & recule les bornes de cet Univers.

Entre un Courier.

LE COURIER.

Des nouvelles, mon Général, des nouvelles de Rome !

ANTOINE.

Ta présence m'importune : achève; en peu de mots.

CLÉOPATRE *d'un ton d'ironie.*

Hé bien, Antoine, allez donner audience aux Députés. Fulvie peut-être est courroucée. Ou qui sait si le jeune César ne vous envoie pas ses ordres suprêmes: *songez à m'obéir en tel & tel point ; emparez-vous de ce royaume : affranchissez cet autre Roi: obéissez, ou vous encourez ma disgrace.*

ANTOINE.

Que dis-tu, mon amour?

CLÉOPATRE.

Peut-être, & cette conjecture, je le pense, est très-vraisemblable, peut-être que vous ne devez pas vous arrêter plus long-tems ici ; & que l'ordre de partir vous est envoyé par César; ainsi, écoutez ces nouvelles, Antoine. Sachez, quelles plaintes Fulvie a portées devant le Sénat... César, voulois-je dire....: Hé, tous deux. — Allons, faites entrer les Députés. — Comme il est vrai que je suis Reine d'Égypte, tu rougis, Antoine ; ce sang qui te colore, rend hommage à César ; ou bien ce sont les feux que la honte allume sur tes joues, quand la voix glapissante de Fulvie en courroux te querelle.

ANTOINE *transporté par sa passion.*

Que Rome s'enseveliffe sous les eaux du Tybre ; & que tout l'Empire s'écroule sur ses colonnes renversées! C'est ici qu'est mon univers. Que font les royaumes, qu'un vaste amas d'argile? Notre globe fangeux nourrit indifféremment la brute & l'homme. S'aimer ainsi (*il embrasse Cléopâtre*) s'aimer comme nous, couple d'amans inséparables, voilà le plus noble, le seul emploi de la vie! Et je m'engage, sous peine de punition, à prouver à l'Univers, que nous formons un couple d'amans qui n'a jamais eu son égal.

CLÉOPATRE, *à part.*

O rare imposture! Pourquoi a-t-il épousé Fulvie & ne l'a-t-il pas aimée? Je veux bien paroître dupe; mais je ne le suis pas. (*à Antoine*) Antoine sera toujours lui-même.

ANTOINE.

Toujours gouverné par Cléopâtre. Mais pour l'amour de l'Amour, au nom de ses douces heures, ne perdons pas follement le tems en propos fâcheux. Nous ne devrions pas laisser écouler une seule minute de notre vie, sans la marquer par quelque plaisir.... Allons, quel amusement nous donnerons-nous ce soir?

CLÉOPATRE.

Donnez audience aux Députés.

ANTOINE.

Cessez donc, Reine querelleuse; à qui tout sied;

gronder, rire, pleurer : chaque paſſion brigue à l'envi l'honneur de ſe peindre dans les traits de votre beau viſage. Point de Députés que de ta part, chère Amante ! Et ce ſoir, tous deux ſeuls, nous nous promenerons dans les rues d'Alexandrie, & nous nous amuſerons à obſerver le peuple & ſon caractère... Venez, ma Reine : c'eſt un plaiſir que vous deſiriez hier au ſoir. (*Au Meſſager*). Ne me parle pas.

(*Ils ſortent avec leur cour*).

DÉMÉTRIUS.

Antoine fait-il donc ſi peu de cas de Céſar ?

PHILON.

Oui, quelquefois, quand il n'eſt plus lui-même, il deſcend trop bas de cette grandeur qui devroit toujours accompagner Antoine.

DÉMÉTRIUS.

Je ſuis vraiment affligé de le voir changer en vérités tous les récits de la populace ; voilà en effet le portrait qu'elle fait de lui dans Rome : mais j'eſpère demain de plus nobles procédés de ſa part... Adieu, ſoyez heureux.

SCÈNE III (*).

Une autre partie du Palais d'Alexandrie.

CHARMIANE, IRAS, ALEXAS, ENOBARBUS, *qui s'amusoient à se faire dire leur bonne aventure par un Devin.* CLÉOPATRE.

ENOBARBUS.

Silence : je crois entendre Antoine.

CHARMIANE.

Ce n'est pas lui; c'est la Reine.

CLÉOPATRE *à Enobarbus*.

Avez-vous vu mon Roi ?

ENOBARBUS.

Non, Madame.

CLÉOPATRE.

Est-ce qu'il n'étoit pas ici ? (†)

CHARMIANE.

Non, Madame.

___

(†) Il s'est passé l'intervalle d'une Scène, qu'on trouvera à la fin.

CLÉOPATRE.

Il étoit d'une humeur gaie !... Mais tout-à-coup un souvenir de Rome a saisi son ame. — Enobarbus ?

ENOBARBUS.

Madame.

CLÉOPATRE.

Cherchez-le, & l'amenez ici..... — Où est Alexas ?

ALEXAS.

Me voici, tout prêt à vous obéïr. — Mais mon maître s'avance.

Antoine entre avec un Courier & sa suite.

CLÉOPATRE *se retirant.*

Je veux paroître ne l'avoir pas vu : (*à ses femmes*) suivez-moi.

(*Tous sortent.*)

SCÈNE IV.

ANTOINE, LE COURIER.

LE COURIER.

Fulvie, votre épouse, s'eft avancée la première dans la plaine....

ANTOINE.

Contre mon frère Lucius?

LE COURIER.

Oui : mais cette guerre a bientôt été terminée. Les circonftances préfentes les ont auffi-tôt réconciliés, & ils ont réuni leurs forces contre Céfar. Mais dès le premier choc, la fortune de Céfar dans la guerre les a chaffés tous deux de l'Italie.

ANTOINE.

Fort bien : qu'as-tu de plus funefte encore à m'apprendre ?

LE COURIER.

Le Meffager des mauvaifes nouvelles en eft la victime.

ANTOINE.

Oui, quand elles s'adreffent à un infenfé, à un

lâche ; poursuis. — Avec moi, ce qui est passé, est passé, voilà mon principe. Quiconque m'apprend une vérité, dût la mort être au bout de son récit, je l'écoute aussi volontiers que s'il me flattoit.

LE COURIER.

Labienus, & c'est une sinistre nouvelle, avec son armée de Parthes, a envahi l'Asie mineure, & porté l'étendard de ses conquêtes, depuis l'Euphrate & la Syrie, jusqu'à la Lidye & l'Ionie; tandis qu'ici.....

ANTOINE.

Tandis qu'Antoine, voulois-tu dire...

LE COURIER.

Oh! mon Maître!

ANTOINE.

Parle-moi sans détour: n'adoucis rien : rends-moi les bruits populaires dans toute leur vérité : nomme Cléopâtre du nom dont on l'appelle dans Rome ; prends le ton d'ironie dont Fulvie parle de moi; reproche-moi mes fautes avec toute l'amertume & la licence, que déploie la vérité dans la bouche de la malignité. — Oh! l'homme végète & languit sans rien produire, quand le souffle violent de la censure ne l'agite pas de ses secousses. Le récit du mal qu'on dit de nous, fait sur l'ame, ce que le soc fait sur la terre; il la déchire & la féconde. — Laisse-moi un moment.

LE COURIER.

Je suis à vos ordres, Seigneur.

ANTOINE *à un autre Courier.*

De Sicyone, quelles nouvelles? Appelle le Courier.

LE PREMIER COURIER *s'en va & appelle.*

Le Courier de Sicyone? — Y a-t-il un Courier arrivé de Sicyone? (*il sort*).

LES GENS *de la suite d'Antoine.*

Seigneur, il attend vos ordres.

ANTOINE.

Qu'il vienne. — Il faut que je brise enfin ces entraves Égyptiennes qui me tiennent si fort enchaîné; ou que je m'abîme tout-à-fait dans ma folle passion. (*Entre un second Courier avec une lettre*). Que m'annonces-tu, toi?

LE SECOND COURIER.

Votre épouse, Fulvie, est morte.

ANTOINE.

Où est-elle morte?

LE COURIER.

Dans Sicyone : la longueur de sa maladie, & d'autres circonstances plus graves encore, qu'il vous importe de connoître, sont détaillées dans cette lettre.

(*Il lui donne la lettre.*)

ANTOINE.

Laissez-moi seul. (*Le Courier sort*). Voilà une grande ame disparue du monde ! — L'événement que j'ai desiré, le voilà arrivé ! — Ainsi l'objet que nous repoussions avec dédain, dès que nous l'avons perdu ; nous voudrions le posséder encore ! Ainsi le plaisir qui nous flatte, lorsqu'il vient à s'évanouir, change, en finissant, de nature, & devient une peine. — Elle devient à mes yeux un bien, un trésor pour moi, à présent qu'elle n'est plus ! La main qui la rejettait loin de moi, voudroit maintenant la retenir ! — Il faut absolument que je m'affranchisse du joug où me captive cette Reine enchanteresse. Mille maux plus grands que ceux que je connois déjà, sont prêts à éclore de ma honteuse indolence. — Où es-tu, Enobarbus ? (*Enobarbus entre.*)

ENOBARBUS.

Que voulez-vous, Seigneur ?

ANTOINE.

Il faut qu'Antoine parte sans délai de ces lieux.

ENOBARBUS.

En ce cas, nous assassinons toutes nos femmes. Vous savez, par expérience, combien une marque d'indifférence, un défaut d'égard leur est mortel. S'il leur faut subir notre séparation, la mort est dans nos adieux.

ANTOINE.

Il faut que je parte.

ENOBARBUS.

Dans une occasion pressante, qui nous commandera, donnons le coup de la mort à ces femmes, soit: mais ce seroit pitié de les immoler sans nécessité. Toutes les fois qu'il s'agit de choisir entr'elles & un grand intérêt, il est permis alors de les compter pour rien. — Au moindre vent, au moindre bruit de ce dessein, Cléopâtre meurt; c'est fait d'elle. Ne l'ai-je pas vue à l'agonie vingt fois pour des sujets bien plus légers, pour des bagatelles?... A la voir si prompte à s'évanouir, à mourir, je suis tenté de croire qu'il est pour elle, jusque dans la mort même, d'amoureuses jouissances.

ANTOINE.

Elle eſt ruſée à un point que l'homme ne peut imaginer.

ENOBARBUS.

Hélas, non, Seigneur ! Ses paſſions ne ſont formées que des plus purs élémens de l'amour. Les vents & les flots ſont des images trop foibles pour peindre la violence de ſes ſoupirs & ſes torrens de larmes ; il n'eſt point dans la nature d'orages auſſi fougueux que ſes tranſports, & ils ne peuvent être en elle l'effet de l'artifice & de la ruſe.

ANTOINE.

Que je voudrois ne l'avoir jamais vue !

ENOBARBUS.

Ah, Seigneur, vous auriez été privé de voir la merveille du monde ; & ſi vous n'aviez pas joui de ſes céleſtes faveurs, vos voyages auroient perdu la moitié de leur gloire & de leur prix.

ANTOINE.

Fulvie eſt morte.

ENOBARBUS.

Seigneur !

ANTOINE.

Fulvie eſt morte.

ENOBARBUS.

Fulvie?

ANTOINE.

Elle eſt morte!

ENOBARBUS.

Hé bien, Seigneur, vous devez aux Dieux un ſacrifice d'actions de graces. Quand il plaît à leur volonté suprême, d'enlever à un homme ſon épouſe, ils lui montrent ſur la terre des exemples & des motifs de conſolation. Si notre vieux manteau eſt uſé, nos membres ne nous reſtent-ils pas, tout prêts à revêtir une robe nouvelle? Si après Fulvie il ne reſtoit plus de femmes ſur la terre, alors, je l'avoue, vous auriez reçu une plaie profonde,..... & vous auriez ſujet de vous abandonner à la douleur : mais ce chagrin vous laiſſe une conſolation ſouveraine; c'eſt que des cendres de ce vieil attachement, vont renaître de jeunes amours: & en vérité, pour pleurer cette perte, il faut avoir dans les yeux une ſurabondance de larmes, qui veulent couler ſans que le cœur s'y intéreſſe.

ANTOINE.

La trame qu'elle a ourdie dans l'État, ne peut ſouffrir plus long-tems mon abſence.

ENOBARBUS.

Et celle que vous avez filée en ces lieux, ne peut se passer de votre présence : sur-tout Cléopâtre, dont le sort dépend absolument de votre séjour en Égypte....

ANTOINE.

Plus de frivoles réponses. — Que nos Officiers soient instruits de ma résolution. Je déclare sans détour à la Reine la cause de notre départ, & je prends congé d'elle. Car ce n'est pas seulement la mort de Fulvie, & d'autres motifs plus pressans encore, qui parlent fortement à mon cœur: des lettres aussi de plusieurs de nos amis qui forment des projets dans Rome, pressent mon retour dans ma patrie. Sextus-Pompée a envoyé un défi à César, & il tient l'empire de la mer. Notre peuple inconstant, dont l'amour ne s'attache jamais à l'homme de mérite, qu'après que son mérite a disparu, commence à faire passer toutes les dignités & la gloire du grand Pompée sur la personne de son fils. Son fils, puissant par sa renommée & par ses forces, plus redoutable encore par sa jeunesse & son bouillant courage, s'élève & passe déjà pour un grand guerrier ; & si ses avantages vont en croissant, l'Univers pourroit être en danger.

danger. Plus d'un germe malfaifant, s'il n'a pas encore le venin du ferpent, s'anime pourtant & commence déjà à prendre vie (†). Fais paffer mes intentions à ceux que leur place oblige de me fuivre.

ENOBARBUS.

Je vais exécuter vos ordres.

(*Ils fortent*)

SCÈNE V.

CLÉOPATRE, CHARMIANE, ALEXAS, IRAS.

CLÉOPATRE.

Où eft-il ?

CHARMIANE.

Je ne l'ai pas vu depuis.

CLÉOPATRE.

Voyez où il peut être ; qui eft avec lui, & ce qu'il

(†) *Comme la crinière du courfier dans l'eau trouble* ; allufion à une vieille opinion populaire, que la crinière d'un cheval tombée dans de l'eau corrompue, fe changeoit en animaux vivans.

fait. N'ayez pas l'air d'être envoyée par moi. — Si vous le trouvez triste, dites-lui que je suis joyeuse & occupée à danser; s'il est gai, annoncez-lui que je viens de me trouver mal. Volez, & revenez.

CHARMIANE.

Madame, il me semble que si vous l'avez tendrement aimé, vous ne prenez pas les moyens de l'engager à vous rendre le même amour.

CLÉOPATRE.

Que devois-je faire,....que je n'aie fait?

CHARMIANE.

Laissez-le suivre en tout sa volonté; ne le contredisez en rien.

CLÉOPATRE.

Tu es une insensée; tu m'enseignes là le moyen de le perdre.

CHARMIANE.

Ne le tentez pas à ce point: vous allez trop loin. Je souhaite que vous ne suiviez pas votre idée : nous finissons par haïr celui qui nous force à le craindre. (*Antoine entre*) Mais j'apperçois Antoine.

SCÈNE VI.

Les mêmes : ANTOINE *s'avançant d'un côté du Théâtre.*

CLÉOPATRE *d'un autre côté du théâtre.*

Je suis malade & triste.

ANTOINE.

Je sens de la répugnance à lui déclarer mon dessein.

CLÉOPATRE.

Viens à mon secours; aide-moi, chère Charmiane, à sortir de ce lieu. Je sens que je vais m'évanouir. Je ne puis aller bien loin: la nature sera forcée de succomber.   (*Elle feint de s'évanouir.*)

ANTOINE *courant à elle.*

Hé bien, chère Reine.

CLÉOPATRE *d'une voix languissante.*

Je vous prie, éloignez-vous de moi.

ANTOINE.

Et quel est donc le sujet?

CLÉOPATRE.

Je lis dans vos yeux, que vous avez reçu de bonnes nouvelles. Que vous dit votre épouse? — Vous pouvez partir. Oh! je voudrois qu'elle ne vous eût jamais laissé la liberté de venir en Égypte! — Qu'elle ne dife pas fur-tout, que c'est moi qui vous retiens : moi, je n'ai aucun pouvoir fur vous. Vous êtes tout à elle.

ANTOINE.

Les Dieux favent bien...

CLÉOPATRE.

Non, jamais Reine ne fut fi indignement trahie... Mais n'étois-je pas affez avertie par fes premières perfidies ?

ANTOINE.

Cléopâtre !

CLÉOPATRE.

Quand tu ébranlerois de tes fermens le trône même des Dieux, comment pourrois-je croire que ton cœur eft à moi, que tu es fincère, toi, qui as trahi Fulvie ? O démence de ma folle paffion, de me laiffer féduire par des vœux parjures, par des fermens violés auffi-tôt que prononcés.

ANTOINE.

Ma tendre Reine....

CLÉOPATRE.

Ah ! de grace, ne cherche point de prétexte pour me quitter : fais-moi tes adieux & pars. Lorfque tu me fuppliois à genoux pour refter, c'étoit alors le tems des paroles : tu ne parlois pas alors de me quitter. — L'éternité étoit dans nos regards & sur nos lèvres. Le bonheur étoit peint sur notre front radieux; pas un de nos sens, pas une de nos facultés, qui ne goûtât une (†) félicité céleste. Ah! ces transports, cette félicité sont encore les mêmes; ou toi, le plus grand guerrier de l'univers, tu en es devenu aussi le plus grand imposteur.

ANTOINE.

Que dites-vous, Madame?

CLÉOPATRE.

Que je voudrois avoir ta stature & ta force! Tu connoîtrois, si la Reine d'Égypte avoit un courage...

ANTOINE.

Belle Reine, daignez m'écouter. L'impérieuse nécessité des circonstances m'entraîne & demande pour un tems ma présence dans les camps. Mais mon cœur tout entier reste avec vous & sous vos loix. Par-tout, notre Italie reluit des feux de la guerre civile. Sextus-Pompée s'avance jusqu'aux portes de Rome. L'égalité de deux pouvoirs domestiques éveille & nourrit les factions inquiètes. Le parti haï, devenu

―――――――――――――――――

(†) *A race of heav'n*, un goût de ciel. Le *Race* du vin est ce que nous appellons *un goût de terroir*.

puissant, redevient le parti chéri. Pompée proscrit, mais riche de la gloire de son père, s'insinue insensiblement dans les cœurs des mécontens, qui n'ont point gagné au gouvernement actuel: leur nombre s'accroît & devient redoutable, & les esprits fatigués d'un repos qui les tourmente, aspirent à en sortir par quelque résolution désespérée. — Un motif plus personnel pour moi, & qui doit le plus vous rassurer sur mon départ, c'est la mort de Fulvie.

CLÉOPATRE.

Si l'âge n'a pu affranchir mon cœur de la folie de l'amour, du moins il a guéri ma raison de l'aveugle crédulité de l'enfance ! — Eh ! Fulvie peut-elle mourir ?

ANTOINE. (*Il lui présente des lettres.*)

Elle est morte, chère Reine. Jettez ici les yeux & lisez à votre loisir toutes les affaires, tous les troubles qu'elle m'a suscités. La dernière nouvelle est la meilleure : voyez en quel lieu, en quel tems elle est morte.

CLÉOPATRE.

O le plus faux des amans ! Où sont (†) les phioles

(†) Allusion aux phioles de larmes que les Romains enfermoient quelquefois dans l'urne d'un ami mort.

sacrées que tu as dû remplir des larmes de ta douleur? Ah! je vois maintenant, je vois dans la mort de Fulvie, comment la mienne sera reçue.

ANTOINE.

Cessez vos reproches, & préparez-vous à entendre les projets que je porte en mon sein. Ils vont, ou s'accomplir ou s'évanouir, selon les conseils que j'attends de vous. Je jure par les feux de l'astre, qui anime & féconde le limon du Nil, que je pars de ces lieux votre guerrier, votre esclave, faisant la paix ou la guerre au gré de vos desirs.

CLÉOPATRE *prête à se pâmer.*

Coupe mes nœuds, Charmiane, viens ; mais non, — laisse-moi : je me sens mal, & puis mieux dans un instant : c'est l'image de l'amour d'Antoine !

ANTOINE.

Divine Cléopâtre, épargnez-moi : rendez justice à l'amour d'Antoine, que l'honneur met à une rude épreuve.

CLÉOPATRE.

Fulvie doit me l'avoir appris, *(avec ironie.)* Ah, de grace, détourne les yeux, & verse des pleurs pour elle;

& alors fais-moi tes adieux, & me dis que ces pleurs coulent pour Cléopâtre. Tendre amant, joue devant moi une scène d'une dissimulation profonde & qui imite au naturel l'expression de la fidélité la plus parfaite....

ANTOINE.

Madame, vous m'exposez à des transports....
Cessez.

CLÉOPATRE.

Tu pourrois mieux jouer encore; mais cet emportement est placé à propos.

ANTOINE.

Je jure par mon épée!... (†).

CLÉOPATRE.

Jure aussi par ton bouclier... Il se corrige, son jeu se forme; mais il n'est pas encore au comble de la perfection. — Vois, Charmiane, vois, je te prie, comme cet emportement sied bien à mon Hercule Romain?

ANTOINE *avec impatience.*

Madame, je vais vous quitter.

(†) Les Scythes juroient ordinairement par leur épée & par le vent.

CLÉOPATRE *contrefaisant la tendresse.*

Galant héros, un mot.... *Seigneur, il faut donc nous séparer...* Mais ce n'est pas cela, *Seigneur, nous nous sommes tendrement aimés.* (Ce n'est pas cela ; tu le sais bien !....) C'est quelque chose que je voudrois dire... Oh ! ma mémoire ressemble à Antoine ; j'ai tout oublié !

ANTOINE.

Si je ne voyois pas en moi, le plus nonchalant, le plus insensé des hommes, enchaîné par le despotisme de vos charmes ; je vous prendrois pour la folie en personne.

CLÉOPATRE *pleurant, & par un retour sincère à la tendresse.*

C'est un pénible travail, que de porter cette folie aussi près du cœur que je la porte ! Mais, Seigneur, pardonnez, puisqu'enfin les bienséances de mon sexe me deviennent odieuses & mortelles, dès qu'elles ont le malheur de vous déplaire. L'honneur vous appelle : soyez sourd à mes regrets, & voyez sans pitié ma folle passion : partez, & que tous les Dieux accompagnent vos pas. Que le laurier de la victoire repose sur votre épée, & que les trophées soient semés sur votre route !

ANTOINE.

Sortons, Madame, venez. Malgré notre séparation nous demeurerons unis. Vous, en restant en Égypte, vous me suivez en Italie; & moi, en fuyant de ces lieux, j'y reste avec vous : allons. (*Ils sortent*)

SCÈNE VII.

Le Théâtre représente le Palais de César-Octave à Rome.

OCTAVE, LÉPIDE, SUITE.

OCTAVE *lisant une lettre.*

Vous voyez, Lépide, & la suite vous en convaincra, qu'il n'est pas dans le caractère de César de haïr le mérite dans son collègue. César est exemt de ce vice. Lisez, ce qu'on m'écrit d'Alexandrie. Il pêche, il boit, & passe les nuits, tant qu'elles durent, dans la débauche. Non, il n'est pas plus homme que Cléopâtre, & la veuve de Ptolémée est moins efféminée que lui. Il a eu bien de la peine à donner audience à mes Députés, & à daigner croire qu'il eût des collègues. Vous reconnoîtrez dans Antoine l'abrégé de toutes les foiblesses dont l'humanité est capable.

LÉPIDE.

Je ne puis croire que le nombre de ses vices soit assez grand pour effacer l'éclat de toutes ses vertus. Ses défauts sont en lui des ombres que le contraste éclatant de la lumière fait paroître plus noires, qu'elles ne sont en effet (†). Il les tient de la nature, bien plus que de sa volonté : ils ne sont point de son choix, & il ne dépend guères de lui de s'en corriger.

OCTAVE.

Vous êtes trop indulgent. J'accorderai, si l'on veut, que ce n'est pas un crime de s'abandonner aux voluptés sur la couche de Ptolemée, de donner un royaume pour payer un sourire, de s'asseoir pour s'enivrer avec des esclaves, de se donner en spectacle en plein midi dans les rues d'Alexandrie, & de se confondre avec une vile populace, en butte à ses sarcasmes grossiers & brutaux ; dites, si cela vous plaît, que cette conduite sied bien à Antoine; & il faut que ce soit un homme d'une trempe bien extraordinaire, pour que ces excès ne soient pas des taches dans son caractère... Mais du moins Antoine n'excusera jamais sa lâche indo-

---

(†) *Comme les étoiles du firmament qui ne brillent que par la noirceur de la nuit.*

lence, qui rejette sur nous tout le fardeau des affaires. Encore s'il ne consumoit dans l'ivresse des voluptés, qu'un tems d'inaction & de loisir, je laisserois au dégoût & au délabrement de sa santé, le soin de l'en punir ; mais perdre dans cette vie honteuse un tems précieux & d'un si grand intérêt pour sa fortune & pour la nôtre, lorsque le bruit des instrumens guerriers devroit le réveiller & l'arracher du sein de la mollesse, c'est mériter d'être grondé comme ces jeunes gens, qui déjà dans l'âge de connoître leurs devoirs, immolent leur expérience au plaisir présent, & se révoltent contre les leçons de la raison. (*Entre un Courier*).

Voici encore des nouvelles.

LE COURIER à *Octave*.

Seigneur, vos ordres sont exécutés, & César sera instruit d'heure en heure de ce qui se passe hors de l'Italie. Pompée est puissant sur mer, & il paroît aimé de tous ceux que la crainte seule attachoit à César. Les mécontens se rendent de toutes parts dans nos ports, & si l'on en croit les bruits, ils insultent à sa mémoire.

OCTAVE.

Je ne m'attendois pas à moins. L'Histoire, depuis l'origine de l'Empire, nous apprend que l'homme parvenu au commandement suprême, a été désiré du peuple, jusqu'au moment où il l'a obtenu ; & que l'homme tombé dans la disgrace, qui n'avoit jamais été aimé du peuple qu'au moment où il ne mérite plus son amour, lui devient cher dès qu'il l'a perdu. Cette multitude ressemble au pavillon flottant sur les ondes qui avance ou recule, & suit servilement l'inconstance du flot, & s'use & se détruit dans l'agitation de son mouvement continuel.

LE MESSAGER.

César, je t'annonce que Ménecrate & Menas, deux fameux pyrates, exercent leur empire sur les mers, qu'ils fatiguent des sillons d'une flotte formidable. Ils font de fréquentes & vives incursions sur les côtes d'Italie. Les peuples qui habitent les rivages, pâlissent à leur nom seul, & la robuste jeunesse se révolte. Nul vaisseau ne peut se montrer hors du port, qu'il ne soit pris aussi-tôt qu'apperçu. Le nom seul de Pompée inspire plus de terreur que n'en imprimeroit la présence même de toute son armée.

OCTAVE.

Quitte, ô Antoine, quitte tes coupes enivrantes & tes molles voluptés. Souviens-toi du tems où repoussé de Mutine, après avoir tué les deux Consuls Hirtius & Pansa, poursuivi par la famine, tu la combattis avec courage, & malgré ta molle éducation, tu supportas ses horreurs avec plus de patience que les Sauvages les plus endurcis. Tu bus l'urine de tes chevaux & des eaux fangeuses que les animaux mêmes auroient rejettées avec aversion. Ton palais si délicat ne dédaigna pas alors les fruits les plus sauvages des buissons épineux. Tel que le cerf affamé, lorsque la neige couvre les pâturages, tu dévorois l'écorce des arbres. On dit que sur les Alpes, (c'est un affront pour toi de me forcer à rappeller ces faits!) tu te repus d'une chair étrange; tes soldats périssoient d'horreur & d'effroi à la seule vue de cet aliment, & toi tu supportas ces affreuses extrêmités en guerrier intrépide, sans même que ton visage en parût ému, ni tes traits altérés.

LÉPIDE.

Sa foiblesse est déplorable.

OCTAVE.

Que le sentiment de la honte le ramène promptement à Rome. Il est tems que nous nous montrions tous deux unis dans la plaine. Assemblons, sans tarder, notre conseil, pour concerter nos projets. Pompée prospère par notre indolence.

LÉPIDE.

Demain, Céfar, je ferai en état de vous inftruire, avec exactitude, de ce que je puis exécuter fur mer & fur terre, pour faire face aux circonftances préfentes.

OCTAVE.

C'eft auffi le foin qui m'occupera jufqu'à demain.

LÉPIDE.

Adieu, Seigneur. Tout ce que vous apprendrez des mouvemens qui fe paffent au dehors, je vous en conjure, faites-m'en part auffi.

OCTAVE.

Comptez-y avec affurance ; je connois mes engagemens avec vous.

(Ils fortent.)

SCÈNE VIII.

Le Théâtre représente le Palais de Cléopâtre.

CLÉOPATRE, CHARMIANE, IRAS, L'EUNUQUE MARDIAN.

CLÉOPATRE.

Charmiane.

CHARMIANE.

Madame ?

CLÉOPATRE.

Ah ! donne, donne-moi une potion de mandragore (†).

CHARMIANE.

Pourquoi donc, Madame ?

CLÉOPATRE.

Afin que je puisse dormir pendant tout ce long espace de tems que mon Antoine sera absent de moi.

CHARMIANE.

Vous songez trop à lui.

(†) Plante très-narcotique.

CLÉOPATRE.

CLÉOPATRE.

Oh! c'est une trahison....

CHARMIANE.

Madame, je n'ai pas autant de confiance que vous...

CLÉOPATRE.

Toi, Mardian, réponds moi...

MARDIAN.

Que désire votre Majesté?

CLÉOPATRE.

Je ne veux plus à présent entendre tes chants. Je ne prens aucun plaisir à tes inutiles talens. — Que tu es heureux par ton impuissance! Tes folles pensées ne vont point errer hors des frontières de l'Égypte. Dis moi; sens-tu l'amour?

L'EUNUQUE.

Oui, Madame.

CLÉOPATRE.

En vérité?

MARDIAN.

Chaste par nécessité, je n'en ressens pas moins toute la violence des passions; & l'image de Vénus dans les bras de Mars, tourmente mon imagination.

CLÉOPATRE.

O Charmiane, où penses-tu qu'il soit à présent ? Est-il debout ou assis ? Se promène-t-il à pied, ou est-il monté sur son coursier fougueux ? Heureux coursier, qui portes le fardeau chéri de mon Antoine ; songe à te bien conduire sous lui : car sais-tu bien qui tu portes ? L'Atlas, qui soutient la moitié de ce globe, le bras & l'égide de l'espèce humaine. — Peut-être qu'en ce moment, il dit ou murmure tout bas : où est mon *serpent* du vieux Nil ? car c'est le nom qu'il me donne. — Oh ! maintenant je me nourris avec volupté d'un poison plein de douceur & de délices. — Souviens-toi, cher Antoine, de ta Cléopâtre, quoique ternie aujourd'hui par les brûlans baisers du soleil, quoique le tems ait déjà sillonné son beau visage de rides profondes. — O toi, César au large front, dans le tems que tu étois ici au-dessus de la terre, j'étois alors un trésor fait pour un Monarque. Et le grand Pompée, arrêté par l'admiration, ne pouvoit détacher ses yeux de mes attraits : il eût voulu y reposer pour toujours ses regards, & mourir en contemplant l'objet où il puisoit la vie.

ALEXAS *entre.*

Hommage à la souveraine d'Égypte.

CLÉOPATRE.

Que tu es loin de ressembler à Marc-Antoine! Et cependant, venant de sa part, il me semble qu'un charme émané de lui t'environne & embellit tes traits à mes yeux. Comment se porte mon brave Antoine?

ALEXAS *lui présentant une perle.*

Chère Reine, la dernière de ses actions, c'est le dernier baiser qu'il a donné, après cent autres baisers, à cette perle Orientale. — Ses paroles sont encore gravées dans mon cœur.

CLÉOPATRE.

Mon oreille est impatiente de les faire passer dans le mien.

ALEXAS.

« Ami, m'a-t-il dit, va: dis, que le fidèle Romain
» envoie à la Reine d'Égypte le trésor arraché du sein
» de l'huître, & que pour rehausser la mince valeur du
» présent, il ira bientôt à ses pieds décorer de royau-
» mes son trône superbe. Dis lui, que bientôt tout
» l'Orient la nommera sa Souveraine ». A ces mots il

me congédie d'un signe de tête, & monte d'un air grave fur fon courfier lefte & maigri par la courfe, qui alors a pouffé de fi grands henniffemens, que quand j'aurois voulu parler, il m'eût réduit au filence.

CLÉOPATRE.

Dis-moi ; étoit-il trifte ou gai ?

ALEXAS.

Ni trifte ni gai ; entre les deux, comme la faifon de l'année, qui eft placée entre les extrêmes de la chaleur & du froid.

CLÉOPATRE.

O jufte & fage température ! Chère Charmiane, obferve bien, voilà Antoine : obferve bien ; il n'étoit pas trifte, parce qu'il vouloit montrer un front ferein à fes officiers qui compofent leur vifage fur le fien ; il n'étoit pas gai, comme pour leur annoncer par-là, qu'il avoit laiffé en Égypte fon cœur & fa joie ; mais il gardoit un jufte milieu. O célefte mélange ! Cher Antoine, foit que tu fois trifte ou gai, les tranfports de la trifteffe & de la joie te fiéent également, plus qu'à aucun autre mortel. (*A Alexas*). As-tu rencontré mes Couriers ?

ALEXAS.

Oui, Madame, au moins vingt. Pourquoi les dépêchez-vous si près l'un de l'autre ?

CLÉOPATRE.

Il périra malheureux, l'enfant qui naîtra le jour où j'oublierai d'envoyer vers Antoine. — Vîte, Charmiane, de l'encre & du papier. — Sois le bien venu, cher Alexas. — Charmiane, jamais Céfar fut-il autant aimé de moi ?

CHARMIANE.

O ce brave Céfar !

CLÉOPATRE.

Que ton exclamation te fuffoque : dis, le brave Antoine.

CHARMIANE.

Ce vaillant Céfar !

CLÉOPATRE.

Par Ifis, ma main enfanglantera ta joue, fi tu ofes encore comparer Céfar avec le Roi des humains.

CHARMIANE.

Sous votre humble pardon, je ne fais que répéter ce que vous difiez vous-même.

CLÉOPATRE.

C'étoient mes jours de glace; mon jugement dans l'enfance n'étoit pas mûri, & mon sang n'avoit pas encore ressenti toutes les ardeurs de l'amour. Insensée! de me repéter aujourd'hui ce que je disois alors. — Mais vole & me rapporte de l'encre & du papier. Chaque jour il aura de moi vingt Couriers & vingt gracieux messages; dussai-je dépeupler l'Égypte.

Fin du premier Acte.

ACTE II.

SCÈNE PREMIÈRE.

La Scène est en Sicile.

SEXTUS-POMPÉE, MENECRATE, MENAS.

POMPÉE.

Si les Dieux sont justes, ils seconderont les exploits du parti le plus juste.

MENECRATE.

Vaillant Pompée, songez que les Dieux ne refusent pas toujours ce qu'ils different d'accorder.

POMPÉE.

Tandis qu'au pied de leur trône, nous les implorons, la cause que nous les supplions de protéger, dépérit par les délais.

MENECRATE.

Mortels ignorans & aveugles sur nous-mêmes,

c'est notre perte souvent que nous leur demandons: leur sagesse nous refuse par bonté, & nous gagnons à perdre nos prières.

POMPÉE.

Je prospérerai: le peuple m'aime, & la mer est à moi; ma puissance croît tous les jours; le pressentiment de mon espérance m'annonce un plein succès. Marc-Antoine tient table dans l'Égypte; il n'en sortira jamais pour faire la guerre. César en amassant de l'argent, perd les cœurs. Lépide les flatte tous deux, & tous deux flattent Lépide: mais César n'aime ni l'un ni l'autre, & ni l'un ni l'autre ne s'intéresse à César.

MENECRATE.

Cependant César & Lépide sont déjà en campagne, traînant après eux des armées nombreuses.

POMPÉE.

D'où tenez-vous cette nouvelle? Elle est fausse.

MENECRATE.

De Silvius, Seigneur.

POMPÉE.

Silvius l'a rêvé; je sais, moi, qu'ils sont encore
tous

tous deux à Rome, où ils attendent Antoine. — O lascive Cléopâtre, puissent tous les feux de l'amour enflammer les baisers de tes lèvres! Joins au pouvoir de la beauté, les artifices de la ruse, & le charme des voluptés. Enchaîne dans un cercle de plaisirs & de fêtes, l'insatiable Antoine; échauffe son cerveau des vapeurs d'une ivresse continuelle. Que l'art d'Épicure, par ses ressources variées, irrite sans cesse ses passions, & réveille leur langueur; que l'honneur & l'amour de la gloire dorment ensevelis dans un sommeil d'épuisement, aussi profond que l'oubli du Léthé.... Mais que veut Varrius?..

(*Varrius paroît*).

VARRIUS.

Comptez sur la vérité de la nouvelle que je vous annonce. Marc-Antoine est d'heure en heure attendu dans Rome: depuis le tems qu'il est parti d'Égypte, il devroit déjà être arrivé!

POMPÉE.

J'aurois écouté plus volontiers une nouvelle moins sérieuse... Menas, je n'aurois jamais pensé que ce voluptueux Antoine eût repris son casque pour une guerre aussi légère. C'est un guerrier qui vaut seul, plus que les deux autres ensemble.... Mais concevons de nous-mêmes une plus haute opinion, puisque le bruit de notre marche peut arracher Antoine des bras de la Reine d'Égypte, & suspendre son insatiable passion pour les plaisirs.

MENAS.

Je ne puis croire, que jamais César & Antoine puissent s'accorder ensemble. Sa femme, qui vient de mourir, a offensé César; son frère a levé contre César l'étendard de la guerre; quoiqu'il l'ait fait, à ce que j'imagine, de son propre mouvement, & sans y être excité par Antoine.

POMPÉE.

Je ne conçois pas, Menas, comment de légères animosités peuvent suspendre de grandes inimitiés. S'ils ne nous voyoient pas armés contr'eux tous, ils ne tarderoient pas peut-être à rompre ensemble : car ils ont assez de sujets de s'armer les uns contre les autres. Mais comment il se fait que la crainte que nous leur inspirons, concilie leurs divisions & enchaîne leurs discordes mutuelles, c'est ce que j'ignore encore. Au reste, qu'il en arrive ce qu'il plaira aux Dieux : déployons toutes nos forces ; il y va de nos têtes. Suis-moi, Menas. (*Ils sortent*).

SCÈNE II.
La Scène est à Rome.
LÉPIDE, ENOBARBUS.
LÉPIDE.

Cher Enobarbus, tu feras une action louable & digne de toi, en disposant ton Général à s'expliquer avec douceur & sans emportement.

ENOBARBUS.

Je l'engagerai à répondre, comme doit répondre Antoine. Si César l'irrite, laissons Antoine s'élever de toute sa grandeur au-dessus de la tête de César, & lui parler du ton du Dieu Mars. Par Jupiter, si je portois la barbe d'Antoine, je ne la couperois pas aujourd'hui (†), pour faire ma cour à Octave.

LÉPIDE.

Ce n'est pas ici le tems de se livrer à ses ressentimens particuliers.

ENOBARBUS.

Tout tems est bon pour vuider les affaires qu'il fait naître.

(†) J'irois devant lui sans parure & sans aucune marque de respect. *Johnson.*

LÉPIDE.

Les moins importantes doivent céder aux plus graves.

ÉNOBARBUS.

Non, si les moins importantes viennent les premières.

LÉPIDE.

Tu parles dans la passion: mais de grace ne réveille pas les feux assoupis. — J'apperçois le noble Antoine qui s'avance.

ÉNOBARBUS.

Et moi, César qui le suit.

SCÈNE III.

Les mêmes : ANTOINE, VENTIDIUS, *s'avancent d'un côté du Théâtre ;* OCTAVE, AGRIPPA *&* MECENE, *de l'autre.*

ANTOINE.

Si nous pouvons nous concilier, marchons contre les Parthes. — Ventidius, écoute. (*Il parle bas*).

OCTAVE *à Mecène*.

Je ne le sai pas ; Mecène, demande à Agrippa.

LÉPIDE.

Nobles amis, il n'est point d'objet plus grand que celui qui nous rassemble, & des causes légères ne doivent pas rompre notre union. Les reproches du passé doivent être exposés avec modération. Si nous mêlons l'aigreur à la discussion de nos légers différens, nous déchirons nos blessures en voulant les fermer. Ainsi, illustres Collègues, je vous en conjure avec instance, traitez dans les termes les plus doux, vos plaintes les plus amères, & n'aggravez pas, par des paroles offensantes, le sujet de vos querelles.

ANTOINE.

Lépide a raison ; & nos armées fussent-elles en présence & prêtes à se combattre, je parlerois comme lui.

OCTAVE.

Soyez le bien venu dans Rome.

ANTOINE.

Je vous rends grace.

OCTAVE.

Prenez un siége.

ANTOINE.

Et vous?.... (†) (*Ils prennent des siéges*).

OCTAVE.

Hé bien, Antoine?

ANTOINE.

J'apprends que vous prenez en mauvaise part des choses qui ne doivent pas être malignement interprêtées, ou qui, après tout, quelles qu'elles soient, ne vous regardent pas.

OCTAVE.

Je ferois ridicule, si je me prétendois offensé sans

(†) Steevens explique ainsi cette phrase interrompue. *Si tel est le début, si nous contestons déjà, notre accommodement n'aura sûrement pas lieu.*

sujet, & pour des bagatelles, & sur-tout par vous : je serois plus ridicule encore, si votre nom sortoit de ma bouche avec le reproche, dans une affaire où je n'aurais aucun intérêt.

ANTOINE.

Que vous importoit, César, mon séjour en Égypte ?

OCTAVE.

En rien : pas plus que mon séjour à moi dans Rome ne devoit vous inquiéter en Égypte. Cependant si du sein de l'Égypte vous sémiez des troubles dans mes domaines, alors votre séjour en Égypte pourroit intéresser mon attention.

ANTOINE.

Qu'entendez-vous par sémer des troubles ?

OCTAVE.

Ce que j'entends ? Vous pourriez aisément le deviner, par ce qui est arrivé. Votre femme & votre frère ont pris les armes contre moi, & vous étiez le prétexte de leur guerre ; ils se sont servis de votre nom pour la faire.

ANTOINE.

Vous vous méprenez dans ce reproche. Jamais mon

frère n'a employé mon nom dans cette guerre. Je m'en suis instruit, & ma certitude est fondée sur les récits de ceux mêmes qui combattoient pour vous ! N'attaquoit-il pas également mon autorité comme la vôtre ? N'étoit-il pas visible, que la guerre qu'il vous déclaroit, m'offensoit, moi, dont la cause est la vôtre ? L'impuissance de trouver des raisons, vous fait chercher de vains prétextes de querelle ; ce n'est pas à celui-là qu'il falloit recourir.

OCTAVE.

Vous faites-là votre éloge, en m'accusant de défaut de jugement : mais vous palliez mal vos torts.

ANTOINE.

Non, non, César. Il est impossible, je le sais à n'en pas douter, que vous n'ayez pas senti, que moi, votre Collègue, lié à vos intérêts dans la cause contre laquelle s'armoit mon frère, je ne pouvois voir d'un œil reconnoissant & satisfait, une guerre qui tendoit à troubler ma propre paix. Quant à mon épouse, je vous souhaiterois de retrouver son ame dans une autre femme qui lui ressemble. Le tiers de l'Univers est sous vos loix, César ; vous pouvez, avec le plus foible frein, le gouverner à votre gré, mais non pas une Fulvie.

ENOBARBUS.

ENOBARBUS.

Plût au Ciel que nous eussions tous de pareilles épouses; les hommes pourroient mener leurs femmes à la guerre !

ANTOINE.

Les embarras & les troubles qu'a suscités son caractère fougueux & intraitable, qui ne manquoit pas non plus des ruses de la politique, vous ont trop inquiété, César; je le vois avec douleur : & vous êtes forcé d'avouer tout haut, qu'il n'étoit pas en mon pouvoir de l'empêcher.

OCTAVE.

Je vous écris de Rome : vous, plongé dans les voluptés au milieu d'Alexandrie, vous mettez mes lettres dans votre poche, sans les ouvrir; vous insultez avec mépris mon Député, & vous le renvoyez sans lui donner audience.

ANTOINE.

César, il est entré brusquement, avant qu'il fût admis. Je venois de fêter trois Rois, & je n'étois plus tout-à-fait l'homme du matin. Mais le lendemain, j'en ai fait l'aveu moi-même à votre Député; c'étoit lui en demander pardon. Je vous prie, que cet homme n'entre pour rien dans notre différend. S'il faut que nous contestions ensemble, ne faites plus mention de lui.

OCTAVE.

Vous avez violé un article de vos sermens ; reproche, que vous n'aurez jamais le droit de me faire.

LÉPIDE.

Doucement, César.

ANTOINE.

Non, Lépide, laissez-le parler, c'est de l'honneur qu'il est question. Ce point est sacré, & mérite d'être approfondi, supposé que j'y aie manqué ; voyons, César : l'article de mon serment....

OCTAVE.

C'étoit de me prêter vos armes & votre secours à ma première requisition : vous m'avez refusé l'un & l'autre.

ANTOINE.

Dites plutôt, négligé ; & j'étois dans ces heures d'yvresse, où un charme malfaisant m'avoit ôté la connoissance de moi-même. J'en fais l'aveu devant vous, & je répare la faute, autant que je le puis, par un repentir sincère : ma loyale fr[an]çaise n'avilit point ma grandeur, & jamais je ne séparerai ma puissance de l'honneur. C'est une vérité, que Fulvie, pour m'attirer hors de l'Égypte, vous a fait la guerre ici. Et moi qui étois, sans le savoir, le motif de cette guerre, je vous en fais toutes les excuses où mon honneur peut descendre.

LÉPIDE.

C'est parler avec noblesse.

MECENE *à tous deux.*

S'il vous plaisoit de ne pas pousser plus loin cette explication sur vos griefs réciproques. Oubliez-les tout-à-fait, pour vous souvenir, que la nécessité des circonstances présentes vous crie de vous pardonner tous deux.

LÉPIDE.

C'est parler en sage, Mecène.

ENOBARBUS.

Ou bien, empruntez vous l'un à l'autre, pour le tems présent, votre affection mutuelle; & quand vous n'entendrez plus parler de Pompée, alors vous pourrez reprendre votre explication : vous aurez tout le loifir de contempler enfemble, quand il ne vous reftera plus rien à faire.

ANTOINE.

Tu n'es qu'un Soldat: tais toi.

ENOBARBUS.

J'avois prefqu'oublié, que la vérité devoit fe taire.

ANTOINE.

Tu manques de refpect à cette affemblée : réprime ta langue.

ENOBARBUS.

Allons, pourfuivez. Je ne fuis plus qu'une ftatue inanimée...

OCTAVE.

Je ne défapprouve point le fonds de fa réflexion; feulement je n'aime pas la forme qu'il fe permet. — Il n'eft pas poffible que nous reftions amis, étant fi peu d'accord fur les conditions & les moyens d'éteindre tous nos griefs. Cependant fi je connoiffois un lien affez fort pour nous tenir étroitement unis, je parcourerois l'univers pour le trouver.

AGRIPPA.

Souffrez que je parle, Céfar.

OCTAVE.

Parle, Agrippa.

AGRIPPA.

Vous avez du côté maternel une sœur, la belle Octavie. Antoine est veuf maintenant.

OCTAVE.

Ne touche point à cet article, Agrippa: si Cléopâtre t'entendoit, elle te reprocheroit, avec raison, ta témérité....

ANTOINE.

Je ne suis pas marié, César: laissez-moi entendre Agrippa.

AGRIPPA.

Pour entretenir entre vous une éternelle amitié; pour faire de vous deux frères, & unir vos cœurs par un nœud indissoluble, il faut qu'Antoine épouse Octavie. Sa beauté mérite le plus illustre des Mortels; ses vertus & ses grâces en tout genre, sont au-dessus de toute expression. Cet hymen dissipera toutes ces petites défiances, qui maintenant vous paroissent si importantes; toutes ces craintes qui vous alarment & vous offrent des dangers sérieux, s'évanouiront. A présent, les moindres vraisemblances vous paroiſſent des vérités inconteſtables ; & alors les vérités mêmes ne ſeroient plus à vos yeux que des fables. Sa tendreſſe pour tous les deux vous enchaîneroit l'un à l'autre, & lui gagneroit auſſi tous les cœurs qui vous aiment. Pardonnez à la propoſition que je viens d'ouvrir : ce n'eſt point l'idée du moment, mais le fruit de la réflexion, & mon zèle pour vous me l'a fait méditer depuis long-tems.

ANTOINE.

Céſar veut-il s'expliquer ?

OCTAVE.

Non, que je ne ſache comment Antoine reçoit cette propoſition.

ANTOINE.

Quels pouvoirs auroit Agrippa, pour accomplir ce qu'il propoſe, ſi je diſois, *j'accepte*.

OCTAVE.

Le pouvoir de Céſar, & celui qu'a Céſar ſur Octavie.

ANTOINE.

Loin de moi la penſée de ſonger à rejetter une offre auſſi brillante, & faite de ſi bonne grace. (*à Octave*). Donnez-moi votre main, recevez mes remercimens, & comptez que de ce moment un cœur fraternel inspire notre tendresse mutuelle, & préside à nos grands desseins.

OCTAVE.

Voilà ma main. Je vous cède une sœur aimée, comme jamais sœur ne fut aimée de son frère. Qu'elle vive pour unir nos empires & nos cœurs, & que jamais rien n'interrompe le cours de notre amitié!

LÉPIDE.

Heureuse union ! Que les Dieux la bénissent.

ANTOINE.

Je ne songeois guères à tirer l'épée contre Pompée: il m'a tout récemment comblé d'égards : il faut qu'au moins je lui en exprime ma reconnoissance, pour me dérober au reproche d'ingratitude. Ce procédé satisfait, je lui envoie un défi.

LÉPIDE.

Le tems presse : il nous faut chercher Pompée, ou il va nous prévenir.

ANTOINE.

Où est-il ?

OCTAVE.

Vers le mont Misène.

ANTOINE.

Quelles sont ses forces sur terre?

OCTAVE.

Elles sont nombreuses, & elles augmentent tous les jours : pour la mer, il en est le maître absolu.

ANTOINE.

Ce sont les bruits qui me sont parvenus. Je voudrois avoir eu une conférence avec lui : hâtons-nous de nous la procurer. Mais avant de nous mettre en campagne, formons l'alliance dont nous sommes convenus.

OCTAVE.

Avec la plus grande joie, & je vous invite à venir voir ma sœur : je veux moi-même vous présenter à elle.

ANTOINE.

Lépide, ne nous quittez pas.

LÉPIDE.

Noble Antoine, les infirmités mêmes ne m'empêcheroient point de vous suivre.

(*Fanfare, ils sortent.*)

SCÈNE

ANTOINE ET CLEOPATRE.

SCÈNE IV.

ENOBARBUS, AGRIPPA, MECENE.

MECENE.

Salut, Enobarbus; te voilà de retour de l'Égypte?

ENOBARBUS.

Salut, Mecène, digne ami, digne confident de César! Et à toi aussi, Agrippa, mon honorable ami.

AGRIPPA.

Sois le bien venu, cher Enobarbus.

MECENE.

Nous devons être joyeux, en voyant tout pacifié... — Tu as fait un heureux séjour en Egypte?

ENOBARBUS.

Oui, Mecène. Nous dormions le jour tant qu'il duroit, & nous passions les nuits à boire jusqu'au retour de l'aurore.

MECENE.

(†) Huit sangliers pour un déjeûner! & vous

(†) Philotas, Médecin, étudiant alors à Alexandrie, entrant

n'étiez que douze convives ? Le fait est-il vrai ?

ENOBARBUS.

Bon : ce n'est-là qu'un moucheron pour un aigle. Nous avions dans nos festins bien d'autres monstres, en vérité bien faits pour étonner.

MECENE.

C'est une Reine bien magnifique & bien fastueuse, si l'on en croit la renommée !

ENOBARBUS.

Dès sa première entrevue avec Marc-Antoine sur le fleuve Cydnus, elle a pris son cœur dans ses filets.

AGRIPPA.

En effet, c'est sur ce fleuve qu'elle s'est offerte à ses yeux; si mon garant n'a pas travaillé d'imagination pour la peindre.

---

un jour dans la cuisine d'Antoine, s'émerveilla de voir douze sangliers à la broche; le Cuisinier rit de sa simplicité, & lui dit : ils ne sont que douze à souper, mais nous ne savons jamais l'heure d'Antoine ; & il faut mettre à la broche plusieurs bêtes à différens quarts-d'heure, afin qu'il y en ait une qui rencontre sa minute, & se trouve rôtie à point. *Plutarque.*

ENOBARBUS.

Je veux vous raconter cette entrevue.

La galère où elle étoit assise, ainsi qu'un trône éclatant de lumière & de feux, sembloit brûler sur les eaux. La poupe étoit d'or massif, les voiles de pourpre & si parfumées, que les vents amoureux sembloient se plaire à les enfler. Des rames d'argent, au bruit des flûtes, frappoient l'onde en mesure, & les flots étonnés, sembloient se presser pour s'offrir sous leurs coups, & suivre à l'envi le vaisseau. Pour Cléopâtre, il n'est point d'expression qui puisse peindre toutes ses grâces & sa majesté. Couchée dans sa tente, sur un lit d'or & du plus riche tissu, elle effaçoit (†) cette Vénus fameuse où nous voyons que l'imagination de l'homme a surpassé la Nature. A ses côtés étoient assis de jeunes & beaux enfans, comme un groupe de rians Amours, qui agitoient des éventails de couleurs variées, dont les molles ondulations, en rafraîchissant ses joues délicates, sembloient animer encore plus leur vif incarnat.

(†) Allusion à la fameuse Vénus de Protogène, dont parle Pline. *Johnson.*

M. *Eschenburg* pense, qu'Enobarbus parle plutôt de quelque chef-d'œuvre qui se trouvoit dans le lieu de leur entretien.

AGRIPPA.

O spectacle nouveau pour les yeux d'Antoine!

ENOBARBUS.

Ses femmes, comme autant de Néréides & de Syrénes, composoient leurs mouvemens sur celui de ses yeux, & s'inclinoient en adoration devant la Déesse. Une d'elles, telle qu'une vraie Naïade, assise au gouvernail, dirigeoit le vaisseau : les cordages de soie obéissoient sous sa main douce & fleurie, qui manœuvroit avec grace & légèreté. Du sein du vaisseau s'exhaloit une vapeur d'invisibles parfums qui embaumoient les sens. En un moment, toute la ville est déserte, & tout son peuple est au port : Antoine, élevé sur un trône au milieu de la place publique où il parloit, est resté seul, haranguant l'air (*).

AGRIPPA.

O merveille de l'Égypte!

ENOBARBUS.

Au moment où elle est rentrée dans le port, Antoine envoie vers elle, & l'invite à un festin. Elle lui répond qu'il convenoit mieux qu'il fût son hôte : & sa requête fut écoutée. Notre galant Antoine, dont jamais femme n'essuya un refus, rasé dix fois, court à la fête, & fuivant fa coutume, paie de fon cœur le prix d'un feftin, où fes yeux feuls fe font régalés.

AGRIPPA.

O Reine enchantereffe ! Ce fut ainfi qu'elle fit pofer à Céfar fon épée fûr fa couche : il fut heureux, & leurs amours ne furent point ftériles.

ENOBARBUS.

Je l'ai vue une fois marcher quarante pas dans les rues d'Alexandrie ; & bientôt perdant haleine, elle a voulu parler, & elle s'eft pâmée avec tant de grace, qu'évanouie, elle étoit plus belle encore, & que de fa bouche fans haleine, il s'exhaloit un charme inconcevable & célefte, qui raviffoit & pénétroit tous les fens.

MECENE

A préfent, voilà Antoine obligé de la quitter pour toujours.

ENOBARBUS.

Non, jamais il ne la quittera. L'âge ne peut la vieillir, ni l'habitude de la jouiffance épuifer l'infinie variété de fes appas. Les autres femmes raffafient bientôt les défirs qu'elles fatisfont ; mais elle, plus elle donne, plus elle affame les défirs. Jufqu'au vice, devient en elle grace & beauté, au point que les Prêtres sacrés eux-mêmes, la bénissent au milieu de ses lascives débauches.

MECENE.

Si la beauté unie à la sagesse & à la modestie, peuvent fixer le cœur d'Antoine, Octavie est une heureuse conquête pour lui.

AGRIPPA.

Allons-nous-en. Cher Enobarbus, tu logeras chez moi, pendant ton séjour à Rome.

ENOBARBUS.

Volontiers, & je vous en rends graces.

(Ils sortent.)

SCÈNE V.

OCTAVE, ANTOINE, *s'avancent, tenant chacun une main d'Octavie.*

ANTOINE.

L'intérêt de l'Univers, & les devoirs importans de ma dignité, m'arracheront pour quelque tems de vos bras.

OCTAVIE.

Tout le tems de votre abfence fera employé à prier les Dieux pour vos fuccès.

ANTOINE.

(*A Octave.*)   (*A Octavie.*)

Nuit heureufe, Seigneur.... Ne jugez point Antoine fur les récits de la renommée. J'ai quelquefois paffé les bornes, je l'avoue : mais à l'avenir, ma conduite ne s'écartera plus de la règle. Adieu, chère Octavie.

OCTAVIE.

Je vous falue, Seigneur.

OCTAVE.

Adieu, Antoine.   (*Ils fortent.*)

SCÈNE VI.
ANTOINE, LE DEVIN.

ANTOINE.

Hé bien, mon ami, regrettes-tu l'Égypte ?

LE DEVIN.

Plût aux Dieux que je n'en fuſſe jamais ſorti ou que vous n'y fuſſiez jamais entré !

ANTOINE.

La raiſon, ſi tu peux la dire ?

LE DEVIN.

Je la devine par mon art : mais ma langue ne peut l'exprimer : retournez au plutôt en Égypte.

ANTOINE.

Dis-moi, qui d'Octave ou de moi, pouſſera plus loin ſa fortune.

LE DEVIN.

Octave. — Antoine, ne reſte point à ſes côtés. Le Génie qui veille ſur tes jours & ſur tes deſtins eſt noble, courageux, fier & ſans égal : celui de Céſar

Céſar n'a rien de ces qualités : mais près de lui (†), ton Génie devient timide, comme s'il étoit ſon eſclave ſoumis : ainſi ſonge à mettre toujours, entre lui & toi, une vaſte diſtance.

ANTOINE.

Ne me parle plus de cela.

LE DEVIN.

Je ne le dis qu'à toi : hors de-là, je n'en parle jamais. — Si tu joues avec lui à quelque jeu que ce ſoit, tu es ſûr de perdre. Il a tant de bonheur, qu'il te battra malgré tous tes avantages. Dès qu'il s'approche de toi, ton éclat s'éclipſe. Je te le répète encore. Ton Génie étonné ſe trouble & ne te gouverne qu'avec terreur, quand il te voit près de lui. Loin d'Octave, il reprend toute ſa grandeur.

ANTOINE.

Va t'en & dis à Ventidius que je veux lui parler. — Il marchera contre les Parthes... (*Le Devin ſort.*) Soit ſcience ou haſard, cet homme a dit la vérité. Juſ-

---

(†) *Thy Angel becomes a fear.* Ton ange devient une peur. La Peur étoit un perſonnage de théâtre dans un des anciens Spectacles Anglois, appellés *Moralities.* M. Eschenburg.

qu'aux dez obéissent à Octave ; & dans nos jeux, toujours ma plus grande adresse échoue contre son bonheur. Si nous tirons au sort, le plus riche lot est pour lui, & toujours dans les jeux publics (†), ses cailles mettent les miennes à mort, en dépit de toutes mes précautions pour maintenir l'égalité des deux partis. — Je veux retourner en Égypte. Si j'accepte cet hymen, c'est pour assurer ma paix ; mais tous mes plaisirs sont dans l'Orient. (*Ventidius paroît*). Oh, viens, Ventidius, il faut marcher contre les Parthes : ta commission est expédiée, suis-moi & viens la recevoir.

(*Ils sortent.*)

SCÈNE VII.

LÉPIDE, MECENE, AGRIPPA.

LÉPIDE.

Qu'aucun soin ne vous retienne plus long-tems : pressez vos Généraux de vous suivre.

(†) Les Anciens faisoient battre les cailles, comme les Anglois les coqs. Voyez *Lucien*.

AGRIPPA.

Marc-Antoine ne demande que le tems d'embrasser Octavie, & nous partons avec lui.

LÉPIDE.

Jusqu'à ce que je vous voie revêtus de votre armure guerrière, qui vous sied si bien à tous deux, je ne vous dis plus rien, qu'adieu.

MECENE.

Nous allons partir; & si je connois bien le chemin, nous arriverons encore avant vous, Lépide, au promontoire.

LÉPIDE.

Votre route est la plus courte: mes desseins m'obligent de prendre des détours, & vous gagnerez deux journées sur moi.

AGRIPPA & MECENE.

Heureux succès.

LÉPIDE.

Adieu.

SCÈNE VIII.

La Scène est à Alexandrie.

CLÉOPATRE, CHARMIANE, IRAS, ALEXAS.

CLÉOPATRE.

Qu'on me joue quelques airs de musique. La musique est l'aliment des ames, qui comme la mienne, ne vivent que pour aimer.

Tous appellent.

Hola, les Musiciens ?

L'Eunuque Mardian entre.

CLÉOPATRE, *changeant d'avis.*

Non, point de musique : allons plutôt jouer au billard. Viens, Charmiane.

CHARMIANE.

Mon bras me fait mal : vous ferez mieux de jouer avec Mardian.

CLÉOPATRE.

Autant jouer avec une femme. Allons, Mardian, veux-tu faire ma partie ?

MARDIAN.

Je jouerai de mon mieux, Madame.

CLÉOPATRE.

Dès que l'acteur montre de la bonne volonté, quand il ne réussiroit pas, il a droit à notre indulgence. —Mais non, je ne suis pas d'humeur de jouer à présent. — Donnez-moi mes lignes ; nous irons au fleuve, & là, tandis que les Musiciens nous donneront quelques symphonies dans l'éloignement, je m'amuserai à tendre des piéges aux poissons dorés : mon hameçon courbé percera leurs molles nâgeoires. . . . & à chaque poisson que je tirerai hors de l'eau, m'imaginant prendre un Antoine, je m'écrierai : *ha, vous voilà pris.*

CHARMIANE.

C'étoit un tour bien plaisant, lorsque vous fîtes une gageure avec Antoine sur votre pêche, & qu'il élança hors de l'eau avec transport un poisson salé, que votre plongeur avoit attaché à sa ligne (†).

CLÉOPATRE.

Quel tems tu me rappelles ! O tems heureux ! Je

(†) Nelly Gwin amusa Charles II par un tour semblable.

le plaifantois tout le jour jufqu'à lui faire perdre patience ; la nuit fuivante il fouffrit mes plaifanteries avec plus de patience ; & le lendemain, avant la neuvième heure du matin, je l'enivrai au point qu'il alla fe mettre au lit ; je le couvris de mes robes & de mes manteaux, & tandis qu'il dormoit, je ceignis fon épée (†) Philippine.... — (*Elle apperçoit un Meffager*). Oh! des nouvelles d'Italie! (*Elle court au devant du Meffager*). Verfe tes nouvelles fortunées dans mon oreille affamée par un long filence.

LE MESSAGER, *d'un air férieux.*

Madame, Madame !

CLÉOPATRE *effrayée.*

Quoi ! Antoine eft-il mort ? Miférable, fi tu as le malheur de prononcer ce mot, tu affaffines ta maîtreffe. Mais s'il eft libre & content, fi c'eft-là ce que tu

(†) Antoine n'avoit point d'épée de ce nom : l'Hiftoire n'en fait aucune mention. La mort de Caffius étoit l'exploit le plus fameux d'Antoine. *Shakefpear* appelle fon épée du nom de cette bataille célèbre, à l'exemple de nos Héros de la Chevalerie, qui donnoient à leurs épées des noms pompeux.

viens m'annoncer de lui, tiens, prends cette bourse, & baise les veines azurées de cette main, de cette main que des Rois ont pressée de leurs lèvres, & n'ont baisée qu'en tremblant de respect.

LE MESSAGER.

D'abord, Madame, Antoine est bien.

CLÉOPATRE.

Tiens, prends encore cette bourse : mais prends garde. Nous disons ordinairement, que les morts font bien. Si c'est-là ce que tu veux dire, cet or, que je te donne, je le ferai fondre & le verserai tout brûlant dans ta bouche sinistre.

LE MESSAGER.

Grande Reine, daignez m'écouter.

CLÉOPATRE.

Allons, j'y consens, poursuis, — mais l'air de ton visage ne me présage rien d'heureux. Si Antoine est libre, s'il est plein de santé, pourquoi cette phisionomie si sombre, pour annoncer des nouvelles heureuses ? Si elles sont fâcheuses, tu devrois te présenter devant moi comme une furie couronnée de serpents, & non pas avec cet air calme & tranquile.

LE MESSAGER.

Mais Madame, voulez-vous m'entendre?

CLÉOPATRE.

Je suis tentée de te maltraiter, avant que tu parles: Cependant si tu me dis qu'Antoine se porte bien, ce sera une agréable nouvelle; si tu m'apprends qu'il est ami de César, & non pas son esclave, je verserai sur ta tête une pluie d'or & de perles (†).

LE MESSAGER.

Madame, il se porte bien.

CLÉOPATRE.

A merveille.

LE MESSAGER.

Et il est ami de César.

CLÉOPATRE.

Tu es un brave homme.

(†) Dans l'Orient, au couronnement des Rois, c'étoit une coutume de répandre sur la tête du Prince couronné, une pluie d'or & de perles. Cette coutume subsiste encore aujourd'hui, non-seulement au couronnement des Princes, mais encore au mariage des Particuliers. Voyez *la Vie de Tamerlan*.

LE MESSAGER.

ANTOINE ET CLÉOPATRE.

LE MESSAGER.

Céfar & lui font plus amis que jamais.

CLÉOPATRE.

C'eſt moi qui fais ta fortune.

LE MESSAGER.

Mais, Madame. . . .

CLÉOPATRE.

Je n'aime point ce *mais* : il gâte ce que tu viens de dire d'heureux ; j'abhorre ce *mais*. — C'eſt un prélude qui m'annonce quelque affreux déſaſtre (†). De grace, ami ; verſe tout ce que tu portes dans mon oreille, le bien & le mal à la fois. . . Il eſt ami de Céſar, il eſt en pleine ſanté, dis-tu, & il eſt libre, dis-tu encore ?

LE MESSAGER.

Libre, Madame ? Je ne vous ai rien dit de ſemblable. Il eſt lié à Octavie.

CLÉOPATRE *interdite.*

(*) De quel lien parles-tu ?

(†) *C'eſt un Géolier qui va ouvrir la porte à quelque monſtrueux malfaiteur.*

LE MESSAGER.

Du lien conjugal.

CLÉOPATRE.

Mon sang se glace, Charmiane.

LE MESSAGER.

Oui, Madame, il est marié à Octavie.

CLÉOPATRE.

Que la peste te dévore. (*Elle le maltraite dans sa fureur.*)

LE MESSAGER.

Madame, calmez-vous.

CLÉOPATRE.

Qu'oses-tu dire? Loin de moi, monstre: oui, mes mains ensanglanteront ton visage. Tu vas être fustigé avec des verges de fer; je veux te faire périr lentement dans les plus cruelles douleurs.

LE MESSAGER.

Auguste Reine, c'est moi qui vous apporte ces nouvelles; mais ce n'est pas moi qui les ai faites.

CLÉOPATRE.

Retracte-toi, & je te donnerai une Province, &

tu monteras à la fortune la plus brillante. Le coup que tu as reçu, fera pour expier ta faute de m'avoir mife en fureur; mais je t'en dédommagerai par tous les dons qu'il eft poffible de defirer.

LE MESSAGER.

Il eft marié, Madame.

CLÉOPATRE, *tirant un poignard.*

Scélérat, tu as trop vécu.

LE MESSAGER.

Eh! Madame, vous me forcerez à fuir. Madame, que prétendez-vous? Je ne fuis coupable d'aucune faute.

CHARMIANE.

Ma chère Maîtreffe, modérez-vous, & rappellez votre raifon. Cet homme eft innocent.

CLÉOPATRE.

Eh! il eft tant d'innocens qui n'échappent pas à la foudre!.. Que l'Égypte s'enfeveliffe fous le Nil, & que toutes les créatures bienfaifantes fe transforment en ferpens! ... (*Elle fe calme.*) Rappellez cet efclave: malgré ma fureur, je ne lui ferai pas de mal. Rappelez-le.

CHARMIANE.

Vous l'avez effrayé : il n'ose revenir.

CLÉOPATRE.

Je ne le maltraiterai point. Ces mains s'avilissent en frappant un malheureux si au-dessous de moi, sans autre sujet que celui que je me suis forgé moi-même. (*Au Messager.*) Reviens, approche, mon ami. (*Le Messager revient.*) Il n'y a pas de crime ; mais il y a toujours du danger à être porteur de mauvaises nouvelles. Emprunte cent voix pour un message gracieux : mais laisse toujours les nouvelles fâcheuses s'annoncer elles-mêmes par des signes qui les fasse deviner.

LE MESSAGER.

J'ai rempli mon devoir.

CLÉOPATRE.

Il est marié ? Il ne m'est pas possible de te haïr plus que je ne te haïrai, si tu dis encore, *oui*.

LE MESSAGER.

Il est marié, Madame.

CLÉOPATRE.

Que les Dieux te confondent : tu oses donc persister ?

LE MESSAGER.

Dois-je mentir, Madame?

CLÉOPATRE.

Oh! je le voudrois, que tu m'eusses dit un mensonge; dût la moitié de mon Égypte être submergée & changée en citerne pour les serpens écailleux! Fuis, sors de ma présence. Eusses-tu les traits & la beauté de Narcisse, tu me paroîtrois toujours un monstre.... Il est marié?...

LE MESSAGER.

Je demande pardon à Votre Majesté, Madame.

CLÉOPATRE.

Il est marié?

LE MESSAGER.

Ne soyez point offensée; je n'avois pas l'intention de vous déplaire. Me punir, pour obéir à vos ordres, ne me paroît pas raisonnable. Rien n'est si vrai; il est marié à Octavie.

CLÉOPATRE.

O plût au Ciel, que l'influence de son crime eût aussi fait de toi un fourbe! — Tu n'es pas aussi sûr que tu le prétens, de ce que tu dis.... Fuis loin de moi. Remporte ton message de Rome : va, puisse-t-il causer ta ruine.

(*Le Messager sort.*)

CHARMIANE.

De grace, auguste Reine, modérez-vous.

CLÉOPATRE.

Eh ! je déprimois César, pour vanter Antoine ! ..

CHARMIANE.

C'est ce qui vous est arrivé bien des fois, Madame.

CLÉOPATRE.

M'en voilà bien punie aujourd'hui. Qu'on m'emmène de ce lieu. Je succombe. Oh ! Iras, Charmiane. — N'importe. — Cher Alexas, va retrouver cet homme, dis lui de te rendre compte des traits d'Octavie, de son âge, de ses inclinations ; qu'il n'oublie pas de s'informer de la couleur de ses cheveux. Reviens promptement m'en instruire. — Oublions-le pour jamais, qu'il devienne ce qu'il voudra. — Ah ! non, — Charmiane. — Quoique sous une face il m'offre les traits de la Gorgone, sous une autre il me paroît un Dieu Mars. — Recommande à Alexas de me rapporter, quelle est sa taille. — Aie pitié de moi, Charmiane; mais ne me replique pas, conduis-moi à ma chambre.

(Elles sortent).

SCÈNE IX.

Le Théâtre représente les côtes d'Italie, près de Misène.

POMPÉE & MENAS *entrent d'un côté au son des instrumens de guerre ; de l'autre,* OCTAVE, ANTOINE, LÉPIDE, ENOBARBUS, MECENE & AGRIPPA *paroissent, suivis de leurs armées.*

POMPÉE.

J'AI reçu vos ôtages : vous avez les miens, & nous aurons un pourparler avant de combattre.

OCTAVE.

Il convient que nous commencions par conférer ensemble, & c'est dans cette vue que nous vous avons envoyé nos propositions par écrit. Vous les avez sans doute examinées. Faites-nous savoir à présent, si vous en êtes satisfait; si elles enchaîneront votre épée mécontente, & renverront en Sicile une foule de belle jeunesse, qui autrement doit périr dans cette plaine.

POMPÉE.

C'est à vous trois que je parle, vous les seuls Sénateurs de ce vaste Univers, & les illustres agens des décrets des Dieux. — Je ne vois pas pourquoi mon père manqueroit de vengeurs, puisqu'il laisse un fils & des amis; tandis que Jules-César, dont le fantôme effraya le vertueux Brutus à Philippes, vous a vu travailler dans cette plaine à sa vengeance. Quel motif engagea le pâle Cassius à se mêler dans une conspiration? Et toi, Romain vénéré de tous les hommes, vertueux Brutus, quel motif te porta avec le reste des Conjurés armés, fiers amans de la belle liberté, à ensanglanter le Capitole? Ils ne voulurent voir qu'un homme dans un homme, & rien de plus. C'est le même motif qui m'a porté à équiper ma flotte, dont le poids fait écumer l'Océan indigné; avec elle je veux châtier l'ingratitude, dont l'injuste Rome a payé les services de mon illustre père.

OCTAVE à *Antoine*.

Choisissez le parti qui vous plaît davantage.

ANTOINE.

ANTOINE.

Pompée, tu ne peux nous intimider avec tes vaisseaux. Nous verrons à te répondre fur mer. Mais fur terre, tu connois la fupériorité de nos forces.

POMPÉE.

Sur terre, je l'avoue, vous m'avez tout enlevé, jufqu'à la maifon de mon père. Puifque l'oifeau bâtit fouvent fon nid pour un autre, reftez-y auffi long-tems que vous le pourrez.

LÉPIDE.

Voudriez-vous bien nous faire connoître, (car c'eft-là l'objet de notre préfente entrevue,) ce que vous décidez fur les offres que nous vous avons envoyées par écrit?

OCTAVE.

Oui, voilà le point —

ANTOINE.

— qu'on ne te prie pas de confentir. C'eft à toi de péfer les chofes, & de voir quel parti tu dois embraffer.

OCTAVE.

Et à quelles fuites pourroit vous expofer l'envie de tenter une plus grande fortune.

POMPÉE.

Vous m'offrez la Sicile & la Sardaigne, sous la condition que je purgerai la mer des Pirates, & que j'enverrai du froment à Rome; & ces offres une fois acceptées, la convention est de nous séparer, nos épées sans brèches, & remportant sur nos épaules nos boucliers entiers & sans marques de combat ?

TOUS TROIS.

Voilà nos offres.

POMPÉE.

Sachez donc que je me suis rendu ici devant vous, en homme disposé à les accepter. Mais Marc-Antoine m'inspire quelque ressentiment. Quand je devrois perdre le prix du bienfait, en le reprochant, vous devez vous souvenir, Antoine, que lorsque César & votre frère étoient en guerre, votre mère se réfugia en Sicile, & qu'elle y trouva l'accueil généreux de l'amitié.

ANTOINE.

J'en suis instruit, Pompée, & je me préparois à vous exprimer toute la reconnoissance que je vous dois.

POMPÉE.

Donnez-moi votre main, — Je ne m'attendois pas, Antoine, à vous rencontrer en ces lieux.

ANTOINE.

Les lits d'Orient sont bien doux ! & je vous dois des remercimens : car c'est vous qui m'avez fait revenir ici plutôt que je ne comptois : & j'y ai beaucoup gagné.

OCTAVE.

Vous me paroissez changé depuis la dernière fois que je vous ai vu.

POMPÉE.

Soit : je ne sai pas, comment la fortune marque mon âge & mes années sur mon visage; mais dans mon sein, jamais elle n'y pénétrera, jamais elle ne rendra mon cœur esclave.

LÉPIDE.

Je suis bien satisfait de vous voir ici.

POMPÉE.

Je m'en flatte, Lépide. — Ainsi nous voilà d'accord. Je desire que notre traité soit mis par écrit, & scellé de nous.

OCTAVE.

C'est le premier soin que nous devons prendre.

POMPÉE.

Il faut nous fêter mutuellement, avant de nous séparer. Tirons au sort à qui commencera.

ANTOINE.

Moi, Pompée.

POMPÉE.

Non, Antoine : il faut que le sort en décide. Mais, soit qu'il vous nomme le premier ou le dernier, votre cuisine (†) Égyptienne aura toujours la supériorité. J'ai oui dire que Jule-César rapporta des banquets d'Égypte un riche embonpoint & une santé fleurie.

ANTOINE *ému.*

Vous avez oui dire bien des choses.

POMPÉE.

Mon intention, Antoine, est innocente.

(†) Antoine étoit un épicurien si effréné, qu'il donna un jour la maison d'un citoyen à son Cuisinier, parce qu'il lui avoit fait un excellent souper.

ANTOINE.

Et vos paroles aussi.

POMPÉE.

Voilà ce que j'ai oui dire; & aussi, qu'Appollodore conduisit...

ENOBARBUS.

N'en parlons plus. Le fait est vrai.

POMPÉE.

Quoi, s'il vous plaît ? Achevez.

ENOBARBUS.

... Une certaine Reine à César...

POMPÉE à *Enobarbus*.

Ha, je te reconnois à présent ! Comment te portes-tu, brave Soldat ?

ENOBARBUS.

Fort bien, & il y a apparence que je continuerai; car, je vois que nous allons avoir quatre festins de suite.

POMPÉE.

Donne-moi ta main; je ne t'ai jamais haï: & quand je t'ai vu combattre, tu m'as rendu jaloux de ta valeur.

ENOBARBUS.

Moi, Seigneur, je ne vous ai jamais beaucoup aimé : mais j'ai fait votre éloge, & vous méritiez dix fois plus de louanges, que je ne vous en ai donné.

POMPÉE.

Conserve ta franchise ; elle te sied à merveille. — Je vous invite tous à bord de ma galère; voulez-vous me précéder, Seigneur ?

TOUS.

Montrez-nous le chemin.

POMPÉE.

Allons, venez.

(*Ils sortent : Enobarbus & Menas demeurent.*)

SCÈNE X.

ENOBARBUS, MENAS.

MENAS *à part.*

O Pompée, ton père n'eût jamais fait ce traité! (*à Enobarbus*). Nous nous sommes connus ?

ENOBARBUS.

Sur mer, je crois.

MENAS.

Oui.

ENOBARBUS.

Vous avez fait des prouesses sur mer.

MENAS.

Et vous sur terre.

ENOBARBUS.

Je louerai toujours qui me louera : mais on ne peut nier vos exploits sur mer.

MENAS.

Ni mes exploits de terre non plus, je pense ?

ENOBARBUS.

Non. Il y en a cependant quelques-uns que vous

pourriez ne pas avouer, pour votre sureté : car vous avez été un grand brigand sur mer.

MENAS.

Et vous sur terre.

ENOBARBUS.

Aussi je n'avoue pas mes exploits sur terre. Mais donnez-moi la main, Menas. (*Ils s'embrassent.*) Nos yeux voient ici deux insignes brigands qui s'embrassent.

MENAS.

La physionomie des hommes a toujours l'air loyal & sincère, quoique fassent leurs mains.

ENOBARBUS.

Il n'en est pas de même des femmes. Il n'y a pas de belle, dont le visage ne soit perfide.

MENAS.

Ce n'est pas une calomnie : elles volent les cœurs.

ENOBARBUS.

Nous sommes venus ici pour vous combattre.

MENAS.

Quant à moi, je suis fâché que cela finisse par une partie de boire. Pompée, en ce jour, se joue de sa fortune, & la fait fuir sans retour.

ENOBARBUS.

ENOBARBUS.

Si vous devinez juste, il est sûr que ses regrets ne la rappelleront pas.

MENAS.

Vous l'avez dit. — Nous ne nous attendions pas à trouver Marc-Antoine ici. Dites-moi, je vous prie, est-il marié à Cléopâtre ?

ENOBARBUS.

Vous savez que la sœur de César se nomme Octavie.

MENAS.

Oui ; elle étoit femme de Caïus-Marcellus.

ENOBARBUS.

Hé bien, aujourd'hui, elle est la femme de Marc-Antoine.

MENAS.

Que dites-vous ?

ENOBARBUS.

Rien n'est plus vrai.

MENAS.

Les voilà donc, César & lui, liés ensemble pour jamais.

ENOBARBUS.

Si j'étois obligé de deviner le fort de cette union, je ne prédirois pas son éternité.

MENAS.

Je préfume que la politique a eu plus de part que l'amour à cette alliance.

ENOBARBUS.

Je le crois comme vous. Vous verrez, que le nœud qui femble aujourd'hui ferrer leur amitié pour jamais, l'étranglera. Octavie est chafte, d'un caractère froid & tranquille.

MENAS.

Et quel est l'homme qui ne fouhaiteroit pas avoir une époufe de ce caractère ?

ENOBARBUS.

Celui, qui lui-même n'a rien de ces qualités ; & cet homme, c'est Marc-Antoine. Il retournera à fa belle Égyptienne. Alors les foupirs d'Octavie enflammeront la colère de Céfar, & comme je viens de le dire, ce qui paroît faire la force de leur amitié, fera précifément la caufe de leur rupture. Antoine laiffera toujours fon cœur où il l'a placé ; il n'a époufé ici que les circonftances.

MENAS.

Cela pourroit bien être. Allons, ami, voulez-vous venir à bord ? J'ai un flacon à vuider à votre santé.

ENOBARBUS.

Je l'accepterai. Nous nous sommes formés en Égypte, & nous savons boire.

MENAS.

Allons, venez....   (*Ils sortent.*)

SCÈNE XI.

La Scène est à bord de la galère de Pompée : on entend une simphonie. Des Esclaves paroissent portant les plats d'un festin.

PREMIER ESCLAVE.

Ils se placeront ici. J'en ai déjà vu plus d'un mal assuré sur ses (†) pieds. Le moindre coup de vent les renverseroit par terre.

(†) *Sur les plantes.* Jeu de mots sur *plants*, qui signifie une *plante* & la *plante des pieds*.

SECOND ESCLAVE.

Lépide est haut en couleur.

PREMIER ESCLAVE.

Ils l'ont fait boire (†) à leur décharge.

SECOND ESCLAVE.

Lorsque chacun d'eux se dit ses vérités, il leur crie, *allons, laissez cela*; & il les reconcilie, & il boit d'autant.

PREMIER ESCLAVE.

Mais s'il met la paix entr'eux, il élève une guerre violente entre lui & sa tempérance.

SECOND ESCLAVE.

Et voilà ce que c'est, de ne mêler que son nom dans la société d'hommes supérieurs... J'aimerois autant avoir dans mes mains un foible & inutile roseau, qu'une lance si pésante, que je ne la pourrois soulever.

(†) *Ils lui ont fait boire la boisson d'aumône. Alms-drink.* Terme usité parmi les bons buveurs, pour signifier la portion du verre que boit un convive, pour soulager son compagnon. Allusion satyrique à César & Antoine, qui n'ont associé Lépide au Triumvirat, que pour se décharger sur lui de l'odieux de leur gouvernement.

PREMIER ESCLAVE.

Être élevé dans une sphère pour y paroître sans action ni mouvement, c'est embarrasser au lieu de servir. Les grandes dignités, sont comme la cavité où doivent être les yeux : dès que les yeux n'y sont plus, tout le visage n'est qu'un objet difforme.

SCÈNE XII.

Au son des trompettes arrivent OCTAVE, ANTOINE, POMPÉE, LÉPIDE, AGRIPPA, MECENE, ENOBARBUS, MENAS *& autres Capitaines.*

ANTOINE *continuant de parler.*

Oui, voilà comme ils font en Égypte : ils mesurent (†) la crue du Nil par certains degrés marqués sur les pyramides ; ils connoissent par la hauteur plus

---

(†) Les Juifs & les Arabes attribuent à Joseph, l'invention du nilomètre. Le Nil ne s'élève jamais moins de 12 coudées, & jamais plus de 20. *In duodecim cubiter famem sentit, in' 13 etiamnum esurit ; 14 cubitis hilaritatem ; 15 securitatem, 16 delicias.* Plin. le Nat.

ou moins grande des eaux, s'ils auront une récolte abondante, ou s'ils sont menacés d'une disette. A mesure que le Nil se retire, le laboureur séme son grain sur le limon & les joncs, & bientôt les champs sont couverts d'épis.

LÉPIDE.

Vous avez-là de prodigieux serpens !

ANTOINE.

Oui, Lépide.

LÉPIDE.

Vos serpens d'Égypte se nourrissent du limon par l'opération de votre soleil ; il en est de même de vos crocodiles ?

ANTOINE.

Oui, tout comme vous le dites.

POMPÉE.

Asséyons-nous, & qu'on apporte du vin (*ils recommencent à boire*) une santé à Lépide.

LÉPIDE.

Je ne me sens pas bien ; mais jamais je ne renoncerai.

ENOBARBUS *à part.*

Non, tu ne seras bien, qu'après avoir dormi.

LÉPIDE.

Oui, j'ai oui dire, que les pyramides de Ptolomée étoient bien étonnantes : en vérité, je l'ai oui dire.

MENAS, *qui est derrière Pompée, s'approche.*

Pompée, un mot.

POMPÉE.

Parle-moi à l'oreille : que veux-tu ?

MENAS.

Levez-vous, mon Général, je vous en conjure, & daignez m'entendre ; je ne veux vous dire qu'un mot.

POMPÉE *à basse voix.*

Laisse-moi ; est-ce là le moment ?... — Cette coupe pour Lépide.

LÉPIDE.

Quel animal est-ce que votre crocodile ?

ANTOINE *d'un ton railleur.*

Il a la forme d'un crocodile : il est large de toute sa largeur, & haut de toute sa hauteur. Il se meut avec ses propres organes : il vit de ce qui le nourrit, & quand ses élémens se décomposent, il jouit du privilège de la métempsycose, & passe dans un autre corps.

LÉPIDE.

De quelle couleur est-il?

ANTOINE.

De sa couleur naturelle.

LÉPIDE.

C'est un étrange serpent!

ANTOINE.

Oh oui: & les pleurs qu'il verse, sont humides.

OCTAVE *bas à Antoine.*

Sera-t-il satisfait de cette description?

ANTOINE.

Sans doute, moyennant la rasade que Pompée lui présente; autrement, c'est un Épicure insatiable.

POMPÉE *à Ménas qui l'importune.*

Allons, importun, laisse-moi. Tu viens me parler de cela? Va-t-en: obéis. — Où est la coupe que j'ai demandée?

MENAS.

Au nom de mes services, si vous daignez m'entendre, levez-vous de votre siége.

POMPÉE

POMPÉE, *avec impatience, se lève enfin & s'écarte avec lui.*

Je crois que tu es fou : le sujet ?

MENAS.

Pompée, j'ai toujours attaché mes destins à ta fortune.

POMPÉE.

Tu m'as servi avec une grande fidélité. As-tu autre chose à me dire ? (*en s'éloignant.*) Allons, livrez-vous à la joie, Seigneurs. (*Ils vont tous deux à l'écart.*)

ANTOINE.

Je crois, Lépide, que nous sommes ici sur des sables mouvans, qui se dérobent sous nos pieds ; car je te vois t'abîmer.

MENAS *à Pompée.*

Veux-tu être le seul Empereur de l'Univers ?

POMPÉE.

Que veux-tu dire ?

MENAS.

Encore une fois, veux-tu être le seul maître de l'Univers entier ?

POMPÉE.

Quel est ton moyen ?

MENAS.

Confens-y feulement, & tout foible que tu puiffes me croire, je fuis un homme qui te fera don de l'Univers.

POMPÉE.

Ami, tu as bien bu, je penfe?

MENAS.

Non, Pompée. Je me fuis abftenu de boire. — Tu es de ce moment, fi tu ofes l'être, le Jupiter de la terre : tout ce que l'Océan embraffe, tout ce que la voûte du Ciel enferme, eft à toi, fi tu veux le faifir.

POMPÉE.

Montre moi par quel moyen?

MENAS.

Ces trois co-héritiers du monde, ces trois compétiteurs rivaux font dans ton vaiffeau : laiffe moi couper le cable, & quand nous ferons en mer, abandonne-moi leurs têtes, & tout eft à toi.

POMPÉE.

Il falloit le faire, & non pas me le dire. Ce feroit en moi une lâcheté odieufe; de ta part, c'étoit fervice. Tu dois favoir, que ce n'eft pas mon intérêt qui conduit mon honneur : c'eſt mon honneur qui gouverne mon intérêt. Repens-toi, de ce que ta langue ait oſé déclarer d'avance ton projet. Si tu l'avois exécuté à mon inſçu : j'aurois approuvé l'action ; mais à préſent je ſuis forcé de la condamner : renonce à cette idée, malheureux, & va boire.

(*Pompée le quitte & rejoint les convives.*)

MENAS.

Hé bien, moi, je ne veux plus ſuivre ta fortune ſur ſon déclin. Quiconque la cherche & ne la ſaiſit pas, lorſqu'une fois elle vient s'offrir à lui, ne la retrouvera jamais.

POMPÉE.

A la ſanté de Lépide, cette raſade.

ANTOINE.

Qu'on le porte ſur le rivage ; j'y ferai raiſon pour lui, Pompée.

ENOBARBUS *tenant une coupe.*

A toi, Menas.

MENAS.

Je l'accepte de bon cœur.

POMPÉE *à l'Eſclave.*

Remplis, juſqu'à noyer les bords.

ENOBARBUS *montrant Lépide enivré.*

Voilà un vaillant collègue.

MENAS.

Pourquoi ?

ENOBARBUS.

Il porte le tiers du poids de l'Univers : quel homme ! Ne vois-tu pas ?

MENAS.

En ce cas, voilà le tiers de l'Univers enivré : je voudrois qu'il le fût tout entier ; il pourroit tourner & rouler alors.

ENOBARBUS.

Allons, bois, & augmente le branle.

MENAS.

Allons.

POMPÉE *à Antoine.*

Ce n'est pas encore là une fête d'Alexandrie.

ANTOINE.

Elle en approche bien. — Esclaves, fondez les vases. — Cette coupe, à la santé d'Octave.

OCTAVE.

Je voudrois bien refuser. C'est un terrible travail

pour moi, quand je lave mon cerveau; qui n'en devient que plus trouble.

ANTOINE.

Allons (†), prêtez-vous à la circonſtance.

OCTAVE.

Allons, ſoit, buvez-la, je vous répondrai : mais j'aimerois mieux jeûner de tout pendant quatre jours, que de tant boire en un ſeul.

ENOBARBUS.

Hé bien, mon brave Empereur, danſerons-nous à préſent les Bachanales Égyptiennes, & célébrerons-nous notre orgie ?

POMPÉE.

Volontiers, brave Soldat.

ANTOINE.

Allons, entrelaçons nos mains, juſqu'à ce que le vin victorieux ſubjugue tous nos ſens, & nous endorme dans le doux & voluptueux oubli du Léthé.

ENOBARBUS.

Prenons-nous tous par la main. Faites réſonner à nos oreilles les plus bruyans accens de la muſique. Moi,

_____
(†) *Be child of the time.* Soyez l'enfant du tems.

je vais vous placer : ce jeune homme va chanter, & chacun pouffera fa voix de tout l'effort de fes flancs & de fes poumons.

A I R.

Viens, Monarque du vin :
Joufflu Bacchus à l'œil enflammé :
Noyons nos chagrins dans tes coupes,
Couronnons nos cheveux de tes grappes.
Verfe nous, jufqu'à ce que le monde tourne autour de nous,
Verfe, jufqu'à ce que le monde tourne autour de nous.

OCTAVE.

Seigneurs, que voulez-vous de plus ? Nuit paifible, Pompée. Digne frère, allons, cédez à mes inftances. Nos affaires férieufes s'indignent de notre légèreté. Chers Seigneurs, féparons-nous. Vous voyez comme nos jouës font enflammées. Le vin a triomphé du robufte Enobarbus : & ma langue entrecoupe & bégaie mes paroles. Cette exceffive débauche nous a tous défigurés & contrefaits. Qu'eft-il befoin de plus de paroles ? Nuit paifible. Cher Antoine, ta main.

POMPÉE.

Je fuis curieux de vous voir fur le rivage.

ANTOINE.

Vous nous y verrez. — Seigneur, votre main.

POMPÉE.

Oh! Antoine; tu (†) possèdes la maison de mon père! — Mais, n'importe: nous sommes amis. Descends dans la chaloupe.

ENOBARBUS *à Menas.*

Prends garde de tomber.

MENAS.

Moi, je ne descendrai point sur le rivage. — Non: je vais droit à ma *cabine*. — Que veulent dire ces instrumens? Des trompettes, des fluttes, ha!... Neptune, prête l'oreille: nous disons ici un solemnel adieu à ces fiers rivaux.... Allons, sonnez... Et allez aux enfers.

(*On entend les trompettes, tandis qu'Antoine, Lépide & Octave s'embarquent.*)

(†) Le souvenir de son ressentiment contre Antoine, lui revient dans le vin. *Cum Pompeio quoque circa Misenum pax inita: qui haud absurdè, cum in navi Cæsarem & Antonium cænâ exciperet, dixit, in carinis suis se cænam dare, referens hoc dictum ad loci nomen, in quo paterna domus ab Antonio possidebatur.* Vell. Pater.

ENOBARBUS.

Ho! allons, allons, voici mon casque.

MENAS.

Hola, — mon noble Capitaine, venez.
(*Ils sortent.*)

Fin du second Acte.

ACTE III.

SCÈNE PREMIÈRE.

Le Théâtre représente un camp dans une contrée de la Syrie.

VENTIDIUS arrive en triomphe. On porte devant lui le corps de Pacorus, fils d'Orodes, Roi des Parthes.

VENTIDIUS, SILIUS.

VENTIDIUS.

Enfin, Parthes aux dards redoutés, vous voilà frappés; & c'est moi que la fortune a voulu choisir pour le vengeur de Crassus. — Qu'on porte devant l'armée le corps du jeune Prince. Ton fils, Orodes, est la victime qui appaise les mânes de Marcus-Crassus!

SILIUS.

Noble Ventidius, tandis que ton épée fume encore du sang des Parthes, poursuis leurs troupes fugitives : pénètre dans la Médie, la Méfopotamie, dans tous les afyles où fuient leurs pelotons en déroute. Alors ton Général te fera monter fur le char de triomphe ; il pofera fur ta tête les guirlandes de la victoire.

VENTIDIUS.

Oh, Silius, Silius, j'en ai fait affez. Souviens-toi bien qu'un fubalterne quelquefois peut faire une action trop éclatante (†). Retiens, Silius, qu'il vaut mieux laiffer de la gloire à moiffonner, que de s'expofer par fes fuccès au danger d'une renommée trop brillante, lorfque le chef fous lequel nous fervons eft abfent. Céfar & Antoine doivent plus de gloire aux fervices de leurs Officiers, qu'ils n'en ont acquis par eux-mêmes. — Rappelle-toi Soffius : ce guerrier qui, dans la Syrie, occupoit un pofte femblable au mien, ce brave & fidèle lieutenant, pour avoir accumulé trop de victoires, & étonné par la rapidité de fes conquêtes, perdit la faveur d'Antoine. Quiconque fait dans la guerre plus que fon Général ne peut faire lui-même, s'élève au-deffus de lui, &

_____

(†) Silius répond en vieux guerrier qui a vécu à la cour auffi bien que dans les camps.

devient plus grand que son chef; & l'ambition, cette jalouse vertu des guerriers, leur fait préférer une défaite à une victoire qui ternit leur renommée. Je pourrois pousser plus loin mes conquêtes, & mériter davantage d'Antoine ; mais tant d'exploits l'offenseroient; il ne me pardonneroit pas le crime de l'avoir trop bien servi.

SILIUS.

Ventidius, tu possèdes des qualités, sans lesquelles il n'y a presque point de différence entre un guerrier & son aveugle épée. Sans doute, tu annonceras toi-même ton succès à Antoine.

VENTIDIUS.

Oui, je vais lui mander en termes humbles & modestes, tout ce que nous avons exécuté en son nom, *au nom du Général*, mot magique & sacré dans la guerre. Je lui dirai comment, avec ses étendards & ses troupes bien payées, nous avons chassé de la plaine, & mis en fuite la cavalerie Parthe, jusqu'alors invaincue.

SILIUS.

Où est-il maintenant ?

VENTIDIUS.

Il doit se rendre à Athènes. C'est-là que nous allons

nous hâter de le rejoindre, autant que le permettront le bagage & les dépouilles que nous traînons après nous. Allons, marchons... Que l'armée défile.

(*Toute son armée passe dans le fond du Théâtre.*)

SCÈNE II.

La Scène est à Rome.

AGRIPPA *arrive d'un côté*: ENOBARBUS *de l'autre.*

AGRIPPA.

Quoi! nos trois frères se sont-ils déjà séparés?

ENOBARBUS.

Oui: ils ont terminé avec Pompée, qui vient de partir; & actuellement, ils sont tous les trois au Conseil à sceller le traité. Octavie pleure & regrette Rome. Octave est triste; & Lépide, depuis le festin de Pompée, à ce que dit Menas, porte sur son tein la couleur du chagrin.

AGRIPPA.

C'est un digne homme que Lépide!

ENOBARBUS.

Un excellent homme : à quel point il aime Octave !

AGRIPPA.

Oui, & avec quelle tendresse il chérit Antoine !

ENOBARBUS.

Octave ? C'est pour lui un Jupiter parmi les hommes.

AGRIPPA.

Et Antoine sera donc à ses yeux le Dieu de ce Jupiter ?

ENOBARBUS *contrefaisant Lépide*.

Vous parlez d'Octave ? Il n'a point son égal.

AGRIPPA.

Et votre Antoine est un phénix.

ENOBARBUS *continuant*.

Voulez-vous vanter Octave ? dites : *Octave ;* — & restez-en là.

AGRIPPA.

Il leur a prodigué à tous deux d'excellentes louanges.

ENOBARBUS.

Mais c'est Octave qu'il aime le mieux : — & il n'aime pas moins Antoine. Oh ! le cœur, la langue, rien ne peut sentir, rien ne peut exprimer à quel degré il aime Antoine. Mais pour César ; à genoux, à genoux, & adorez le Dieu.

AGRIPPA.

Il les aime tous deux.

ENOBARBUS.

Ils font le flambeau radieux, & lui l'infecte de nuit, qui sans cesse voltige & bourdonne autour. Oui. — Mais, voilà le signal ; à cheval. — Adieu, noble Agrippa. (*On entend les trompettes.*)

AGRIPPA.

Bonne fortune, brave soldat ; adieu.

SCÈNE III.

ANTOINE, OCTAVE, LÉPIDE, OCTAVIE.

ANTOINE.

Seigneur, n'allez pas plus loin.

OCTAVE.

Vous m'enlevez la plus chère portion de moi-même. Songez à me bien traiter dans sa personne. — Ma sœur, soyez une épouse telle que ma pensée vous peint à mes yeux, & que votre conduite justifie tout ce que je garantirois de vous. — Noble Antoine, que ce trésor de vertu, que je place entre vous & moi, comme le ciment durable & solide de notre amitié, ne devienne jamais l'instrument ennemi qui mine & détruise notre union. Car il auroit mieux valu nous aimer sans ce nouveau lien, si nous ne travaillons pas tous deux à l'entretenir avec soin.

ANTOINE.

Ne m'offensez point par votre défiance.

OCTAVE.

Je ne dis plus rien.

ANTOINE.

Malgré la délicatesse de votre sensibilité en ce point, je ne donnerai jamais le moindre sujet aux craintes qui paroissent vous alarmer. Que les Dieux vous secondent & fassent obéir le cœur des Romains à vos desseins; nous allons nous séparer ici.

OCTAVE.

Adieu ma sœur : soyez heureuse. Que tous les élémens vous soient propices & entretiennent toujours la santé & la joie dans votre ame! Adieu.

OCTAVIE.

O mon noble & tendre frère! (*Elle pleure.*)

ANTOINE.

Le sourire se mêle à ses pleurs. C'est un printems d'amour, & ses larmes sont la douce rosée qui le fait naître & fleurir. — Consolez-vous, Octavie.

OCTAVIE *à son frère.*

Seigneur, je vous recommande la maison de mon époux, &....

OCTAVE.

Quoi, ma sœur?

OCTAVIE.

Je vais vous le dire à l'oreille.

ANTOINE, *considérant les tendres adieux d'Octavie à son frère.*

Sa langue se refuse aux mouvemens de son cœur, & son cœur ne peut trouver de voix pour exprimer ses transports : son ame flotte suspendue entre deux tendres penchans ; ainsi le tendre duvet du cigne s'enfle & se soutient au-dessus des ondes, sans incliner ni d'un côté ni de l'autre.

ENOBARBUS.

ENOBARBUS.

Octave pleurera-t-il ?

AGRIPPA.

Un sombre nuage obscurcit son front.

ENOBARBUS.

Fût-il mon cheval de bataille (†), je l'en estimerois moins : à plus forte raison, étant un homme.

AGRIPPA.

Pourquoi, Enobarbus ? Antoine rugit de douleur, lorsqu'il vit Jule-César mort (§), & à Philippes, il pleura sur le corps de Brutus.

ENOBARBUS.

Il faut que cette année-là, il eût une surabondance d'humeurs dans le cerveau : il pleuroit l'homme qu'il auroit de bon cœur détruit lui-même. Crois à ses larmes, quand tu m'auras vu pleurer aussi.

(†) Lorsqu'un cheval a les yeux troubles & pleins de larmes, on conjecture qu'il deviendra bientôt aveugle.

(§) Pompée cherchant un asyle chez Ptolemée, fut massacré par Achillas & Septimus. Ils envoyèrent sa tête à César, qui versa quelques larmes à cette vue.

OCTAVE.

Non, tendre Octavie. Vous recevrez toujours des nouvelles de votre frere ; jamais le tems ni l'abſence ne vous feront oublier de moi.

ANTOINE.

Allons, venez Octavie. (*à Octave.*) Je diſputerai avec vous de tendreſſe pour elle (*il embraſſe Octave.*) Je vous embraſſe ici, & je vous quitte en vous recommandant aux Dieux.

OCTAVE.

Adieu, ſoyez heureux.

LÉPIDE.

Que tous les aſtres du firmament illuminent votre route.

OCTAVE *embraſſe ſa ſœur.*

Adieu, adieu, ma ſœur.

ANTOINE.

Adieu.

(*Ils partent au ſon des trompettes.*)

SCÈNE IV.

La Scène est à Alexandrie.

CLÉOPATRE, CHARMIANE, IRAS, ALEXAS, LE MESSAGER.

CLÉOPATRE.

Où est ce Messager ?

ALEXAS.

Il tremble de reparoître devant vous.

CLÉOPATRE.

Qu'il vienne, qu'il vienne... (*Le Messager paroît*). Approche, mon ami.

LE MESSAGER, *d'un air craintif.*

Grande Reine, Hérode, le Monarque de Judée, n'ose lever les yeux sur votre Majesté, que lorsque votre front est serein. . . .

CLÉOPATRE.

Je veux un jour avoir la tête de cet Hérode ; mais quoi, depuis qu'Antoine est parti, qui pourrois-je charger de me l'apporter ? — Approche-toi.

LE MESSAGER.

Auguste Reine.

CLÉOPATRE.

As-tu vu Octavie ?

LE MESSAGER.

Oui, redoutable Reine.

CLÉOPATRE.

En quel lieu ?

LE MESSAGER.

A Rome, Madame: je l'ai envisagée en face, & considérée à loisir, lorsqu'elle marchoit entre Octave & Antoine.

CLÉOPATRE.

Est-elle aussi grande que moi ?

LE MESSAGER.

Non, Madame.

CLÉOPATRE.

L'as-tu entendu parler ? A-t-elle la voix claire ou rauque ?

LE MESSAGER.

Oui, Madame, je l'ai entendu parler ; le son de sa voix est sourd.

CLÉOPATRE.

Ce son de voix n'est pas si gracieux. Oh! il ne peut l'aimer longtems.

CHARMIANE.

L'aimer? Oh par Isis, cela est impossible.

CLÉOPATRE.

Je le crois comme toi, Charmiane. Une langue épaisse & une taille de nain. — Quelle noblesse a-t-elle dans sa démarche? Rappelle-toi : as-tu remarqué de la majesté dans son port?

LE MESSAGER.

Elle se meut sans graces : soit qu'elle marche ou qu'elle se repose, c'est la même chose ; nulle dignité ; elle offre un beau corps, mais sans ame & sans vie ; une statue inanimée, plutôt qu'une créature qui respire.

CLÉOPATRE.

En es-tu bien sûr?

LE MESSAGER.

Oui, ou je ne m'y connois pas.

CHARMIANE.

Il n'y a pas trois hommes en Égypte plus en état que lui d'en juger.

CLÉOPATRE.

Il est plein d'intelligence, je le sens bien. — Je ne vois encore en elle rien de bien redoutable. — Cet homme a du jugement.

CHARMIANE.

Un jugement exquis.

CLÉOPATRE.

Ta conjecture sur son âge, je te prie?

LE MESSAGER.

Madame, elle étoit veuve.

CLÉOPATRE *souriant*.

Veuve? Tu l'entens Charmiane.

LE MESSAGER.

Et je pense, qu'elle a bien trente ans.

CLÉOPATRE.

As-tu ses traits dans ta mémoire? A-t-elle le (†) visage long ou rond?

(†) *Jacques Mévil* rapporte que la Reine Elizabeth lui fit les mêmes questions sur la personne de sa rivale la Reine d'Écosse. Cette ressemblance n'est pas accidentelle. *Voyez la Note de la fin.*

LE MESSAGER.

Rond à l'excès.

CLÉOPATRE.

Des femmes qui ont ce visage, la plupart n'ont aucun esprit. — Et ses cheveux, quelle est leur couleur?

LE MESSAGER.

Bruns, Madame; & son front est aussi bas qu'il est possible de l'avoir.

CLÉOPATRE.

Tiens, prends cet or. Il ne faut pas t'offenser de mes premières vivacités. Je veux t'employer; je te trouve très-propre aux affaires; va te préparer à partir : mes lettres sont toutes prêtes.

CHARMIANE.

Un homme de sens!

CLÉOPATRE.

Oui, en vérité; je me repens bien de l'avoir ainsi maltraité. — Hé bien, il me semble d'après ce qu'il en dit, que cette créature n'est pas fort à craindre.

CHARMIANE.

Pas du tout, Madame.

CLÉOPATRE.

Cet homme a vu quelques femmes d'une taille & d'un port majestueux, & il sauroit distinguer...

CHARMIANE.

S'il en a vu ? Bonne Isis ! Lui qui a été si long-tems à votre service ?

CLÉOPATRE.

J'aurois encore une question à lui faire, chère Charmiane : mais ce n'est pas à présent : tu me le ramèneras, lorsque je ferai ma lettre. Je crois que tout ira bien.

CHARMIANE.

J'en réponds, Madame.

SCÈNE V.

La Scène est à Athènes.

ANTOINE, OCTAVIE.

ANTOINE.

Non, non, Octavie, ce n'est pas seulement ce tort: je l'excuserois, & mille autres de ce genre. Mais il a rallumé la guerre contre Pompée : il a fait son testament, & l'a rendu public. Il a parlé de moi avec dédain ; & lors même qu'il ne pouvoit s'empêcher de me rendre un témoignage honorable, il le faisoit avec une froideur & un dégoût marqués : il est fort avare pour moi, il ne m'accorde qu'à regret un foible mérite. Toutes les fois qu'on a ouvert sur mon compte une opinion favorable, il a fait la sourde oreille, ou ne s'est expliqué qu'à demi-voix, entre ses dents.

OCTAVIE.

Ah ! mon cher époux, gardez-vous de tout croire ; ou si vous croyez tout, ne vous offensez pas de tout. S'il faut que cette rupture arrive, jamais il n'y eut de femme plus malheureuse que moi, qui, dans ma position, suis obligée de faire des vœux pour les deux partis. Les Dieux se moqueront désormais de mes prières, lorsque je leur dirai, *ah! protégez mon époux*, & que démentant aussitôt ce vœu, je leur crierai de la même voix, *ah! sauvez mon frere*. La victoire pour mon époux, la victoire pour mon frère! Mes vœux se contrediront. Point de milieu, pour moi, entre ces deux affreuses extrêmités.

ANTOINE.

Sensible Octavie, suivez votre inclination, & voyez celui dont vous préférez le salut. Mais moi, si je perds mon honneur, je perds tout. Il vaudroit mieux que je ne fusse pas à vous, que d'être un époux sans honneur. Au reste, je consens à ce que vous m'avez demandé: vous pouvez être médiatrice entre nous deux. Pendant ce tems, je vais faire des préparatifs de guerre, capables de contenir votre frère. Faites toute la diligence qui vous paroîtra convenable: vous le voyez, je me rends à vos désirs.

OCTAVIE.

J'en rends grace à mon époux: que le tout puissant Jupiter fasse de moi, de moi, foible instrument, votre heureuse reconciliatrice! La guerre entre vous deux; c'est comme si le globe s'entr'ouvroit, & qu'il fallût combler le gouffre avec des monceaux d'hommes morts.

ANTOINE.

Dès que vous reconnoîtrez le premier auteur de ces maux, tournez de ce côté votre haine. Car sûrement nos fautes ne peuvent jamais être si égales en tout, que votre amour reste toujours en suspens, & ne puisse se déterminer pour l'un, en se retirant de l'autre. Disposez tout pour votre départ : nommez ceux qui doivent vous accompagner, & n'épargnez point mes trésors, pour vous satisfaire.

(*Ils se séparent.*)

SCÈNE VI.

ENOBARBUS, EROS.

ENOBARBUS.

Hé bien, ami Eros ?

EROS.

Il y a d'étranges nouvelles : écoute, ami.

ENOBARBUS.

Quoi, donc ?

EROS.

Octave & Lépide ont fait la guerre à Pompée.

ENOBARBUS.

C'est une vieille nouvelle: quelle en a été l'issue?

EROS.

César, après avoir profité des services de Lépide, lui a refusé ensuite l'égalité du rang, n'a pas voulu qu'il partageât la gloire du combat; & non content de cet affront, il l'accuse d'avoir entretenu auparavant une correspondance par lettres avec Pompée. Et sans autre forme que sa propre accusation, il a fait arrêter Lépide. Ainsi, voilà le pauvre Triumvir déshérité du monde, jusqu'à ce que la mort élargisse sa prison.

ENOBARBUS.

Ainsi, ô Univers, de trois loups dévorans, tu n'en as plus que deux; jette au milieu d'eux tous les biens que tu possèdes, & ils se dévoreront encore l'un l'autre. — Où est Antoine?

EROS.

Il se promène dans les jardins, & son pied foule avec colère ce qu'il rencontre devant lui: de tems en tems, il s'écrie: ô *imbécile Lépide !* Et il menace la tête de l'Officier, qui a assassiné Pompée.

ENOBARBUS.

Notre belle flotte est équipée.

EROS.

Elle est destinée pour l'Italie contre César: d'autres nouvelles, Domitius... Mais Antoine t'attend. J'aurois dû t'en avertir d'abord, & remettre mes nouvelles à un autre moment.

ENOBARBUS.

Ce sera quelque bagatelle. Mais n'importe. Conduis-moi vers lui.

EROS.

Allons, suis-moi.

SCÈNE VII.

La Scène est à Rome.

OCTAVE, AGRIPPA, MECENE.

OCTAVE.

Au mépris de Rome, voilà ce qu'Antoine a fait dans Alexandrie. Il a fait plus encore, écoute. Dans la place publique, sur une tribune d'argent, Cléopâtre & lui, assis sur des trônes d'or, se sont montrés à tous les regards. A leurs pieds étoit assis le jeune Césarion; un enfant qu'ils appellent le fils de mon pere: & de suite, après lui rangée, toute la race illégitime, issue depuis de leurs débauches. Lui, il a fait don de l'Égypte à sa Cléopâtre, il l'a proclamée Reine absolue de la basse Syrie, de l'île de Chypre & de la Lybie.

MECENE.

Quoi, aux yeux du public?

OCTAVE.

Au milieu même de la grande place, où le peuple fait tous ses exercices. C'est-là qu'il a proclamé ses enfans Rois des Rois; la vaste Médie, le pays des Parthes & l'Arménie, il les a donnés à Alexandre; à Ptolemée, il lui a assigné la Syrie, la Cilicie & la Phénicie. Elle, ce jour-là, parut en public, vêtue & parée comme la Déesse Isis; & souvent auparavant, elle avoit, dit-on, donné ses audiences sous ce fastueux appareil.

MECENE.

Il faut que Rome soit instruite de ces excès.

AGRIPPA.

Rome, déjà laſſée de ſon inſolence, lui retirera la bonne opinion qu'elle avoit conçue de lui.

OCTAVE.

Le peuple en eſt inſtruit, & cependant il vient d'admettre les plaintes d'Antoine !

AGRIPPA.

Qui donc accuſe-t-il ?

OCTAVE.

Céſar. Il ſe plaint de ce qu'ayant dépouillé Pompée de la Sicile, je l'ai fruſtré de ſa part dans cette conquête ; il s'autoriſe de ce qu'il m'avoit prêté quelques vaiſſeaux délabrés. Enfin il ſe montre indigné de la dépoſition de Lépide, & de ce que j'arrête ici tous ſes revenus.

AGRIPPA.

Seigneur, il faut lui répondre.

OCTAVE.

Je l'ai déjà fait, & ſon Meſſager eſt reparti. Je lui mande que Lépide étoit devenu cruel, qu'il abuſoit de ſon autorité, & qu'il a mérité d'être dépoſé. Quant à mes conquêtes, je lui en accorde une portion ; mais en retour, je lui demande ma part dans l'Arménie & les autres Royaumes qu'il a conquis.

MECENE.

Jamais il ne vous la cédera.

OCTAVE.

Alors je ne dois pas lui céder, moi, celle qu'il demande.

(*Ils sortent.*)

SCÈNE VIII.

Les mêmes : OCTAVIE & *sa suite.*

OCTAVIE.

Salut, mon frère & l'arbitre de mon sort : salut, généreux César.

OCTAVE.

Qui ? Moi ? Devois-je m'attendre à nommer ma sœur femme répudiée ?

OCTAVIE.

Vous ne m'avez point donné ce nom, & vous n'en avez pas sujet.

OCTAVE.

OCTAVE.

Pourquoi donc venez-vous ainsi me surprendre par ce retour imprévu ? Vous ne revenez point dans l'état qui convient à la sœur de César : l'épouse d'Antoine devoit être précédée d'une armée, son retour devoit être annoncé par les hennissemens des chevaux, long-tems avant qu'elle parût ; les arbres plantés le long de la route, auroient dû être chargés de peuple, impatient & fatigué d'attendre votre passage desiré ; il falloit que la poussière élevée sous les pas de votre nombreux cortège, montât comme un nuage vers la voûte des cieux. Mais vous rentrez dans Rome comme une simple Plébéienne, & vous avez prévenu les honneurs que vous eût rendu par-tout ma tendresse. A force de négliger les marques de l'amitié, on en perd le sentiment. Nous eussions volé à votre rencontre sur mer & sur terre, & vous eussiez vu notre joie faire croître à chaque pas l'éclat de votre marche.

OCTAVIE.

Mon généreux frère, rien ne me forçoit à ce retour obscur & modeste : je n'ai fait que suivre mon libre penchant. Seigneur, Marc-Antoine, ayant appris que vous vous prépariez à la guerre, a affligé mon oreille de cette fâcheuse nouvelle ; & moi aussitôt je l'ai prié de m'accorder la liberté de revenir vers vous.

OCTAVE.

Et je crois qu'il vous l'a accordée sans peine : vous étiez un obstacle incommode à ses débauches.

OCTAVIE.

N'en jugez pas ainsi, Seigneur.

OCTAVE.

J'ai les yeux sur lui, & les vents m'apportent des nouvelles de toutes ses démarches. — Savez-vous, où il est maintenant ?

OCTAVIE.

A Athènes, Seigneur.

OCTAVE.

Non, ma sœur ; non, épouse trop crédule & trop indignement outragée. Cléopâtre d'un coup d'œil l'a rappellé à ses pieds. Il a abandonné son empire à une prostituée, & maintenant ils s'occupent tous deux à soulever contre moi tous les Rois de la terre. Il a rassemblé Bocchus, Roi de la Lybie ; Archelaus, Roi de la Cappadoce ; Philadelphe, Roi de Paphlagonie ;

le Roi de Thrace, Adullas; Malchus, Roi d'Arabie; celui de Pont; Hérode de Judée; Mithridate, Roi de Comagène; Polémon & Amintas, Rois des Médes & de Lycaonie; & une foule d'autres sceptres que je passe sous silence.

OCTAVIE.

Hélas! que je suis malheureuse d'être forcée de déchirer mon cœur pour le partager entre deux, hommes que j'aime, & qui se haïssent tous deux.

OCTAVE.

Soyez ici la bienvenue. Vos lettres ont retardé long-tems notre rupture : à la fin je me suis apperçu, à quel point vous étiez insultée, & combien une plus longue négligence devenoit dangereuse pour moi. Consolez-vous; soumettez-vous sans trouble à la nécessité de ces tems orageux, qui amènent sur votre bonheur ces fâcheux nuages, & laissez les invariables décrets du destin suivre leur cours, sans vous répandre en gémissemens inutiles, qui ne les changeroient pas. Rome vous reçoit avec joie : rien ne m'est plus cher au monde que vous, ma sœur... Vous avez été indignement trompée, au de-là de tout ce qu'on peut imaginer, & les puissans Dieux, pour vous faire justice, ont choisi pour ministres de leur vengeance, votre frère & ceux qui vous aiment. Consolez-vous; votre retour me comble de joie.

AGRIPPA.

J'en ressens beaucoup à vous revoir, Madame.

MECENE.

Je la partage aussi, vertueuse Octavie. Il n'est point de cœur dans Rome qui ne vous aime & ne vous plaigne. L'adultère Antoine, sans frein dans ses désordres, est le seul qui vous retire son amour, pour livrer sa puissance aux mains d'une (†) misérable qui l'arme contre nous.

OCTAVIE.

Est-il bien vrai?

OCTAVE.

Rien n'est plus certain : mais vous êtes la bienvenue, ma sœur; je vous prie, chère Octavie, ne vous lassez jamais de la patience.

(*Ils sortent.*)

(†) *Trull.* Mot qui n'emportoit que du mépris du tems de *Shakespear* : il ne signifioit que ce que signifie aujourd'hui *wench*, *une fille de néant* : aujourd'hui il emporte infamie.

SCÈNE IX.

La Scène repréſente le Promontoire d'Actium.

CLÉOPATRE, ENOBARBUS.

CLÉOPATRE.

Tu me trouveras toujours dans ton chemin, n'en doute pas.

ENOBARBUS.

Mais pourquoi, Madame ? Quelle raiſon...

CLÉOPATRE.

Tu m'as contredite dans mon deſſein d'aller à cette guerre, & tu as dit que ma préſence y feroit déplacée.

ENOBARBUS.

Hé bien, ai-je tort, ai-je tort ?

CLÉOPATRE.

N'eſt-ce pas contre moi que cette guerre eſt déclarée ? Pourquoi donc n'y ferois-je pas en perſonne ?

ENOBARBUS (*à part.*)

Je ſai bien ce que je pourrois répondre (*).

CLÉOPATRE.

Que murmures-tu là ?

ÉNOBARBUS.

Je difois que votre préfence doit néceffairement embarraffer Antoine. Elle lui ôtera de fon courage, de fa tête, de fon tems, toutes chofes dont il n'a rien à perdre en cette circonftance. On le raille déjà fur fa foibleffe, & l'on dit dans Rome que c'eft l'eunuque Photin & vos femmes qui gouvernent cette guerre.

CLÉOPATRE.

Que Rome s'abîme, & périffent toutes les langues qui nous calomnient ! Je porte ma part du fardeau dans cette guerre, & en qualité de Souveraine de mes états, je dois y remplir le rôle d'un Roi... Ne me replique pas, je ne refterai point ici dans l'inaction.

ÉNOBARBUS.

Je me tais, Madame. — Voici l'Empereur.

SCÈNE X.

Les mêmes : ANTOINE, CANIDIUS, Suite.

ANTOINE.

Ne te paroît-il pas étrange, Canidius, qu'Octave ait pu, de Tarente & de Brinde, traverser si rapidement la mer d'Ionie, & emporter Toryne? Vous savez cette nouvelle, belle Reine?

CLÉOPATRE.

La diligence n'est jamais plus admirée que par les paresseux.

ANTOINE.

Bonne satyre de notre indolence, & qui feroit honneur au plus brave Guerrier. — Canidius, nous combattrons sur mer.

CLÉOPATRE.

Oui, sur mer.

CANIDIUS.

Pourquoi mon Général a-t-il ce projet?

ANTOINE.

Parce qu'Octave ose nous y provoquer.

ENOBARBUS.

Et ne l'avez-vous pas auſſi défié à un combat ſingulier?

CANIDIUS.

Oui, & vous lui avez encore offert le combat à Pharſale, où Céſar vainquit Pompée: mais toutes les propoſitions qui ne ſervent pas à ſon avantage, il les rejette ſans ſcrupule. Vous devriez l'imiter.

ENOBARBUS.

Vos vaiſſeaux ſont mal équipés, vos matelots ne ſont que des muletiers, des moiſſonneurs, une troupe d'hommes ſans expérience, levée à la hâte & par contrainte. La flotte de Céſar eſt montée par des marins qui ont combattu Pompée: leurs vaiſſeaux ſont légers, les vôtres ſont lourds; il n'y a pour vous aucun deshonneur à refuſer le combat ſur mer, dès que vous être prêt à l'attaquer ſur terre.

ANTOINE.

Sur mer, ſur mer.

ENOBARBUS.

Mon brave Général, vous perdez par-là tout le fruit de la ſuprême expérience que vous avez ſur terre: vous démembrez votre armée, qui, en grande partie

partie, est composée d'une infanterie aguerrie ; vous laissez sans emploi votre habileté si justement renommée, & abandonnant le parti qui vous promet un succès assuré, vous vous exposez sans nécessité au caprice du hasard.

ANTOINE.

Je veux combattre sur mer.

CLÉOPATRE.

J'ai soixante vaisseaux : César n'en a pas de meilleurs.

ANTOINE.

Nous brûlerons le surplus de ma flotte, & avec les autres vaisseaux renforcés en équipage, nous battrons Octave, s'il ose s'avancer vers le Promontoire d'Actium. Si la fortune nous trahit, nous pourrons alors prendre notre revanche sur terre. (*à un Messager qui arrive.*) Ton message ?

LE MESSAGER.

La nouvelle est certaine, Seigneur : Octave a pris Toryne.

ANTOINE.

Est-ce qu'il a pu s'y trouver en personne ? Cela est impossible. Il est même étrange que son armée y soit arrivée. Canidius, tu commanderas sur terre nos dix-neuf légions, & nos douze mille chevaux; nous, nous allons à notre flotte. (*à Cléopâtre.*) Allons, partons, ma Thétis.

(*Un soldat paroît.*)

Que veux-tu, brave soldat?

LE SOLDAT.

O mon Général, ne combattez point sur mer; ne confiez point votre fortune à des planches pourries. Est-ce que vous vous défiez de cette épée? (*montrant son épée & son corps*) & de ces blessures qui me couvrent? Laissez aux Égyptiens & aux Phéniciens, l'art de nâger comme des oisons : nous, Romains, nous sommes faits pour combattre de pied ferme, pour vaincre sur terre.

ANTOINE.

Allons, allons, partons.

(*Antoine, Cléopâtre, Enobarbus, sortent.*)

SCÈNE XI.

CANIDIUS, LE SOLDAT.

LE SOLDAT.

Par Hercule, j'ai raison, je pense.

CANIDIUS.

Oui, soldat; mais maintenant la raison n'a plus aucun empire sur notre Général : notre chef se laisse conduire en enfant ; ce sont des femmes qui nous commandent.

LE SOLDAT.

Vous êtes sur terre à la tête des légions & de la cavalerie, n'est-ce pas ?

CANIDIUS.

Marcus-Octavius, Marcus-Justeius, Publicola & Cælius sont pour la mer. Nous, nous restons sur terre. — Cette diligence de César est étonnante !

LE SOLDAT.

Bien avant son départ de Rome, son armée marchoit par légers détachemens, qui ont ainsi trompé nos espions.

CANIDIUS.

Quel est son Lieutenant, le sais-tu?

LE SOLDAT.

On l'appelle Taurus.

CANIDIUS.

Oh! Je le connois.

(Un Messager arrive).

LE MESSAGER.

L'Empereur demande Canidius.

CANIDIUS.

Le tems est gros d'événemens, & en enfante à chaque minute.

(Ils sortent).

SCÈNE XII.

OCTAVE *paroît à la téte de son armée avec* TAURUS.

OCTAVE.

Taurus?

TAURUS.

Seigneur.

OCTAVE.

N'agis point sur terre. Reste tranquille, & ne provoque pas le combat, que l'affaire ne soit décidée sur mer. Ne passe pas ces ordres : notre fortune en dépend.

SCÈNE XIII.

ANTOINE, ENOBARBUS.

ANTOINE.

Plaçons nos escadrons de ce côté de la montagne, en face de l'armée de César. De ce poste nous pourrons découvrir le nombre de ses vaisseaux, & agir en conséquence.

SCÈNE XIV.

CANIDIUS *traverse le Théâtre d'un côté avec ses légions de terre,* & TAURUS, *Lieutenant de César, de l'autre côté avec les siennes; dès qu'ils sont passés, on entend le bruit d'un combat naval.*

ENOBARBUS *paroît.*

Tout est perdu, tout est perdu. Je n'en puis voir davantage. L'Antonias (†), le vaisseau amiral de la flotte Égyptienne tourne ses voiles, & fuit avec leurs soixante vaisseaux. L'horreur de cette vue a foudroyé mes yeux.

SCARUS *entre.*

Dieux & Déesses, & tout ce qu'il y a de puissances dans l'Olympe!

ENOBARBUS.

Quel est le sujet de ce transport?

SCARUS.

Le plus beau tiers de l'Univers est perdu par la

(†) Nom du vaisseau de Cléopâtre.

plus déplorable ignorance : nous pouvons dire adieu aux Royaumes & aux Provinces.

ENOBARBUS.

Quelle est la situation actuelle du combat ?

SCARUS.

De notre côté, c'est un vrai champ de peste, où la mort est inévitable. Cette infâme prostituée d'Égypte, que la lépre (†) saisisse ! au fort de l'action, lorsque l'avantage flottoit entre les deux partis, ou plutôt penchoit déjà du nôtre, je ne sais quelle terreur panique vient à la piquer, comme le taon (§) fait la génisse dans les ardeurs du solstice : elle fait hausser les voiles & fuit!

ENOBARBUS.

J'en ai été témoin, & mes yeux flétris par ce spectacle, n'ont pu en soutenir plus long-tems la vue.

SCARUS.

A peine a-t-elle cinglé, fuyant, qu'Antoine, victime trop illustre du charme qui l'enchaîne à cette en-

―――――――――――――――――

(†) La lépre étoit une maladie commune en Égypte.
(§) Taon, mouche qui fait affoler les bœufs en été par la violence de sa piquûre.

chantereffe, déploie les aîles de fon vaiffeau, & comme un infenfé, il abandonne le combat au fort de la mêlée, & fuit fur fa trace. Je n'ai jamais vu faute fi honteufe. Jamais l'expérience, la bravoure & l'honneur, ne fe font auffi indignement trahis.

ENOBARBUS.

O malheur, malheur !

CANIDIUS *arrive.*

Notre fortune fur mer eft aux abois, & s'abîme de la manière la plus lamentable. Si notre Général s'étoit fouvenu de ce qu'il fut jadis, tout alloit à merveille. Oh, l'infenfé, il nous a donné lâchement l'exemple de la fuite !

ENOBARBUS.

Oui, les chofes en font à ce point ? En ce cas, bonfoir, adieu.

CANIDIUS.

Ils fuient vers le Péloponnèfe.

SCARUS.

Ils le peuvent aifément, & j'irai auffi attendre là l'événement.

CANIDIUS.

Je vais me rendre à Céfar avec mes légions & ma cavalerie,

cavalerie, déjà six Rois m'ont montré l'exemple de la soumission.

ENOBARBUS.

Moi, je veux suivre encore la fortune chancelante d'Antoine, quoique la prudence me conseille le contraire.

(*Ils sortent par différens côtés.*)

SCÈNE XV.

ANTOINE, EROS, *Suite à l'écart.*

ANTOINE.

ÉCOUTE, Eros. La terre ne veut plus être foulée sous mes pas. Elle a honte de me porter. Approchez, mes amis. Je me suis trop *atardé* (†) dans cet univers, & j'ai perdu ma route pour jamais. — Il me reste un vaisseau chargé d'or. Je vous en fais don; partagez-le entre vous. Fuyez, & allez faire votre paix avec César.

TOUS.

Fuir ? Non pas nous.

(†) *Benighted.* Voyageur surpris par la nuit. - J'ai risqué le mot *atardé*, vieux mot Gaulois, qui rend bien le mot Anglois.

Tome VI. T

ANTOINE.

Eh ! j'ai fui moi-même, & les lâches ont appris de moi à montrer leurs dos à l'ennemi. Amis, quittez-moi. Je me suis déterminé à suivre un parti, où je n'ai plus besoin de vous. Allez. Mon trésor est à l'entrée du port ; prenez-le. — Oh, j'ai fui sur les traces d'un objet, que je rougis maintenant d'envisager ! Tous mes cheveux se hérissent d'horreur & de honte : mes cheveux gris, symptômes de l'âge & de la raison, me reprochent ma témérité, & mes cheveux bruns, restes de ma jeunesse, me reprochent ma peur & ma lâcheté. — Mes amis, quittez-moi ; je vous donnerai des lettres de recommandation, & des amis qui vous faciliteront l'accès auprès de César. Je vous en conjure, ne vous affligez point : ne me parlez pas de rester auprès de moi. Saisissez le parti que mon désespoir vous crie d'embrasser. Abandonnez, sans répugnance, ceux qui s'abandonnent eux-mêmes. Allons, descendez au rivage. Je vais dans un instant vous mettre en possession de mon trésor & de mon vaisseau. — Laissez-moi, je vous prie, un moment ; — Je vous en conjure, laissez-moi ; allons, partez, je vous en prie, car j'ai perdu le droit de vous commander ; cédez donc à ma prière. — Je vous rejoins dans un moment. *(Il s'assied.)*

SCÈNE XVI.

ANTOINE, EROS, CLÉOPATRE *de l'autre côté s'avançant lentement, soutenue par* CHARMIANE & IRAS.

EROS.

Madame, daignez approcher : venez le confoler.

IRAS.

Confolez-le, chère Reine.

CHARMIANE.

Hé bien, après ? Quoi ?

CLÉOPATRE *fuccombant.*

Laiffez-moi m'affeoir. O Junon !

ANTOINE *à Eros, qui le preffe d'aller à la Reine.*

Non, non, non, non.

EROS.

Seigneur, voyez-la près de vous.

ANTOINE *détournant les yeux.*

Oh ! loin, loin, loin.

CHARMIANE.

Madame.

IRAS.

Madame ! Chère Souveraine.

EROS.

Mon Général, mon Souverain.

ANTOINE.

Oh, oui, mon Souverain, oui vraiment ! — Il tenoit à Philippes son épée la pointe en l'air (†), comme un danseur, tandis que je frappois le brave & ridé Cassius, & ce fut moi qui donnai la mort au frénétique (§) Brutus. Lui, il ne s'adressoit qu'aux Lieutenans, & n'avoit aucune expérience des grands exploits de la guerre ; & aujourd'hui... — N'importe. (*Antoine paroît plongé dans le plus profond désespoir.*)

CLÉOPATRE.

Ah ! ne le quittez pas.

(†) Dans les anciennes danses, du tems du Poëte, il est probable que les danseurs tenoient leurs épées dans les mains la pointe en l'air. *Johnson.*

(§) C'est ainsi que le débauché Antoine traitoit le sublime patriotisme de Brutus ! *Warburton.*

EROS à *Antoine*.

La Reine, Seigneur, la Reine.

IRAS.

Avancez vers lui, Madame. Parlez-lui. Il est hors de lui; il est accablé de sa honte.

CLÉOPATRE.

Allons, soutenez-moi donc. — Oh!

EROS.

Noble Antoine, levez-vous: la Reine vient à vous: sa tête est penchée, & la mort va la saisir, si un mot de votre bouche ne la console & ne la rappelle à la vie.

ANTOINE.

J'ai porté un coup mortel à ma réputation, oh le coup le plus lâche...

EROS.

Seigneur, la Reine...

ANTOINE *regardant Cléopâtre*.

O Égyptienne, où m'as-tu réduit? Vois, je cherche à dérober mon ignominie même à tes regards, en voyant tout ce que j'avois amassé de gloire, tout ce que j'ai laiſſé derrière moi de Soldats & de vaiſſeaux, honteuſement perdu & détruit!

CLÉOPATRE.

Ah! Seigneur, Seigneur : pardonnez à mes timides vaiſſeaux ; j'étois loin de prévoir que vous alliez me ſuivre.

ANTOINE.

O fatale Égyptienne, tu ſavois trop bien que mon cœur étoit inséparablement attaché à ton vaiſſeau, & qu'en fuyant, tu m'entraînois avec toi. Tu connoiſſois ton empire abſolu ſur mon ame, & tu ſavois qu'un ſignal de tes yeux m'eût fait déſobéir aux Dieux mêmes.

CLÉOPATRE.

Pardon, pardon, cher Antoine.

ANTOINE.

Me voilà réduit maintenant à envoyer d'humbles propoſitions à ce jeune apprentif. Il faut que je ſupplie, que je rampe dans tous les détours de la baſſeſſe ; moi qui gouvernois en me jouant la moitié de l'Univers, qui créois & anéantiſſois, à mon gré, les fortunes du genre humain! Tu ſavois trop à quel point tu avois conquis & aſſervi mon ame, & que mon épée, lâche esclave de ma passion, obéiroit en tout à ses caprices.

CLÉOPATRE *laissant couler quelques larmes.*

Oh! j'implore ton pardon.

ANTOINE.

Ah! ne pleure pas; une seule de tes larmes, vaut tout ce que j'ai jamais pu gagner ou perdre: embrasse moi. (*Il l'embrasse avec transport.*) Ah! dans ce baiser, tu m'as tout rendu. — J'ai envoyé Euphronius vers lui (†). — Est-il de retour? — Ma bien aimée, je me sens abattu. J'ai besoin d'une coupe de vin; entrons, & prenons quelques alimens. — La fortune sait, que plus elle me menace, & plus je la brave.

(†) *Euphronius*, instituteur des enfans qu'Antoine avoit eus de Cléopâtre.

SCÈNE XVII.

La Scène repréſente le camp d'Octave.

OCTAVE, AGRIPPA, DOLABELLA, THYREUS; SUITE.

OCTAVE.

Qu'on faſſe entrer l'Envoyé d'Antoine. Le connoiſſez-vous ?

DOLABELLA.

Céſar, c'eſt ſon maître d'école ; jugez de la déplorable diſette, où il eſt réduit, puiſqu'il vous députe un ſi mince perſonnage, lui qui, il y a quelques mois, avoit tant de Rois pour Ambaſſadeurs.

(*Le Député d'Antoine paroît.*)

OCTAVE.

Approche & parle.

LE DÉPUTÉ.

Tel que je ſuis, Céſar ; tu vois en moi le Député d'Antoine. Il n'y a pas long-tems que j'étois auſſi inutile à ſes deſſeins, que l'eſt au vaſte Ocean, la goutte de roſée ſuſpendue ſur la feuille du myrte.

OCTAVE.

OCTAVE.

A la bonne heure ; remplis ta commiſſion.

LE DÉPUTÉ.

Il ſalue en toi le maître de ſa deſtinée, & demande qu'il lui ſoit permis de vivre en Égypte. Si tu lui refuſes cette propoſition, il borne ſa requête à te prier de le laiſſer reſpirer entre la terre & le ciel, en ſimple citoyen dans Athènes. Voilà pour ce qui le regarde. — Quant à Cléopâtre, elle rend hommage à ta grandeur : elle ſe ſoumet à ta puiſſance. Et le diadème des Ptolomées qui maintenant eſt aſſujetti à ta volonté ſuprême, elle te le demande pour ſes enfans.

OCTAVE.

Pour Antoine, je n'écoute point ſa requête.— Quant à la Reine, je ne lui refuſe point ni de l'entendre, ni de la ſatisfaire : mais c'eſt à condition qu'elle chaſſera de l'Égypte ſon amant, qui eſt perdu ſans reſſource, ou qu'elle lui ôtera la vie. Si elle m'obéit en ce point, ſa prière ne ſera point rebutée. Annonce à tous deux ma réponſe.

LE DÉPUTÉ.

Que la fortune continue de te ſuivre !

OCTAVE *à des Officiers.*

Escortez-le au travers de mon camp. (*Le Député sort.*) (*à Thyreus.*) Voici le moment d'essayer ton éloquence ; pars, détache Cléopâtre des intérêts d'Antoine : prodigue les offres, & promets-lui en mon nom & à ton gré, tout ce qu'elle te demandera. Les femmes, au sein même de la prospérité, ne sont pas difficiles à séduire. Mais le besoin & l'infortune rendroient parjure la plus vierge des vestales. Emploie toutes les ressources de ton art, Thyreus, & si tu réussis, fixe toi-même la récompense. Ta volonté sera obéïe comme une loi.

THYREUS.

César, je vais exécuter vos ordres.

OCTAVE.

Observe, comment Antoine soutient son malheur; étudie ses actions, ses mouvemens, & me rapporte tes conjectures sur ce que tu jugeras qu'ils annoncent.

THYREUS.

César, je le ferai.

SCÈNE XVIII.

La Scène est à Alexandrie.

CLÉOPATRE, ENOBARBUS, CHARMIANE, IRAS,

CLÉOPATRE.

Ah ! cher Enobarbus, quel parti prendre ?

ENOBARBUS.

Boire, & mourir (†).

CLÉOPATRE.

Est-ce Antoine ou moi, qu'il faut accuser de notre défaite ?

(†) Cette leçon est de *Hammer*. Elle paroît assez dans le caractère d'Enobarbus, & d'ailleurs elle peut être une allusion à la société dont parle *Plutarque* : après la défaite d'Actium, Antoine & Cléopâtre instituèrent une société de convives, qui firent serment de mourir avec eux, sans rien rabattre des débauches & des excès où ils avoient coutume de s'abandonner. L'ancienne leçon étoit, *think and die : réfléchis sur ta folie & meurs :* d'autres préfèrent *wink and die : Ferme les yeux & meurs.*

ENOBARBUS.

Antoine seul; lui qui permet à ses passions de maîtriser sa raison. Eh, qu'importe que vous ayez fui effrayée par l'horreur d'un combat sanglant, où la terreur passoit alternativement d'une flotte à l'autre? Pourquoi vous a-t-il suivie? Ce n'étoit pas-là le moment de sacrifier aux accès de sa passion, les devoirs & l'honneur d'un Général, lorsqu'une moitié de l'Univers combattoit l'autre; & qu'il étoit lui, le sujet de cette grande querelle. Ce fut une honte égale à sa perte, d'aller suivre vos pavillons fuyans, & d'abandonner sa flotte, étonnée de se voir sans chef.

CLÉOPATRE *appercevant Antoine.*

Arrête, je te prie; je l'apperçois.

SCÉNE XIX.

Les mêmes : **ANTOINE** *&* **son ENVOYÉ.**

ANTOINE.

Et c'est-là sa réponse ?

L'ENVOYÉ.

Oui, Seigneur.

ANTOINE.

Ainsi, la Reine sera bien accueillie, si elle veut me sacrifier.

L'ENVOYÉ.

C'est ainsi qu'il s'est déclaré.

ANTOINE.

Je veux l'en instruire. (*à Cléopâtre montrant sa tête.*) Madame, envoyez au jeune César cette tête déjà semée de cheveux blancs, & il est prêt à combler vos désirs, & à vous prodiguer les royaumes.

CLÉOPATRE *avec un geste d'horreur.*

Votre tête, Seigneur !

ANTOINE au *Député*.

Retourne vers lui. Dis-lui, que les roses de la jeunesse colorent ses joues, que l'Univers attend de lui plus que des actions ordinaires; dis-lui, qu'il seroit possible que son or, ses vaisseaux, ses légions appartinssent à un lâche; que des Généraux subalternes peuvent prospérer sous un enfant novice, aussi-bien que sous les ordres de César : mais que j'ose le défier de venir, mettant à l'écart l'inégalité de nos fortunes, se mesurer avec moi, qui suis déjà sur le déclin de l'âge; fer contre fer, & seul à seul. Voilà ce que je vais lui écrire. (*au Député.*) Suis-moi.

(*Il sort avec le Député.*)

ENOBARBUS.

Oui, en effet, cela est bien vraisemblable, que César, entouré d'une armée victorieuse, ira, renonçant à ses avantages & à son bonheur, se donner en spectacle contre un spadassin ! — Je vois bien que les jugemens des hommes se ressentent de leur fortune & que les événemens leur font éprouver dans leur ame, les mêmes révolutions que dans leur fortune. Qu'Antoine, qui a du sens & de l'expérience, se repaisse du chimérique espoir, que César, au sein de l'abondance & de la prospérité, viendra se comprometre avec son dénuement & son désespoir ! ô César, tu as aussi vaincu sa raison !

UN ESCLAVE.

Voici un Envoyé de César.

CLÉOPATRE.

Quoi, sans autre formalité, avec aussi peu d'égards... Vous le voyez, mes femmes, comme on dédaigne épanouie, la rose dont le bouton se voyoit adorer à genoux... Qu'il entre.

ENOBARBUS. (*à part*).

Mes scrupules d'honneur & moi, nous commençons enfin à nous arranger ensemble. La loyauté outrée qui s'obstine à servir un insensé, change à la fin la fidélité en vraie folie (†). Cependant celui, qui a la constance de suivre un maître précipité dans l'infortune, est le vainqueur du vainqueur de son maître, & s'assûre une place honorable dans l'Histoire.

(†) Qui délibère & combat contre sa conscience est déjà vaincu.

SCÈNE XX.

Les mêmes : THYREUS.

CLÉOPATRE.

Que veut César ?

THYREUS.

Voulez-vous venir à l'écart, & vous allez l'apprendre ?

CLÉOPATRE.

Tu ne vois ici que mes amis : parle hardiment.

THYREUS.

Mais, peut-être sont-ils aussi les amis d'Antoine.

ENOBARBUS.

Il auroit besoin d'avoir autant d'amis qu'en a César, sans quoi nous lui sommes fort inutiles. S'il plaisoit à César, Antoine voleroit au devant de son amitié : & nous, nous sommes tous prêts à devenir les amis de son ami, j'entends de César.

THYREUS.

Allons, je vais parler. — Illustre Reine, César vous exhorte à ne pas tant arrêter vos pensées sur
votre

votre situation présente, & à vous souvenir qu'il est César.

CLÉOPATRE.

Poursuis. — C'est agir royalement.

THYREUS.

Il sait que vous restez attachée à Antoine, moins par amour que par crainte.

CLÉOPATRE, à part.

Oh ! Qu'entends-je !

THYREUS.

Aussi sa pitié plaint les atteintes portées à votre honneur, & il les regarde comme un malheur de la nécessité, que vous ne méritiez pas.

CLÉOPATRE.

César est un Dieu qui sait démêler la vérité. Mon honneur n'a point cédé par choix, il a été conquis par la force.

ENOBARBUS, à part.

Pour m'assurer de ce fait, je le demanderai à Antoine. — O Antoine, Antoine ! Te voilà comme un vaisseau criblé de toutes parts, il faut t'abandonner à ton naufrage ; ta plus tendre amie te délaisse !

(*Enobarbus sort.*)

THYREUS.

Me chargerez-vous de votre requête pour César ? Ses vœux sont qu'on lui demande des graces, afin qu'il ait le plaisir de donner. Il seroit satisfait, si vous vous faisiez de sa fortune un appui pour étayer la vôtre. Mais ce qui enflammeroit encore plus son zèle pour vous, ce seroit d'apprendre de moi, que vous avez quitté Antoine, & que vous vous refugiez sous l'abri de sa puissance : il est maître de l'Univers.

CLÉOPATRE.

Quel est ton nom ?

THYREUS.

Mon nom est Thyreus.

CLÉOPATRE.

Gracieux Messager... Porte au grand César cette réponse : (*lui baisant la main.*) Dis à ton Maître que je baise, dans la tienne, sa main victorieuse, que je suis prête à déposer ma couronne à ses pieds, & à lui rendre hommage à genoux. Dis-lui, que j'attens que sa voix souveraine, à qui tout obéit, prononce sur les destins de l'Égypte.

THYREUS.

Vous prenez le parti le plus honorable pour vous.

Quand la prudence & la fortune font aux prifes, fi la première n'ofe que ce qu'elle peut, nul hafard ne peut la fruftrer du fuccès. — Accordez-moi la faveur de dépofer mon hommage fur votre augufte main.

CLÉOPATRE *lui donnant fa main à baifer.*

Plus d'une fois le père de votre Céfar pour fe délaffer de fes projets de conquêtes, preffa de fes lèvres cette foible main, & la couvrit d'une pluie de baifers.

SCÈNE XXI.

Les mêmes : ANTOINE, ENOBARBUS.

ANTOINE *entre & furprend Thyreus baifant la main de Cléopâtre.*

Des faveurs!... Ton tonnerre, ô Jupiter... Qui es-tu, miférable?

THYREUS.

Un homme qui exécute les ordres du plus puiffant des humains & du maître le plus digne d'être obéi.

ENOBARBUS.

Tu vas être battu de verges.

ANTOINE *appellant ses serviteurs.*

Hola, avancez sur lui (*à Cléopâtre.*) Et toi, vautour insatiable.... Dieux & furies! — L'autorité s'évanouit autour de moi. N'aguères au seul son de ma voix, les Rois se pressoient l'un sur l'autre (†), & voloient à moi en répondant: *Vos ordres, Seigneur?* Êtes-vous sourds? Je suis encore Antoine...Saisissez-moi cet insolent & châtiez-le sans pitié.

(*des Esclaves entrent.*)

ENOBARBUS (*à part.*)

Il vaut mieux se jouer à un jeune lionceau, qu'à un vieux lion mourant.

ANTOINE.

Astres & cieux! — Qu'il soit fustigé. Fussent-ils vingt des plus puissans tributaires qui rendent hommage à César, si je les surprenois ayant l'insolence de baiser la main de cette.... Comment la

---

(†) *Comme des Ecoliers dans une rixe. Muss.* Espèce de jeu. Rabelais l'a mis au nombre des exercices de Gargantua.

nommerai-je aujourd'hui ? Jadis, c'étoit Cléopâtre. Esclaves, point de relâche jusqu'à ce que vous le voyez, le visage défiguré par la douleur, vous demander à grands cris miséricorde. Qu'on l'entraîne.

THYREUS.

Ah ! Marc-Antoine. . . .

ANTOINE.

Qu'on l'entraîne d'ici, & quand il aura subi son châtiment, qu'on le ramène à mes yeux. Cet agent de César lui remportera un message de notre part.

(*On emmène Thyreus.*)

(*à Cléopâtre.*)

Vos charmes étoient à moitié flétris, quand je vous ai connue... Ah ! faut-il que j'aie laissé dans Rome ma couche solitaire, & étouffé dans le néant une postérité légitime, que m'eût donnée la plus vertueuse des épouses, pour me voir ici indignement trompé par une Coquette, dont les regards lascifs mandient partout la volupté !

CLÉOPATRE.

Mon cher Antoine. . .

ANTOINE.

Tu fus toujours perfide. — O malheur : quand

l'âge nous endurcit dans nos penchans dépravés, les juſtes Dieux nous ferment les yeux ſur notre opprobre & aveuglent notre raiſon ; nous adorons nos erreurs ; nous nous enfonçons en riant dans l'ignominie.

CLÉOPATRE.

Oh ! Dieux ! Antoine en vient-il à ces emportemens ?

ANTOINE.

Je vous ai trouvée languiſſante & épuiſée par les ardeurs de Céſar. Cneius-Pompée avoit auſſi profané vos charmes ; ſans compter toutes les heures ſouillées de vos débauches clandeſtines, & qui n'ont pas été enregiſtrées dans le Livre de la Renommée. Vous n'avez jamais connu, j'en ſuis ſûr, ce que c'eſt que la vertu ; c'eſt beaucoup, ſi jamais vous avez pu, à force de conjectures, vous douter de ce qu'elle pouvoit être.

CLÉOPATRE.

Eh ! pourquoi tous ces outrages ?

ANTOINE.

Souffrir, qu'un Eſclave, un malheureux fait pour recevoir de vos mains un vil ſalaire & vous remercier en diſant : *Dieu vous le rende*, prenne des libertés familieres avec cette main qui s'enchaîne à la mienne dans nos jeux, y imprime le sceau de la foi des Rois, & le gage des grands cœurs ? — Hé bien, est-il puni ? (*appercevant Thyreus ramené par un Garde.*)

LE GARDE.

Sévèrement, Seigneur.

ANTOINE.

A-t-il jetté des cris ? A-t-il demandé grace ?

LE GARDE.

Oui, Seigneur.

ANTOINE à *Thyreus.*

Si ton père respire encore, il regrettera de n'avoir pas eu une fille au lieu de toi. Repens-toi d'avoir suivi César dans ses triomphes ; car c'est ce qui t'a valu le châtiment que tu viens de subir. Désormais que la seule vue de la belle main d'une femme te saisisse de frayeur : tremble d'y arrêter tes yeux. — Retourne à ton César ; apprens lui ton traitement. Vois, & ne le lui dissimule pas, à quel point il m'irrite contre lui. Il affecte l'orgueil & les dédains, & s'arrête à ce que je suis, sans se souvenir de ce que je fus. Il me donne de la colère, & dans les circonstances où je me trouve, je suis plus irascible, à présent que mon heureuse étoile, qui guidoit jadis mes brillantes destinées, s'est éclipsée sans retour. Si mon langage, & ce que j'ai fait, lui déplaisent, dis lui, qu'Hypparcus, mon affranchi, est en sa puissance, & qu'il peut, à son plaisir, le faire tourmenter ou périr, pour se venger de mon insulte. Toi-même, excite-le à cette vengeance : allons, pars, & va lui montrer sur ton corps les marques du fouet.

(*Thyreus sort.*)

CLÉOPATRE.

Hé bien, êtes-vous rassasié?...

ANTOINE.

Ah ! l'astre de mes nuits est terni, & son éclat est éteint. Ce présage seul annonce la chûte d'Antoine.

CLÉOPATRE.

Il faut que je dissimule pendant sa fureur.

ANTOINE.

Voulez-vous donc, pour faire votre cour à César, caresser d'un regard amoureux jusqu'au plus vil de ses esclaves.

CLÉOPATRE.

Ciel ? Que vous ne me connoissiez pas encore !

ANTOINE.

ANTOINE.

Je vous connois un cœur glacé pour moi!

CLÉOPATRE.

Ah! cher Antoine, fi je fuis de glace, que le Ciel faffe pleuvoir fur ma tête une grêle de carreaux homicides, & que le plus terrible de fes foudres tranche mes jours : qu'il frappe auffi mon jeune Céfarion (†); & que ce tendre fruit de mes entrailles, écrafé par les coups de la tempête, & avec lui tous mes braves Egyptiens, foient giffans fans tombeau fur la terre, en proie à tous les infectes dévorans de l'Egypte.

ANTOINE.

Je fuis fatisfait. Céfar compte s'établir dans Alexandrie : c'eft-là que je l'attends, & que je veux lutter encore contre fa fortune. Nos troupes de terre ont tenu ferme & fe font comportées avec bravoure. Notre flotte difperfée a rallié fes vaiffeaux, & vogue encore fous un appareil menaçant : ô mon courage, où étois-tu? — Chère Cléopâtre, écoute : fi je re-

---

(†) *Céfarion*, enfant de Cléopâtre & de Jules-Céfar, fut livré à Octave par fon Précepteur, & mis à mort. *Tite-Live.*

viens encore une fois du champ des combats baiser cette bouche enivrante, je reviendrai tout couvert de sang. Mon épée & moi, nous allons fournir matiere aux récits de l'avenir : j'espère encore en elle.

CLÉOPATRE.

Je reconnois mon héros.

ANTOINE.

Je veux que mes muscles, que mon cœur, que mon haleine déploient une triple force : & je combattrai à toute outrance. Quand mes heures couloient dans la prospérité, les hommes rachetoient de moi leur vie pour des bagatelles ; mais maintenant, je serai comme un loup dévorant, & j'enverrai aux enfers tout ce qui s'opposera à mon passage. — Viens, ma chère : passons encore une nuit dans la joie. Qu'on appelle autour de moi tous mes Officiers, & qu'ils dérident leurs fronts attristés : qu'on remplisse nos coupes : passons encore une nuit & oublions ses heures dans l'ivresse des plaisirs.

CLÉOPATRE.

C'est aujourd'hui le jour de ma naissance. Je m'attendois à le passer dans la tristesse. Mais puisque j'ai retrouvé mon Antoine, je veux être encore sa Cléopâtre.

ANTOINE.

Nous goûterons encore le bonheur.

CLÉOPATRE.

Qu'on appelle auprès de mon Antoine tous ses braves Officiers.

ANTOINE.

Oui : je vais leur donner mes ordres ; & ce soir, je veux que le vin enlumine leurs cicatrices. — Venez, ma Reine ; il y a encore de la ressource. Au premier combat que je vais livrer, je veux forcer la mort à me chérir : nous disputerons, sa faux & moi, à qui lui moissonnera le plus de victimes.

(*Ils sortent tous deux*).

ENOBARBUS.

Allons ; le voilà qui veut surpasser la foudre. Etre furieux, c'est être transi de peur ; & dans cet accès, la timide colombe attaqueroit l'épervier. Je vois que mon Général ne regagne du cœur, qu'aux dépens de sa tête. Quand le courage usurpe sur la raison du guerrier, il émousse le tranchant de l'épée avec laquelle il combat. — Je vais chercher les moyens de le quitter.

Fin du troisième Acte.

ACTE IV.

SCÈNE PREMIÈRE.

Le Théâtre repréſente le camp d'Octave.

OCTAVE, AGRIPPA, MECENE, *à la tête de l'armée.*

OCTAVE, *liſant une lettre d'Antoine.*

Il me traite *d'enfant*. Il me menace, comme s'il avoit le pouvoir de me chaſſer de l'Egypte ! Il a fait battre de verges mon député ! Il me provoque à un combat ſingulier; Céſar, contre Antoine! —Que le vieux débauché ſache, qu'il eſt pour lui bien d'autres routes à la mort : en attendant, je me ris de ſon défi.

MECENE.

Céſar doit penſer, qu'un auſſi grand perſonnage qu'Antoine, ne devient furieux que par déſeſpoir; c'eſt une proie fatiguée, & qui ſe ſent aux abois. Ne lui donnez aucun relâche ; profitez de ſon défordre ; jamais la fureur ne sçut se garder & se défendre elle-même.

OCTAVE.

Annoncez à nos braves Officiers, que demain nous livrerons de tant de batailles la dernière. Nous avons dans notre camp assez de déserteurs de l'armée d'Antoine, pour l'envelopper & le prendre lui-même. — Songez à exécuter cet ordre, & donnez à nos soldats un festin militaire. Nous regorgeons de provisions, & ils ont bien mérité qu'on les traite avec profusion. — Malheureux Antoine !

SCÈNE II.

La Scène est à Alexandrie.

ANTOINE, CLÉOPATRE, DOMITIUS, ENOBARBUS, CHARMIANE, IRAS, ALEXAS, & autres Officiers.

ANTOINE.

Il ne veut pas se mesurer avec moi, Domitius?

DOMITIUS.

Non, Seigneur.

ANTOINE.

Hé! pourquoi le refuse-t-il?

ENOBARBUS.

C'est qu'il pense qu'étant vingt fois plus fortuné que vous, il risqueroit vingt contre un.

ANTOINE.

Demain, Guerriers, nous combattrons sur mer & sur terre. Je survivrai... Ou si je meurs, je laverai mon affront dans tant de sang, que je ferai revivre ma gloire. (à *Enobarbus*.) Es-tu difposé à bien faire?

ENOBARBUS.

Je frapperai, en criant (†), la victoire ou la mort.

ANTOINE.

Bien dit, — Allons : appelez mes vieux ferviteurs, & n'épargnons rien pour nous bien réjouir ce foir.

Ses Serviteurs entrent : il leur prend la main l'un après l'autre d'un œil attendri.

Donne-moi ta main, tu m'as toujours fidélement fervi ; & toi auffi .... & toi... & toi : vous m'avez tous bien fervi, & vous avez eu des Rois pour compagnons.

CLÉOPATRE.

A quel propos?....

ENOBARBUS (*à part*).

C'eft une de ces faillies d'une ame chagrine qui cherche à fe foulager.

(†) *Take all*. C'eft-à-dire, quiconque furvivra, peut tout prendre : point de quartier. *Johnfon*.

ANTOINE.

ANTOINE, *toujours careffant fes ferviteurs.*

Et toi auffi, tu es un brave homme. Mon défir feroit, que vous tous, enfemble incorporés, vous ne fuffiez qu'un Antoine, & moi vous tous en un feul homme, pour vous fervir à mon tour auffi-bien que vous m'avez fervi.

TOUS.

Aux Dieux ne plaife !

ANTOINE.

Allons, mes bons amis, fuivez-moi encore ce foir. Ne ménagez pas le vin dans ma coupe, & traitez-moi, comme auparavant, lorfque l'Empire du monde, encore à moi, obéiffoit, comme vous, à mes loix.

CLÉOPATRE.

Que prétend-il ?

ENOBARBUS.

Faire pleurer fes amis.

ANTOINE,

Obéiffez-moi encore ce foir. Peut-être eft-ce le dernier jour que vous fervez Antoine. Peut-être ne me reverrez-vous plus, ou ne reverrez-vous de moi qu'une ombre défigurée. Il se pourroit, que demain vous vît servir un autre Maître. — Mes regards s'attachent sur vous, comme ceux d'un homme qui vous fait ses adieux. — Mes fideles amis, ce n'est pas votre Maître qui vous congédie : non; inséparablement attaché à vous, je ne vous quitterai qu'à la mort. Soyez encore à moi l'espace de deux heures : je ne vous en demande pas davantage, & je prie les Dieux de vous récompenser.

(*Ses Serviteurs pleurent*).

ENOBARBUS (*à Antoine*).

Quelle est donc votre idée? Pourquoi les affliger ainsi ? Voyez, ils pleurent ; & moi, insensé, mes yeux se remplissent aussi de larmes. Au nom de l'honneur, ne nous transformez pas en femmes sans courage.

ANTOINE.

Quoi, quoi ? que l'enfer me punisse, si c'étoit mon intention. Que le bonheur croisse sur le sol qu'arrosent ces larmes! Mes dignes amis, vous prêtez à mes paroles un sens trop sinistre: je ne vous parlois ainsi que pour ranimer votre courage, & je vous prie, que cette nuit brille de mille flambeaux allumés. Sachez, mes amis, que j'espère bien de la journée de demain, & je veux vous conduire où j'espère trouver la victoire & la vie, plutôt que l'honneur & la mort. Allons nous mettre à table: venez, & noyons dans le vin toutes les réflexions.

(*Ils sortent*).

SCÈNE III.

La Scène représente le Palais de Cléopâtre.

ANTOINE, CLÉOPATRE, CHARMIANE, SUITE.

ANTOINE (*étoit assis & assoupi : il se réveille, se lève & appelle*).

Eros! Eros ! mon armure.

CLÉOPATRE.

Reposez encore un moment.

ANTOINE.

Non, ma bien-aimée.... Allons, Eros, apporte-moi mes armes. (*Eros paroît avec l'armure.*) Viens, mon brave serviteur, ajuste-moi mon armure. — Si la fortune ne nous favorise pas aujourd'hui, c'est qu'elle voit que je la brave. Allons, sois prompt.

CLÉOPATRE.

Attends, Eros ; je veux t'aider.

ANTOINE.

A quoi bon cette idée ?.... Allons, soit, j'y consens. (*tendrement.*) C'est toi, qui armes mon cœur.... (*à Eros*) A faux, à faux : — bon, l'y voilà, l'y voilà.

CLÉOPATRE.

Permettez ; je veux vous aider : voilà comme cela doit être. (*Cléopâtre ajuste l'armure d'Antoine.*)

ANTOINE.

Fort bien, à merveille, oh ! nous ne pouvons manquer de prospérer : (*à Enobarbus*) vois-tu, mon brave camarade ? Allons, va t'armer aussi.

ENOBARBUS.

Dans le moment, Seigneur.

CLÉOPATRE.

Ces boucles ne sont-elles pas bien attachées ?

ANTOINE.

A merveille, à merveille. Celui qui voudra déranger cette armure, avant qu'il nous plaise de nous en dépouiller nous-mêmes pour goûter le repos, essuiera sur lui une terrible tempête. —Te voilà vaincu dans ton métier, Eros; & ma Reine est un écuyer plus prompt & plus au fait que toi. Hâte-toi donc, ô ma bien-aimée. Que ne peux-tu me voir combattre aujourd'hui, être témoin de la manière dont cette tâche de Roi sera remplie ! Tu verrois quel ouvrier est Antoine !

(*Entre un Soldat tout armé, qui vient chercher son Général.*

Bon jour, Soldat: sois le bien venu. Tu te présentes en homme qui sçait ce que c'est que la journée d'un Guerrier. Nous nous levons avant l'aurore, pour commencer la tâche que notre cœur aime, & nous allons à l'ouvrage avec joie.

LE SOLDAT.

Mille guerriers, avec moi, Seigneur, ont devancé le jour, & vous attendent au port, tout armés & tout prêts.

(*On entend un cri de guerre, & le son des trompettes. Entrent plusieurs Capitaines, suivis de leurs soldats.*

UN CAPITAINE.

Le matin est riant : salut, Général.

TOUS.

Salut, Général.

ANTOINE, *applaudissant à la musique guerrière.*

Voilà une belle Musique. — Bon jour, amis ! Le matin de cette journée, comme le génie d'un jeune homme qui promet un avenir brillant, commence de bonne heure : oui, oui, — Allons, (*à Eros, qui acheve de l'armer*), donne-moi cela, — par ici, ... fort bien. — Adieu, Reine, & soyez heureuse, quelque soit le sort qui m'attend. (*il l'embrasse*) Voilà le baiser d'un guerrier : je mériterois vos mépris & vos reproches, si je perdois le tems à vous faire des adieux plus longs & plus étudiés : je vous quitte brusquement, comme un homme couvert d'acier. (*à ses Officiers*). Vous, qui voulez combattre, suivez-moi de près ; je vais vous conduire aux dangers. Adieu. (*Ils sortent*).

CHARMIANE *à Cléopâtre.*

Voulez-vous venir vous renfermer dans votre appartement ?

CLÉOPATRE.

Oui, conduis-moi. — Il me quitte en héros. Plût

aux Dieux qu'Octave & lui, puſſent, dans un combat ſingulier, décider cette guerre fameuſe! — Ainſi, cher Antoine...... mais hélas!.... Allons, ſortons.
(Elles ſortent).

SCÈNE IV.

ANTOINE, *au ſon des trompettes, traverſe le Théâtre ;* EROS *l'accompagne, un* SOLDAT (†) *les rencontre.*

LE SOLDAT.

Plaiſe aux Dieux que cette journée ſoit heureuſe pour Antoine !

ANTOINE.

Je voudrois à préſent en avoir cru tes conſeils & tes bleſſures, & n'avoir combattu que ſur terre.

EROS.

Si vous l'aviez fait, les Rois qui ſe ſont révoltés, & ce guerrier, qui vous a quitté ce matin, ſuivroient encore aujourd'hui vos pas.

(†) Le même qui précédemment lui avoit conſeillé de ne pas combattre ſur mer.

ANTOINE.
Que dis-tu? Quel guerrier m'a quitté ce matin?

EROS.
Un brave guerrier, qui fut votre compagnon inséparable. Appellez maintenant Enorbabus, & vous verrez s'il répond à votre voix : ou, s'il vous entend du camp de Céfar, il vous criera : je ne fuis plus des tiens.

ANTOINE.
Que m'apprends-tu?

LE SOLDAT.
Seigneur, il est paffé dans l'armée de Céfar.

EROS.
Ses coffres, fon argent, il a tout laiffé, Seigneur.

ANTOINE.
Eft-il bien fûr qu'il foit parti?

LE SOLDAT.
Rien n'eft plus certain.

ANTOINE.
Eros, va : fais partir fon tréfor après lui (†) : fais ce que je t'ordonne : n'oublie pas une obole : je te

---

(†) Céfar en ufa de même envers Labienus. — Antoine étoit d'un caractère généreux. Un jour il ordonne à fon Tréforier

l'enjoins

l'enjoins expressément. Ecris-lui, je signerai la lettre, & fais-lui mes adieux dans les termes les plus honnêtes & les plus gracieux. Dis-lui, que je souhaite qu'il n'ait jamais de plus fortes raisons pour changer de maître. — Oh! ma fortune a corrompu jusqu'à mes plus fideles amis! — Hâte-toi, cher Eros.

---

de compter vingt-cinq mille écus à un de ses amis. Le Trésorier, trouvant la somme énorme, mit tout l'argent en tas dans un lieu où Antoine devoit passer. Antoine en effet le voit, & demande ce que c'étoit que cet argent. « C'est la somme que vous » m'avez ordonné de compter à votre ami, lui répond le Tré- » sorier. -- Bon, dit Antoine, qui pénétra son dessein, je croyois en » avoir assigné davantage. Ce n'est pas assez : je vous prie, comp- » tez-lui le double ». On raconte un trait semblable de Philippe Sidney, avec son Intendant, à l'occasion des vers de Spenser.

SCÈNE V.

La Scène représente le camp d'Octave.

OCTAVE, AGRIPPA, ENOBARBUS, DOLABELLA.

OCTAVE.

Agrippa, marche en avant & engage le combat. Notre intention est qu'Antoine soit pris vivant; instruis-en nos soldats.

AGRIPPA.

Seigneur, je vais répandre vos ordres.

OCTAVE.

Enfin le jour de la paix universelle est proche. Si cette journée est heureuse, l'olive va croître d'elle-même dans les trois parties du globe. (*Entre un Courier*).

LE COURIER.

Marc-Antoine est arrivé au champ de bataille.

OCTAVE.

Vole: recommande à Agrippa, de placer au front de notre armée, les déserteurs d'Antoine, afin que sa première furie tombe sur les siens. (*Ils sortent*).

ENOBARBUS (*resté seul.*)

Alexas est devenu traître : il est allé instruire la Judée de la détresse d'Antoine, & persuader au puissant Hérode d'abandonner son maître, & de pencher du côté de César ; & pour salaire... César l'a fait pendre. — Canidius & les autres Officiers qui ont déserté, ont bien obtenu de l'emploi, mais non l'honneur de la confiance. — J'ai commis une lâcheté, & je me la reproche moi-même, avec un remords si douloureux, qu'il n'est plus désormais de joie pour moi. (*Entre un soldat d'Octave*).

LE SOLDAT.

Enobarbus, Antoine vient d'envoyer sur tes pas tous tes trésors, avec l'assûrance de ses bontés & de son affection. Son messager a marché sous mon escorte, & il est maintenant dans ta tente, où il décharge ses mulets.

ENOBARBUS (*étonné*).

Je t'en fais don.

LE SOLDAT.

Ce n'est pas une plaisanterie, Enobarbus, je te dis la vérité. Il seroit à propos que tu vinsses escorter le Messager jusqu'à la sortie du camp : moi, je suis obligé de retourner à mon poste, sans quoi je l'aurois escorté moi-même.... Votre Général continue de se conduire en Dieu (*Il s'en va*).

ENOBARBUS.

Je suis le seul lâche de l'Univers ; & je sens toute mon ignominie. O Antoine ! ame inépuisable en générosité, comment aurois-tu donc payé mes services & ma fidélité, toi qui couronnes mon infamie & la couvres d'or ! A ce trait mon cœur se gonfle ; & si le remords ne le brise pas bientôt, un moyen plus prompt étouffera mon remords... Mais le remords me tuera, je le sens. — Moi, combattre contre toi ! Non : je veux aller chercher quelque caverne où je puisse mourir : le plus affreux tombeau doit ensevelir la honte de mes derniers jours. (*Il sort dans le désespoir*).

SCÉNE VI.

La Scène est devant les murs d'Alexandrie.

On entend le bruit des instrumens de guerre :
AGRIPPA *rappellant ses Troupes.*

AGRIPPA.

Retraite, retraite : nous nous sommes engagés trop avant. César, lui-même, a payé de sa personne, & nous avons trouvé plus de résistance que nous n'en attendions. (*Une alarme : paroissent Antoine & Scarus, blessés*).

SCARUS *à Antoine.*

O, mon brave Général ! voilà ce qui s'appelle combattre. Si nous nous étions montrés ainsi à Actium, nous les aurions chassés jusques dans leurs tentes, sanglans & couverts de plaies.

ANTOINE.

Ton sang coule à grands flots.

SCARUS.

J'avois ici une légère blessure : à présent c'est une large plaie (†).

(†) J'avois ici une blessure comme un *T* ; mais à présent c'est une *H*.

ANTOINE.

Ils battent en retraite.

SCARUS.

Nous les repousserons, jusqu'à les forcer de se cacher dans les trous de la terre. (*montrant sa poitrine*). J'ai encore ici de l'espace pour plus de six blessures. (*Eros arrive*).

EROS.

Ils sont battus, Seigneur; & notre avantage peut passer pour une victoire complette.

SCARUS.

Tailladons le dos de ces lâches; tombons sur eux, comme sur une troupe de daims; c'est un amusement de poursuivre les fuyards.

ANTOINE.

Je veux te donner une récompense pour cette saillie, & dix pour ta bravoure.... suis-moi.

SCARUS.

Je vais suivre vos pas. (*Ils sortent*).

SCÈNE VII.

Bruit de guerre : ANTOINE *revient au son d'une marche guerrière, accompagné de Scarus & autres Soldats.*

ANTOINE.

Nous l'avons chaffé jufqu'à fon camp.—Volez, quelqu'un à la ville, & annoncez à la Reine les hôtes qu'il lui faut fêter ce foir. Demain, avant que le foleil nous revoie, nous acheverons d'épuifer le fang qui nous échappe aujourd'hui. — Je vous rends graces à tous ; vos mains victorieufes ont fait des prodiges. Vous avez combattu, non pas en hommes qui fervent les intérêts d'un tiers, mais comme fi chacun de vous eût défendu fa propre caufe. Vous vous êtes montrés autant d'Hectors. Rentrez en triomphe dans la ville ; allez ferrer dans vos bras vos époufes, vos amis ; racontez-leur vos exploits, tandis que verfant des larmes de joie, ils effuieront le fang figé dans vos plaies, & baiferont avec refpect vos honorables bleffures. (*à Scarus*) Donne-moi ta main.

(*Cléopâtre arrive*).

C'est à cette céleste & puissante (†) enchanteresse que je veux vanter vos exploits; je veux vous faire goûter la douceur d'être loués par cette bouche divine.

SCÈNE VIII.

Les mêmes Acteurs : CLÉOPATRE.

ANTOINE (*volant à Cléopâtre.*)

O toi, astre de l'univers, enchaîne dans tes bras ce col vêtu de fer : franchis toute entière l'acier de tout ce harnois guerrier, & arrive jusqu'à mon sein, & là unie à moi, ressens les élans d'un cœur triomphant.(*Ils s'embrassent & se tiennent étroitement serrés*).

CLÉOPATRE.

O souverain des Rois! O courage sans bornes! Te voilà donc revenu riant & libre des piéges, que te tendoit la perfide fortune!

(†) *Fairy* renferme à la fois l'idée de puissance & celle de beauté. *Upton.*

ANTOINE.

ANTOINE.

Ma douce Philomèle! Nous les avons repoussés jusques dans leurs lits... Hé bien, ma belle Reine, malgré ces cheveux gris qui déja viennent se mêler à la brune chevelure de ma jeunesse, nous avons un cerveau qui entretient dans nos muscles une vigueur, qui vaut bien le feu du jeune âge. —Regarde ce soldat: présente à ses lèvres ta belle main & sa récompense. Approche, mon guerrier & baise cette main. — Il a combattu aujourd'hui, comme un Dieu ennemi de la forme humaine, & qui auroit juré d'exterminer l'espèce.

CLÉOPATRE à *Scarus*.

Ami, je veux te faire présent d'une armure d'or: c'étoit l'armure d'un Roi.

ANTOINE.

Il l'a méritée, fût-elle toute étincelante de rubis, comme le char sacré d'Apollon — (*à Cléopâtre*). Donne-moi ta main: traversons Alexandrie dans une marche triomphante: portons devant nous nos boucliers, hachés comme leurs maîtres. Si notre palais étoit assez vaste pour contenir toute cette armée, nous souperions tous ensemble, & nous porterions des santés à la ronde jusqu'à l'événement du lendemain, qui nous promet encore des dangers dignes de nous. Trompettes, ébranlez la Cité des accens retentissans de l'airain, mêlez vos éclats perçans aux sourds roulemens des tambours, & que le ciel & la terre émus répondent à leurs sons, & applaudissent à notre arrivée.

SCÈNE IX.

La Scène est dans le camp de César.

Un CENTURION avec deux Sentinelles ; ENOBARBUS.

LE CENTURION.

Si dans une heure nous ne sommes pas relevés, il nous faut retourner au corps-de-garde. La nuit est claire, & l'on dit qu'elle nous verra rangés en bataille vers la seconde heure du matin.

PREMIER SOLDAT.

Cette dernière journée nous a été fatale.

ENOBARBUS (*dans l'ombre de la nuit.*)

O nuit, fois-moi témoin.....

SECOND SOLDAT.

Quel est cet homme?

PREMIER SOLDAT.

Ne bougeons pas & prêtons l'oreille.

ENOBARBUS.

O lune paisible, lorsque l'histoire dénoncera à la haine de la postérité les noms des traîtres déserteurs, ô lune paisible, fois-moi témoin, que du moins le malheureux Enobarbus s'est repenti en ta présence.

LE CENTURION.

Quoi! C'est Enobarbus?

TROISIEME SOLDAT.

Silence: Ecoutons encore.

ENOBARBUS.

O sombre souveraine de la noire mélancolie, verse sur moi les humides poisons de la nuit, & que cette vie rebelle, qui résiste à mes vœux, ne pèse plus sur moi. Que mon cœur froissé sous le poids insurmontable de mon crime, & déja flétri par la douleur, se brise enfin, & mette un terme à toutes les affreuses pensées qui me torturent. O Antoine, mille fois plus généreux que ma trahison n'est infâme, ô toi, du moins, pardonne-moi : & qu'après le monde m'inscrive, s'il veut, dans le livre de mémoire, sous le nom d'un lâche fugitif, déserteur de son maître! ô Antoine! Antoine! (*il meurt de douleur*).

PREMIER SOLDAT.

Parlons lui.

LE CENTURION.

Ecoutons-le : ce qu'il dit, pourroit intéresser César.

SECOND SOLDAT.

Oui, écoutons, je crois qu'il est endormi.

LE CHEF.

Je crois plutôt qu'il est mourant ; car jamais on n'a fait pareille prière pour dormir.

PREMIER SOLDAT.

Allons à lui.

SECOND SOLDAT (*à Enobarbus*).

Allons, éveillez-vous, éveillez-vous, ami : parlez-nous.

PREMIER SOLDAT.

L'entends-tu répondre, camarade?

LE CENTURION.

Le bras de la mort l'a terrassé.
(*On entend un son de guerre dans l'éloignement.*)
Entendez-vous ces sons? C'est la trompette qui réveille l'armée assoupie. — Portons-le au corps-de-garde : c'est un guerrier de marque. Notre heure de faction est plus que passée.

SECOND SOLDAT.

Allons, portons-le : peut-être reviendra-t-il de son évanouissement.

SCÈNE X.

La Scène se passe entre les deux camps.

ANTOINE, SCARUS & *son armée.*

ANTOINE.

Leurs dispositions annoncent un combat sur mer: ceux de terre ne leur plaisent point.

SCARUS.

On combattra sur mer & sur terre, Seigneur.

ANTOINE.

Je voudrois qu'ils pussent nous attaquer aussi dans l'air, dans le feu, dans tous les élémens ; il n'en est pas un seul où je ne les combatte. Mais écoute, voici le point important. Notre infanterie se portera sous nos yeux sur cette chaîne de collines qui tient à la ville. Les ordres sont donnés sur mer. La flotte est sortie du port, elle est rangée en lieu, où nous pourrons aisément distinguer leur nombre, & observer leurs mouvemens.

(Ils sortent.)

SCÈNE XI.

CÉSAR *paroît avec son armée.*

CÉSAR.

A moins que nous ne soyons attaqués, nous ne ferons aucuns mouvemens sur terre : & suivant ma conjecture, nous ne le ferons pas ; car ses meilleures troupes sont employées sur ses galères. Gagnons les vallées, & prenons tous nos avantages.

(*On entend de loin le bruit d'un combat naval*).

SCÈNE XII.

ANTOINE, SCARUS.

ANTOINE.

Ils ne se sont pas joints encore. Je vais gagner la hauteur où ces pins s'élèvent. De-là je pourrai tout voir, & dans un moment je reviens t'apprendre, quelle pourra être l'issue du combat.

(*Il sort.*)

SCARUS.

Les hirondelles ont bâti leurs nids dans les voiles de Cléopâtre. — Les augures disent qu'ils ne sçavent pas, qu'ils ne peuvent pas dire.... Ils ont un air consterné, & ils n'osent révéler ce qu'ils pensent. Antoine est vaillant, mais il est découragé ; il sent que sa fortune chancèle : l'espérance & la crainte l'agitent tour-à-tour, & son ame est tourmentée par leurs contraires accès.

SCÈNE XIII.

La Scène est dans le Palais d'Alexandrie.

ANTOINE (*seul*).

Tout est perdu ! L'infâme Egyptienne m'a trahi ! Ma flotte s'est rendue à mon ennemi ; j'ai vu mes soldats jetter leurs casques en l'air, & boire avec ceux de César, comme des amis qui se retrouvent & qui avoient désespéré de se revoir. O femme (†)

(†) *Triple turn'd.* Trois fois changée. D'Antoine à César, lorsqu'il surprit le Messager de ce dernier lui baisant la main : de César à Antoine à qui elle étoit revenue ; & enfin, d'Antoine à César encore. *Johnson.*

vouée

vouée à l'inconftance ; c'eft-toi qui m'as vendu à ce jeune apprentif.... Ce n'eft plus qu'avec toi feule que mon cœur eft en guerre. Hé bien, dis-leur à tous de fuir. Car dès qu'une fois je me ferai vengé de la Furie dont le charme infernal m'a enforcelé, tout fera fini pour moi. J'aurai rempli mes deftins. Oui, dis-leur à tous de fuir. — Fuis auffi de moi, ô foleil, je ne te verrai plus lever fur l'horifon. Antoine & la fortune fe féparent ici pour jamais ; ici nous nous faifons l'adieu d'un divorce éternel. — C'eft donc à cette iffue que tout eft venu aboutir ! Ces cœurs qui rampoient fur mes pas, dont je comblois tous les defirs, vont en foule prodiguer leurs careffes à la fortune naiffante du jeune Octave ; & moi, qui les protegeois tous de mon ombrage, ils me fuient comme le pin que la foudre a frappé. Je fuis trahi ! O perfide cœur de l'Egyptienne ! Cette fublime enchantereffe, qui d'un regard armoit ou défarmoit mon bras, dont le fein étoit le trône de ma gloire & le but de mes travaux, comme une déloyale courtifane, m'a trompé (†),

---

(†) Comme un Efcamoteur avec fes tours de gibecière : *faft and loofe*, eft un jeu, un tour de gibecière. On plie une bourfe de cuir, ou une ceinture en plufieurs plis, & on la m'a précipité dans le fond de l'abîme. (*Il appelle*) Eros, Eros?

SCÈNE XIV.

ANTOINE, CLÉOPATRE.

ANTOINE.

Ah! loin de moi, Furie enchantereffe.

CLÉOPATRE.

Hé quoi? D'où vient ce courroux de mon vainqueur contre fon Amante?

ANTOINE.

Difparois, ou tu reçois ton falaire, & tu manqueras au triomphe de Céfar. —Vis, pour qu'il t'en-

---

pofe fur une table : un des plis femble préfenter le milieu de la ceinture. Celui qui y enfonce un poinçon, croit le tenir bien ferme au milieu de la ceinture ; tandis que celui, avec lequel il joue, la prend par les deux bouts & l'enlève. En Angleterre, parmi le petit peuple, on connoît encore ce jeu fous le nom de *Pricking at the belt*, tours de gibecière. Peut-être que du tems de *Shakefpeare*, il étoit en ufage parmi les Egyptiens ou Bohémiens. *Hawkins.*

chaîne & te montre en spectacle à la populace de Rome ; va suivre son char au milieu des huées publiques, & montrer à tous les yeux le plus grand opprobre de ton sexe. Tu seras exposée aux regards du peuple, comme un monstre étrange, pour quelque vile obole. Et puisse la patiente Octavie défigurer ton visage de ses ongles, qu'elle laisse croître pour sa vengeance.... Tu as bien fait de fuir, (*Cléopâtre sort*) si vivre est un bien pour toi. Mais tu aurois gagné à expirer sous ma rage. D'un coup, ma fureur t'eût sauvé mille morts.... — Eros, Eros ! hola ! — La robe de Nessus m'enveloppe & me brûle. Alcide (†), ô toi, mon illustre ancêtre, enseigne-moi tes fureurs, lorsque tu lançois Lychas (§)

(†) Suivant une antique tradition, les Antonins descendoient d'Hercule par son fils Antéon. Plutarque observe qu'il y avoit dans le maintien d'Antoine une certaine grandeur qui lui donnoit quelque ressemblance avec les statues & les médailles d'Hercule, dont Antoine affectoit de contrefaire de son mieux le port & la contenance.

(§) Image empruntée de l'Hercule de Sénèque, qui peint Lychas lancé dans l'air, & teignant les nuages de son sang & écrasé contre un rocher. C'est ce Lychas qui avoit apporté à Hercule la chemise de Déjanire, qui l'avoit reçue du Centaure Nessus.

dans le sein des nuages ensanglantés, & prête-moi tes mains robustes qui soulevoient ton énorme massue, que je m'anéantisse moi-même. — L'infâme enchanteresse mourra. Oui, c'est-elle qui m'a vendu à ce jeune écolier : & je péris victime de ses complots. Elle mourra. — Eros, où es-tu ? (*Il sort*).

SCÈNE XV.

CLÉOPATRE, CHARMIANE, IRAS, MARDIAN.

CLÉOPATRE.

Secourez-moi, mes femmes; oh! il est plus furieux que ne le fut Ajax, frustré du bouclier d'Achille; & le sanglier de Thessalie ne se montra jamais plus menaçant.

CHARMIANE.

Venez au tombeau de Ptolomée. Enfermez-vous dans cette enceinte, & envoyez-lui annoncer, que vous êtes morte. L'ame ne se sépare pas du corps avec plus de douleur, que l'homme de sa grandeur.

CLÉOPATRE.

Oui, allons aux tombeaux (†).... Mardian, va lui annoncer que je me suis donné la mort. Dis-lui que le dernier mot que j'ai prononcé, c'eſt le nom d'Antoine, & fais-lui, je t'en conjure, un récit capable de l'attendrir. Pars, Mardian, & reviens m'apprendre, comment il aura reçu ma mort.... Allons au monument.

(†) Edifice ſuperbe près du Temple d'Iſis, que Cléopâtre, ſelon la coutume des Rois d'Égypte, avoit fait bâtir pour ſa ſépulture.

SCÈNE XVI.

ANTOINE, EROS.

ANTOINE (*à son écuyer, qui le considère tristement.*

Ami, tu me vois encore !

EROS.

Oui, mon noble Maître.

ANTOINE.

Tu as vu quelquefois un nuage en forme de dragon menaçant ; de ces vapeurs, qui nous présentent la figure d'un ours ou d'un lion ; d'autres qui s'élèvent en citadelle surmontée de tours, ou qui pendent en rochers tombans : un mont à double cime, un promontoire bleuâtre couronné de forêts, qui semblent se balancer sur nos têtes ; vaines images qui trompent nos yeux ! Tu as vu ces fantômes nés des ombres du soir.

EROS.

Oui, Seigneur.

ANTOINE.

Ce lion superbe, toutes ces belles formes, tu le

fçais, en moins d'une penfée, s'effacent de l'air & fe confondent avec lui, comme l'eau dans l'eau.

EROS.

Oui, Seigneur.

ANTOINE.

Hé bien, bon ferviteur, cher Eros, ton maître n'eft plus qu'une de ces formes imaginaires. Tu crois voir encore Antoine, mais je ne puis garder plus long-tems ce corps vifible, mon pauvre Eros. — C'eft pour l'Egypte, que j'ai entrepris cette guerre, & la Reine, dont je croyois poffeder le cœur comme elle poffédoit le mien, le mien, qui tout le tems que je l'ai confervé libre, avoit attaché à lui un million de cœurs, perdus maintenant; c'eft elle, Eros, elle qui s'eft entendue avec Céfar, & qui a, par une trahifon, joué ma gloire au profit du triomphe de mon ennemi. — Allons, Eros, retiens tes larmes; pour finir mes deftins, il me refte.... (*En cherchant fon épée, qu'il ne trouve point, il apperçoit Mardian*).

SCÈNE XVII.

ANTOINE, EROS, MARDIAN.

ANTOINE (*à Mardian*).

Oh ! ta vile maîtresse ! elle m'a volé mon épée !

MARDIAN.

Non, Antoine, ma Maîtresse vous aimoit, & elle a associé, sans réserve, sa fortune à la vôtre.

ANTOINE.

Loin de moi, Eunuque téméraire ; tais-toi. Elle m'a trahi, & il faut qu'elle meure.

MARDIAN.

La mort est une dette que chaque être vivant ne paie qu'une fois, & elle l'a déja acquittée. Ce que vous vouliez faire, est fait ; elle a prévenu votre bras ; & les derniers mots qu'elle a prononcés : c'est, *Antoine, généreux Antoine* ! Elle a voulu encore prononcer votre nom, mais un dernier gémissement l'a laissé à moitié énoncé entre ses lèvres & son cœur ; elle a expiré, votre nom enseveli dans son sein.

ANTOINE.

ANTOINE.

Elle est morte ?

MARDIAN.

Elle est morte.

ANTOINE.

Eros, ôte-moi mon armure : la tâche de cette longue journée est finie, & il est tems que je repose. (*à Mardian.*) Toi, estime-toi bien heureux & bien payé de ton message, d'être sorti vivant de ces lieux. Va-t-en, (*Mardian sort.*) (*à Eros*). Allons, dépouille-moi, romps ces liens. — L'épais bouclier d'Ajax ne pourroit comprimer ces élans de mon cœur. O mes flancs, brisez-vous ; ô mon cœur, triomphe de la frêle cloison de chair qui t'environne, brise-la dans un effort. — Dépêche, Eros, dépêche. Je n'ai plus rien du guerrier. — Vains débris de mon armure, allez loin de moi (*il acheve de se désarmer lui-même.*) vous fûtes du moins portés avec honneur. — Eloigne-toi, laisse-moi seul un moment. — (*Eros sort*). O Cléopâtre, je vais te rejoindre, & en pleurs à tes genoux, implorer ton pardon. — Allons, il faut finir, tout délai est un nouveau supplice. Puisque le flambeau est usé, il est tems de reposer. Ne différons plus. Maintenant toute résistance seroit inutile, & nuiroit au lieu de servir. La force succomberoit victime de ses propres efforts. Fermons les yeux, & tout est fini. — Eros ! — Je te suis ! ô ma Reine ! (*il appelle encore*). — Eros ! — Attends-moi dans ces lieux fortunés, où les Ombres reposent sur les fleurs. Là, nos mains ensemble enlacées, nous fixerons sur nous les regards des Ombres attirées par l'héroïque majesté de nos Mânes. Didon & son Enée verront leur cour déserte, & tous les habitans de l'Élisée s'attacher en foule sur nos pas. — Eros ? Viens donc ? (*Eros paroît*).

E R O S.

Que veut mon Maître ?

A N T O I N E.

Depuis que Cléopâtre n'est plus, j'ai traîné une vie si deshonorée, que les Dieux ont horreur de ma bassesse. Moi, qui avec mon épée, partageois l'héritage de l'univers, & qui fis descendre sur le dos verdâtre de Neptune des cités flottantes ; je confesse ici, que je manque du courage d'une femme. J'ai bien moins de vertu qu'elle, qui en se donnant la mort, apprend à César, qu'elle seule pouvoit se conquérir elle-même. — Eros, tu m'as juré, que si jamais les circonstances l'exigeoient ; lorsque je verrois un enchaînement d'insurmontables malheurs me poursuivre, & ne plus m'offrir qu'horreurs dans la vie, alors, à mon premier commandement, tu me donnerois la mort. Accomplis ta promesse ; car ce tems est arrivé. Ce n'est pas moi que tu frapperas ; c'est César que tu vas priver du fruit de sa victoire. Allons, ranime ces joues pâlissantes.

EROS.

Que les Dieux arrêtent mon bras ! Qui, moi, j'exécuterois, ce que n'ont pu faire tous les traits des Parthes ennemis, lancés en vain contre vous ?

ANTOINE.

Cher Eros, voudrois-tu donc des fenêtres de la vaste Rome, voir ton Maître les bras liés ainsi, dans cette posture humiliante, (*il exprime cette attitude*) courbant vers la terre sa tête esclave, & le visage couvert de la honte des vaincus ; tandis que le char triomphant du fortuné César étaleroit toute l'ignominie du malheureux qui le suit traîné dans la poussière ?

EROS.

Non, je ne voudrois pas le voir.

ANTOINE.

Approche donc : car il n'y a qu'une blessure qui puisse me guérir de mes maux. Allons, tire ton épée fidèle, qui dans tes mains fut tant de fois utile à ta Patrie.

EROS.

Ah, Seigneur, pardonnez.

ANTOINE.

Le jour que je te donnai la liberté, ne juras-tu pas de faire ce que je te demande ici, dès que je te l'ordonnerois ? Obéis, ou je regarderai tous tes services passés, comme des hasards sans principe & sans volonté. Allons, ton épée, & approche.

EROS.

Détournez donc de mes yeux ce visage si noble & si beau, fait pour être adoré de l'Univers.

ANTOINE (*détournant son visage.*)

Allons.

EROS.

Voilà mon épée dans ma main.

ANTOINE.

Accomplis dans un seul coup l'acte pour lequel tu l'as tirée.

EROS.

Mon cher Maître, mon Général, mon Souverain, permettez, qu'avant de frapper ce coup sanglant, je vous dise adieu.

ANTOINE.

Tu l'as dit, ami. Adieu.

EROS.

Adieu, illuftre héros. Frapperai-je?

ANTOINE.

A l'inftant, Eros.

EROS.

Hé bien, c'eft-ici..... (*Il fe tue lui-même.*) C'eft ainfi que j'échappe à la douleur de voir la mort d'Antoine. (*Il expire*).

ANTOINE.

O efclave, mille fois plus noble que moi! Bravo Eros, tu m'enfeignes à accomplir moi-même ce que je dois, & ce que tu n'as pu faire. Ma Reine, & le fidèle Eros ont, par ce courageux exemple, gagné fur moi de la gloire, chez les générations futures. Mais je ne veux plus que moi pour me conduire à la mort, & je vole dans fes bras comme au lit de mon Amante. Allons, c'en eft fait : Eros, c'eft de fon efclave que ton maître a reçu l'exemple de mourir. Voilà ce que tu m'as enfeigné. (*Il fe précipite fur fon épée, qui ne le tue pas tout-à-fait.*) Comment, pas mort encore, pas encore? Hola, gardes, accourez. Oh, achevez-moi!

SCÈNE XVIII.

*Les Gardes accourent à la voix d'*ANTOINE, DERCETAS *& les* GARDES.

PREMIER GARDE.

D'où viennent ces cris ?

ANTOINE.

Amis, j'ai mal fait mon ouvrage.... oh achevez ce que j'ai commencé.

SECOND GARDE.

L'astre est tombé.

PREMIER GARDE.

Le cercle de ses destins est rempli.

TOUS.

Hélas ! ô malheur !

ANTOINE.

Que celui de vous, qui m'aime, acheve ma mort.

PREMIER GARDE.

Non pas moi.

SECOND GARDE.

Ni moi.

TROISIEME GARDE.

Ni aucun de nous. (*Ils sortent.*)

DERCETAS.

La fortune & la mort font déserter tes amis ; (*il ramasse l'épée*). Que je montre seulement cette épée à César, & avec cette nouvelle, je suis sûr d'être bien accueilli. (*Diomède entre.*)

DIOMÉDE.

Où est Antoine ?

DERCETAS.

Là, Diomède, là.

DIOMÉDE.

Est-il en vie ? — Veux-tu répondre ?

ANTOINE.

Est-ce toi, Diomède ? Ton épée, & frappe ; que j'achève de mourir.

DIOMÉDE.

Illustre Souverain, ma maîtresse Cléopâtre m'envoie vers toi.

ANTOINE, *surpris*.

Quand t'a-t-elle envoyé ?

DERCETAS.

Dans le moment, Seigneur.

ANTOINE, *plus étonné encore*.

Où est-elle ?

DIOMÉDE.

Elle est enfermée dans son monument. Elle avoit un pressentiment du malheur que je vois arrivé. Lorsqu'elle a vu, que vous la soupçonniez, soupçon dont on ne trouvera jamais la preuve, de s'être sourdement arrangée avec César, & que rien ne pouvoit appaiser vos fureurs, elle vous a fait annoncer qu'elle étoit morte ; mais ensuite craignant l'effet de cette nouvelle, elle m'envoie vous déclarer la vérité : & je viens, mais, je le crains bien, trop tard.

ANTOINE.

Oui, trop tard, bon Diomède. Appelle mes Gardes, je te prie.

DIOMÉDE, *appellant*.

Hola, les Gardes de l'Empereur ! Gardes, avancez ; votre Général vous appelle. (*Les Gardes entrent.*)

ANTOINE.

Portez-moi, mes amis, aux lieux où est Cléopâtre ; c'est le dernier service que je vous commanderai.

UN GARDE.

c'est le dernier service que je vous commanderai.

UN GARDE.

O malheur ! nos cœurs sont désolés, que vous ne puissiez pas survivre au dernier de tous vos fidèles serviteurs.

TOUS.

O jour de calamité !

ANTOINE.

Allons, mes chers camarades ; que le sort barbare ne jouisse pas de vos larmes. Acceptez d'un front serein les traits dont il nous opprime. C'est se venger de lui, que de recevoir ses coups avec une noble fierté. Emportez-moi : je vous ai conduits souvent : portez-moi à votre tour, mes bons amis, & recevez tous mes remercimens. (*Ils sortent, emportant Antoine.*)

SCÈNE XIX.

Le Théâtre change, & représente les tombeaux de Ptolomée; CLÉOPATRE, CHARMIANE, IRAS, *paroissent au haut d'une tribune.*

CLÉOPATRE.

O Charmiane, c'en est fait, je ne sors plus d'ici.

CHARMIANE.

Consolez-vous, Madame.

CLÉOPATRE.

Non; je ne veux point me consoler.... Je suis préparée à tous les événemens les plus étranges & les plus terribles : mais je dédaigne les consolations. Ma douleur doit croître sans cesse, pour égaler la grandeur de sa cause.

(*A Dioméde, qui revient l'air consterné.*)

Comment? Seroit-il mort?

DIOMÉDE.

Pas encore, Madame : mais la mort est sur lui.

Jettez les yeux là-bas, de l'autre côté du monument, & voyez : il est porté par ses Gardes.

(*Antoine paroît porté par ses Gardes.*)

CLÉOPATRE.

O Soleil, dévore la sphère où tu te meus : — & qu'une nuit éternelle couvre ce globe inconstant & plein de vicissitudes. — O Antoine, Antoine, cher Antoine! — Aide-moi, Charmiane : viens, Iras : vois là-bas. Mes amis, secondez-nous : élevons-le jusqu'à moi.

ANTOINE.

Calmez-vous : ce n'est pas sous la valeur d'Octave, qu'Antoine succombe : Antoine seul a triomphé de lui-même.

CLÉOPATRE.

Sans doute, nul autre qu'Antoine ne devoit triompher d'Antoine : mais hélas, c'est-là mon désespoir !

ANTOINE (*invitant Cléopâtre à descendre.*)

Je meurs, Reine d'Egypte, je meurs. Cependant j'implore ici de la mort quelques instans encore ; que je puisse du moins coller sur tes lèvres encore un baiser, de tant de baisers le dernier.

CLÉOPATRE.

Je n'ofe, cher Amant. Cher Antoine, pardonne : mais je n'ofe defcendre, je crains d'être furprife.... Jamais ce Céfar, que la fortune accable de fes dons, ne verra fon orgueilleux triomphe décoré de ma perfonne.... Si les poignards ont une pointe, les poifons de la force, les ferpens un dard, je fuis en fûreté. Jamais ta prude Octavie, avec fon regard modefte & fon ame froide, ne jouira du triomphe de me contempler avilie & captive : mais viens, viens, cher Antoine. Aidez-moi, mes femmes. Il faut que nous le montions ici (†) : bons amis, fecondez-moi !

ANTOINE.

O hâtez-vous, où je ne ferai plus en vie.

CLÉOPATRE (*voulant tirer Antoine en haut.*)

Mais cela eft étrange ! Que fon corps eft lourd !... Nos efforts, au lieu d'en alléger le poids, femblent l'augmenter. Ah ! fi j'avois la puiffance de l'immor-

---

(†) Antoine fut porté dans les bras de fes Serviteurs jufqu'à l'entrée du monument ; Cléopâtre ne voulut pas en ouvrir les portes : mais elle fe montra du haut des fenêtres, & jetta des chaînes & des cordes en bas. *Plutarque.*

telle Junon, Mercure l'enléveroit fur fes robuftes aîles, & iroit le placer à côté de Jupiter.... mais viens, viens (*elle tire à elle*). Les vœux des amans furent toujours infenfés; oh viens, viens, viens!

(*Ils enlèvent & montent Antoine jufqu'à la tribune où eft Cléopâtre.*)

Et fois, fois le bien venu auprès de moi.... Meurs fur le fein où tu as vécu. Que mes baifers te raniment. Ah, fi mes lèvres avoient ce pouvoir, je les uferois à force de baifers.

TOUS.

O touchant fpectacle!

ANTOINE.

Je meurs, chère Reine, je meurs..... Donnez-moi quelque potion qui me rende la force d'énoncer encore quelques paroles.

CLÉOPATRE.

Non, laiffe-moi parler plutôt; laiffe-moi accabler la perfide fortune de reproches.

ANTOINE.

Un mot, chère Reine: affurez auprès de Céfar votre honneur & votre vie..... Ah!

CLÉOPATRE.

Ces deux chofes ne vont plus enfemble.

ANTOINE.

Chére Cléopâtre, daignez m'écouter : de tous

ceux qui entourent César, ne vous fiez qu'à Proculéius.

CLÉOPATRE.

Je me fierai à ma résolution & à mes mains, & non à aucun des agens de César.

ANTOINE.

N'allez point gémir, ni vous lamenter sur le déplorable changement qui m'arrive au terme de ma carrière. Charmez plutôt vos pensées par le souvenir de ma fortune passée, de ces tems de splendeur, où j'ai vécu le plus puissant & le plus grand Souverain de l'univers. Ma mort n'est pas honteuse; je ne céde pas lâchement mon casque à mon compatriote; je suis un Romain vaincu avec honneur par un Romain. Ah! mon ame s'envole. Je ne puis plus..... (*Antoine expire.*)

CLÉOPATRE.

O le plus généreux des mortels, veux-tu donc mourir & me quitter? Tu n'as donc plus de tendresse pour moi.... Resterai-je, moi, dans ce monde insipide, qui, sans toi, n'est plus qu'une ennuyeuse prison? — O mes femmes, voyez! Le Roi de la terre s'anéantit... O mon héros:... Oui, le laurier de la guerre est flétri pour jamais; la colonne des guerriers est renversée. Désormais les enfans

& les filles timides marcheront de pair avec les hommes. Les prodiges font finis, & après Antoine, il ne reste plus rien de mémorable fous la voûte des aftres. (*Elle s'évanouit.*)

CHARMIANE.

Ah! calmez-vous, Madame.

IRAS.

Hélas! elle est morte aussi, notre chère Maîtresse.

CHARMIANE.

Madame.

IRAS.

Madame.

CHARMIANE.

Madame, chère Maîtresse....

IRAS.

Reine d'Egypte! belle Souveraine....

CHARMIANE (*voyant Cléopâtre revenir à elle.*)

Cesse, cesse, Iras.

CLÉOPATRE (*qui s'est entendu nommer Souveraine.*)

Non, je ne fuis plus qu'une femme, assujettie aux foiblesses, aux passions vulgaires de la plus misérable Plébéienne. Il m'appartiendroit en ce moment de jetter mon sceptre aux Dieux barbares, & de leur dire en face que cet Univers étoit égal à leur Olympe, tant qu'ils ne m'ont pas enlevé mon précieux trésor. — Tout n'est plus que néant. La patience est folie.... La fureur sied bien à l'être que le malheur a rendu insensé..... Est-ce donc un crime de se précipiter soi-même dans la secrette demeure de la mort, avant que la mort ose venir à nous? Hé bien, mes femmes, que dites-vous? Chères Compagnes, parlez-moi; répondez: & toi, Charmiane? Allons, mes filles.... Ah! mes amies, voyez; l'astre de notre bonheur est éteint, il est disparu. (*aux soldats d'Antoine.*) — Bons amis, prenez courage: nous l'ensevelirons; ensuite, l'acte du courage & des grandes ames, accomplissons-le en digne Romaine, & que la mort soit fière de sa proie. Sortons: l'enveloppe fragile qui renfermoit cette ame sublime, est froide & glacée. O mes femmes, mes femmes, suivez-moi; nous n'avons plus d'amis, que notre courage & la mort.

(*Elles sortent avec les Soldats, qui emportent le corps d'Antoine.*)

Fin du quatrième Acte.

ACTE

ACTE V.

SCÈNE PREMIÈRE.

Le Théâtre repréſente le camp d'Octave.

OCTAVE, AGRIPPA, DOLABELLA, MECENE, GALLUS, SUITE.

OCTAVE.

Pars, Dolabella; va trouver Antoine: dis-lui de ſe rendre: dis-lui, que dépouillé de tout, & dans l'état où eſt ſa fortune, c'eſt abuſer du tems, que de différer davantage.

DOLABELLA.

J'y vais, Céſar.

(*Il ſort.*)

Dercetas entre, tenant l'épée d'Antoine.)

OCTAVE.

Pourquoi cette épée, & qui es-tu pour oſer paroître ainſi devant nous?

DERCETAS.

Dercetas est mon nom. Je servois Marc-Antoine, le meilleur des maîtres & qui méritoit les meilleurs serviteurs. Je ne l'ai point quitté, tant qu'il a pu respirer & parler, & je ne portois la vie que pour la perdre pour lui contre ses ennemis. S'il te plaît de me prendre à ton service, ce que je fus pour Antoine, je le serai pour César. Si tu rejettes mon offre, prends ma vie, je te l'abandonne.

OCTAVE.

Que m'apprends-tu !

DERCETAS.

Oui, César; Antoine est mort (†).

OCTAVE.

Le bruit de la chûte d'un si grand homme auroit dû retentir davantage dans l'Univers. Elle devoit s'annoncer par des prodiges; la terre auroit dû vomir les lions de leurs repaires dans les rues des cités, & repousser les habitans des cités dans les antres des lions. — La mort d'Antoine n'est pas le trépas d'un seul homme; sa chûte entraîne avec lui la moitié de l'Univers.

(†) Antoine se tua l'an de Rome 723.

DERCETAS.

César, il n'est pas mort sous une main déshonorante, ni par le secours d'un poignard mercenaire. Mais, ce même bras qui imprimoit l'honneur à toutes ses actions, a déchiré le cœur qui lui prêtoit ce courage invincible. Voilà son épée, je l'ai retirée de sa blessure. Tu la vois, teinte encore de son noble sang.

OCTAVE.

Pleurez, mes amis. — Que les Dieux me retirent leur faveur, s'il n'est pas vrai que cette mort doit être pleurée des Rois.

AGRIPPA.

Il est étrange que la nature nous force à gémir sur nos exploits les plus volontaires !

MECENE.

Ses vertus balançoient ses vices; beaucoup de taches, & beaucoup de gloire.

AGRICOLA.

Jamais ame plus rare n'a revêtu la forme humaine. Mais vous, Dieux, vous voulez nous laisser toujours quelques foiblesses, qui nous trahissent & nous décèlent pour des hommes. Voyez... César s'attendrit!

MECENE.

Il se voit lui-même dans ce grand miroir offert à ses yeux.

OCTAVE.

O Antoine ! je t'ai poursuivi jusqu'à ce terme ! — Mais nous sommes nous-mêmes les auteurs de nos maux. Il falloit ou que je fusse offert moi-même à tes regards dans cet état d'abaissement, ou que je fusse spectateur du tien. Nous ne pouvions habiter ensemble dans le même Univers. Mais, laisse-moi verser des larmes de sang sur la fatalité de nos destins ; laisse-moi gémir sur ce que, toi, mon frere, mon collègue dans toutes les entreprises, mon associé à l'Empire, mon ami & mon compagnon sur le front des batailles, toi, le bras droit de César, le cœur où le mien allumoit son courage & puisoit ses nobles sentimens.... que nos inconciliables étoiles, aient ainsi divisé nos égales fortunes, pour nous conduire à ce triste dénouement ! — Ecoutez-moi, mes dignes amis... Mais non, je vous dirai mes pensées dans un moment plus convenable.

(*Entre un Egyptien.*)

SCÈNE II.

Les mêmes : un ÉGYPTIEN.

OCTAVE.

Cet homme a l'air de venir nous apprendre quelques nouvelles qui concernent Antoine : je veux sçavoir ce qu'il a à nous annoncer. — D'où viens-tu ?

L'ÉGYPTIEN.

Je ne suis encore qu'un pauvre Egyptien : la Reine ma Maîtresse, confinée dans le seul asyle qui lui reste, dans son tombeau, desire être instruite de vos intentions, pour fixer sa résolution, & se déterminer au parti que la nécessité la forcera d'embrasser.

OCTAVE.

Dis-lui, de ne point s'alarmer. Elle apprendra bientôt, par un de nos députés, quel traitement honorable lui réserve ma clémence. César ne peut vivre que pour être généreux.

L'EGYPTIEN.

Puissent donc les Dieux prendre soin de vos jours !
(*L'Egyptien sort.*)

OCTAVE.

Approche, Proculéius; pars, & dis à la Reine, qu'elle ne craigne de nous aucune humiliation. Donne-lui les consolations qu'exigera la nature de ses chagrins. Veillons sur elle. — Le sentiment de sa grandeur pourroit l'armer contre ses jours, & frustrer nos espérances. Cléopâtre conduite vivante à Rome éterniseroit notre triomphe. — Va, & reviens en diligence m'apprendre ce qu'elle t'aura dit, & ce que tu auras pénétré de ses sentimens.

PROCULÉIUS.

J'obéis, Seigneur.

OCTAVE.

Gallus, suis-le.... Où est Dolabella ?... pour appuyer Proculéius. (*Tous appellent Dolabella.*)

OCTAVE.

Laissez, laissez : je me rappelle maintenant de quel emploi je l'ai chargé.... Il se trouvera au moment marqué. — Suivez-moi dans ma tente : vous allez voir avec quelle répugnance j'ai été engagé dans cette guerre; quelle douceur & quelle modération j'ai toujours mise dans mes lettres. Venez vous en convaincre par toutes les preuves que je suis en état de vous montrer.

SCÈNE III.

Le Théâtre repréſente les tombeaux des Ptolomées.

CLÉOPATRE, CHARMIANE, IRAS, MARDIAN & SELEUCUS *paroiſſent au haut d'un balcon.*

CLÉOPATRE.

Mon déſeſpoir commence à s'appaiſer : je me ſoucie moins d'être Céſar, & porte moins d'envie à ſon bonheur. Il n'eſt pas la Fortune : il n'eſt que ſon vil eſclave, l'aveugle agent de ſes caprices, & il y a plus de grandeur dans l'acte volontaire qui met un terme à toutes les actions, nous ſouſtrait à tous les revers, arrête la roue des révolutions & du changement! On repoſe enfin; & je ne ramperai plus ſur cette terre fangeuſe, qui nourrit ſans diſtinction, & Céſar, & le dernier des humains.

SCÈNE IV.

Les mêmes : PROCULEIUS.

PROCULÉIUS.

César m'envoie saluer la Reine d'Egypte, & vous demander de sa part quelles faveurs vous desirez de lui ?

CLÉOPATRE.

Quel est ton nom ?

PROCULÉIUS.

Mon nom est Proculéius.

CLÉOPATRE.

Antoine m'a parlé de toi : il m'a recommandé de te donner ma confiance : mais à présent je ne m'embarrasse guères qu'on me trompe, moi qui ne veux plus faire aucun emploi de la confiance. Si ton Maître est jaloux de voir une Reine suppliante à ses pieds, tu lui déclareras qu'une Reine ne peut, sans avilir sa majesté, demander moins qu'un Royaume. S'il lui plaît de me remettre, pour mon fils, l'Égypte conquise, en me rendant ces États qui m'appartiennent,

partiennent, il me forcera aux plus humbles hommages de la reconnoissance.

PROCULÉIUS.

Madame, ouvrez votre ame à l'espérance. Vous êtes tombée dans les mains d'un Prince magnanime; ne craignez rien. Livrez votre sort à mon Maître avec une pleine & libre confiance. Son cœur est une source de bienfaisance, qui ne demande qu'à se répandre sur les infortunés. Laissez-moi lui annoncer votre douce soumission à ses volontés, & vous trouverez un Conquérant généreux, qui vous comblera de ses bienfaits, lorsque vous vous bornez à demander grace.

CLÉOPATRE.

Je te prie, dis-lui que je suis la vassale de sa fortune, & que je rends un hommage sincère à sa nouvelle grandeur accrue par ses conquêtes. Je m'instruis d'heure en heure dans l'art d'obéir. — J'aurois du plaisir à voir ses traits & sa personne.

PROCULÉIUS.

Belle Reine, je vais lui rendre compte de ces sentimens: prenez courage: car je sçais que votre sort a touché la pitié du vainqueur même, qui vous a réduite à cette extrémité. (*A part à Gallus & aux autres Gardes.*) Vous voyez combien il est aisé de la surprendre.

(*Tandis que Proculéius amuse Cléopâtre avec les propositions de César, Gallus & les Gardes escaladent le monument au moyen d'une échelle, entrent par une fenêtre de derrière, & font Cléopâtre & ses femmes prisonnières.*

Gardez-la jusqu'à l'arrivée de César.

IRAS

O grande Reine !

CHARMIANE.

O Cléopâtre ! vous êtes captive.

CLÉOPATRE.

Vîte, à mon secours, mains propices (*elle tire un poignard.*) (*La porte du monument est forcée, Proculéius s'élance & désarme la Reine.*)

PROCULÉIUS.

Arrêtez, grande Reine, arrêtez, n'exercez pas sur vous cette fureur homicide. Je ne veux que vous secourir contre vous-même, & non pas vous trahir.

CLÉOPATRE.

Quoi ! on veut me priver de la mort même,

cette reffource qui refte aux plus vils animaux, pour finir leurs douleurs !

PROCULÉIUS.

Ne trompez pas la générofité de mon Maître, en vous détruifant vous-même ; laiffez l'Univers être témoin de fa grandeur dans fes procédés avec vous : votre mort lui enleveroit cette gloire.

CLÉOPATRE.

O mort, où es-tu ? Viens à moi, viens, oh viens, & frappe une Reine. Cette victime vaut bien la foule vulgaire des malheureux que tu immoles tous les jours.

PROCULÉIUS.

Calmez-vous, Madame.

CLÉOPATRE.

Je ne prendrai aucune nourriture, rien ; & s'il faut perdre ici le tems à déclarer mes réfolutions, je protefte que je ne goûterai plus de fommeil. Céfar a beau faire, je fçaurai détruire cette prifon mortelle. Apprends, qu'on ne me verra jamais traînant des fers à la Cour de ton Maître, ni in[...] par les regards dédaigneux de la froide Octavie.... Qui, moi, être donnée en fpectacle à la bruyante populace de Rome, & essuyer ses sarcasmes insolens ? Plutôt chercher un paisible tombeau dans quelque abîme de l'Egypte ! Plutôt être gissante & nue sur la fange du Nil, en proie aux insectes dévorans, un objet de dégoût & d'horreur ! Plutôt me voir enchaînée & ignominieusement suspendue au sommet de nos pyramides !

PROCULÉIUS.

Vous égarez vos pensées dans des horreurs imaginaires, & vous reconnoîtrez que César ne méritoit pas ces injurieuses alarmes.

SCÈNE V.

Les mêmes : DOLABELLA.

DOLABELLA.

Proculéius, César est instruit de ce que tu as fait, & il demande ton retour. Je prends la Reine sous ma garde.

PROCULÉIUS.

Volontiers, Dolabella, j'en suis satisfait; traitez-la avec douceur. (*à Cléopâtre*) Parlez, que voulez-vous que j'annonce à César?

CLÉOPATRE.

Dis-lui, que je veux mourir. (*Proculéius sort.*)

DOLABELLA.

Illustre Reine, vous avez entendu parler de moi.

CLÉOPATRE.

Je ne puis vous dire.....

DOLABELLA.

Sûrement, vous me connoissez.

CLÉOPATRE.

Peu importe que je vous connoiſſe, que j'aie ouï parler de vous ou non. — Vous ſouriez avec mépris, quand un enfant ou une femme vous racontent leurs ſonges, n'eſt-il pas vrai ?

DOLABELLA.

Je ne vous entends pas, Madame.

CLÉOPATRE.

J'ai rêvé qu'il était un Empereur nommé Antoine : ô que le Ciel m'accorde encore un pareil ſommeil, où je puiſſe revoir encore, du moins en ſonge, un pareil mortel !

DOLABELLA.

S'il vous plaiſoit....

CLÉOPATRE.

Son front ſembloit un firmament : deux aſtres y brilloient, & dans ſa courſe éclairoient de leurs feux le petit globe de la terre.

DOLABELLA.

Ce devoit être une créature bien parfaite....

CLÉOPATRE.

Ses jambes, d'un seul pas, franchissoient l'Océan ; son bras étendu ombrageoit l'Univers. Sa voix, quand il parloit à ses amis, avoit la sublime & douce harmonie des sphères : mais quand il vouloit menacer, elle avoit la force d'un tonnerre éclatant qui ébranle le globe. Sa bonté ne connoissoit point de saison stérile : riche & féconde comme l'automne, plus elle donnoit de biens, plus elle en avoit à répandre. Il se plongeoit dans la volupté, comme le dauphin dans les ondes ; son dos humide surmonte toujours les flots écumans de l'élément où il vit. Sur la draperie qui le couvroit, flottoient des couronnes de toutes grandeurs : les royaumes & les îles pleuvoient des pans de sa robe, comme autant de médailles brillantes.

DOLABELLA.

Cléopâtre !

CLÉOPATRE.

Croyez-vous qu'il ait existé, ou qu'il puisse exister jamais un mortel semblable à l'homme que je vous peins ici, tel que je l'ai vu dans un songe ?

DOLABELLA.

Non, aimable Reine.

CLÉOPATRE.

Vous mentez, & votre menfonge offenfe l'oreille des Dieux. Mais, s'il y en a jamais eu, ou s'il peut en reparoître un femblable, c'eft un prodige qui paffe la fphère des fonges. La nature manque ordinairement de pouvoir pour égaler les étranges créations de l'imagination, & cependant, lorfqu'elle forma un Antoine, la nature remporta le prix & effaça par ce chef-d'œuvre tous les fantômes que l'imagination peut tracer.

DOLABELLA.

Daignez m'écouter, Madame; votre perte eft, comme vous, ineftimable; & le fentiment que vous en conservez, répond à fa grandeur. Puiffai-je ne jamais arriver au terme heureux des fuccès où j'afpire, fi l'impreffion de votre douleur ne m'infpire pas un chagrin qui pénètre jufqu'au fond de mon cœur!

CLÉOPATRE.

Je vous rends grace, Seigneur,... Savez-vous ce que Céfar prétend faire de moi?

DOLABELLA.

Je vous dis à regret, ce que je defire pourtant que vous fachiez.

CLÉOPATRE.

CLÉOPATRE.

Parlez, Seigneur, je vous prie.

DOLABELLA.

Quoique César soit généreux.....

CLÉOPATRE.

Il veut me traîner en triomphe ?

DOLABELLA.

C'est son dessein, Madame : je le sais.

TOUS.

Faites place. — César !

SCÈNE VI.

Les mêmes : OCTAVE, GALLUS, MECENE, PROCULEIUS, SUITE.

OCTAVE.

Où est la Reine d'Égypte ?

DOLABELLA.

Voilà l'Empereur, Madame. (*Cléopâtre se prosterne à genoux*).

OCTAVE.

Levez-vous, Madame; je ne vous souffrirai pas dans cette posture; levez-vous, belle Reine.

CLÉOPATRE.

Seigneur, les Dieux le veulent ainsi; il faut que j'obéisse à mon Maître, à mon Souverain.

OCTAVE.

Ne vous remplissez point de ces fâcheuses idées : le souvenir de tous les outrages que nous avons reçus de vous, quoique marqués de notre sang, est effacé; nous ne voulons y voir que des événemens dont le hasard seul est coupable.

CLÉOPATRE.

Seul arbitre du monde, je ne puis jamais défendre assez bien ma cause pour la justifier : j'aime mieux faire l'aveu des foiblesses qui ont souvent avant moi déshonoré mon sexe.

OCTAVE.

Sachez, Cléopâtre, que nous sommes plus disposés à les excuser, qu'à les aggraver. Si vous répondez à nos vues, qui sont pour vous pleines de bonté, vous trouverez de l'avantage dans ce grand changement. Mais si vous cherchez à imprimer sur mon nom le reproche de cruauté, en suivant les traces d'Antoine, vous vous priverez du moyen de ressentir mes bienfaits, vous précipiterez vous-même vos enfans dans une ruine, dont je suis prêt à les sauver, si vous voulez vous reposer sur moi. Je vais prendre congé de vous.

CLÉOPATRE.

L'univers est ouvert devant vos pas; il est à vous: & nous, ornemens de votre triomphe & trophées de votre conquête, il nous faudra vivre attachés au lieu où il vous plaira nous enchaîner... Seigneur, voici l'état.... (*elle lui présente un papier.*)

OCTAVE.

C'est de Cléopâtre même que je veux prendre conseil sur tout ce qui l'intéresse.

CLÉOPATRE.

Seigneur, voilà l'état de mes richesses, de l'argenterie & des bijoux que je possède. Il est exact, & jusqu'aux moindres effets, rien n'y est omis. Où est Seleucus?

SELEUCUS.

Me voici, Madame.

CLÉOPATRE.

Voilà mon tréforier; vous pouvez l'interroger, Seigneur: fommez-le au péril de fa tête, de déclarer fi j'ai rien détourné. Dis la vérité, Seleucus.

SELEUCUS.

Madame, j'aimerois mieux perdre l'ufage de la parole, que d'affirmer, au péril de ma tête, ce qui n'eft pas.

CLÉOPATRE.

Qu'ai-je donc caché?

SELEUCUS.

Affez, pour racheter tous les tréfors que vous déclarez.

OCTAVE.

Ne rougiffez pas, Cléopâtre; j'approuve votre prudence.

CLÉOPATRE.

O vois, Céfar; confidère, comme la foule des humains fuit fervilement la fortune! Tous mes ferviteurs m'abandonnent pour fe donner à toi; & fi nous changions de fort, tous les tiens te quitteroient pour fe donner à moi. — L'ingratitude de ce vil Seleucus met le comble à ma fureur. — O lâche efclave, plus perfide que n'est l'amour mercenaire. Quoi, tu me tournes le dos?... Oui, tu le peux; va me trahir, je te le permets : mais avant, eusses-tu des aîles pour fuir ma vengeance, elle saura t'atteindre, misérable, indigne esclave ! O monstre de bassesse ! (†)

(*Elle le maltraite.*)

OCTAVE.

Aimable Reine, souffrez que je vous prie....

CLÉOPATRE.

O César, quel sanglant affront pour moi !... Lorsque vous, dans l'éclat de votre grandeur, vous daignez honorer de votre visite une infortunée vaincue par le malheur, mon propre serviteur viendra augmenter le poids de mes disgraces par sa lâche trahison ! Eh quoi, généreux César, quand je me serois réservé quelques frivoles parures de femme, quelques bagatelles sans valeur, de ces riens, de ces légers cadeaux dont on salue ses nouveaux amis; &

(†) On dit que Cléopâtre, dans ce mouvement de colère contre son Intendant, se leva de son lit pour le maltraiter, & aussi dans la vue d'étaler ses appas aux yeux de César, pour surprendre son cœur; mais l'ambition d'Octave n'étoit pas de régner sur une coquette.

encore, quand j'aurois mis à part quelque bijou de prix pour Livie, pour Octavie, afin de les intéresser à mon sort, devrois-je être fouillée jusqu'au fond de l'ame par un homme que j'ai nourri? O Dieux, ce trait d'ingratitude me précipite encore plus bas que l'abîme où j'étois tombée. De grace, fuis de ma présence, (*à Seleucus*) ou je te ferai voir, que le sentiment de ma grandeur passée vit encore sous les ruines de ma fortune. Si tu étois un homme, tu aurois pitié de moi!

OCTAVE.

Ne réplique pas, Seleucus.

CLÉOPATRE.

Que l'univers apprenne ici quel est le sort des Souverains. Nous sommes accusés des fautes que font nos Ministres, & si nous venons à tomber du trône, nous portons la peine des crimes d'autrui: ce malheur attaché à la grandeur, rend la condition des Rois bien à plaindre!

OCTAVE.

Cléopâtre, rien de ce que vous avez mis en réserve, ni de ce que vous avez déclaré, n'entrera dans le regiftre de mes conquêtes. Il est toujours à vous, disposez-en à votre gré, & croyez que César ne s'abaisse point à marchander avec vous les vils effets, que vendent les artisans. Ainsi rassurez-vous. Cessez, lorsque vous êtes libre, de vous voir captive dans vos pensées. Non, chère Reine, notre intention est de régler votre sort sur les avis que vous nous donnerez vous-même. Vivez, dormez en paix; l'intérêt & la pitié que vous m'inspirez, vous donnent un ami dans César; & c'est dans ces sentimens que je vous quitte.

CLÉOPATRE.

O mon Maître, mon Souverain !

OCTAVE.

Je n'accepte point ce titre, Madame. — Adieu.
(*Octave sort avec sa suite.*)

SCÉNE VII.

CLÉOPATRE, CHARMIANE, IRAS.

CLÉOPATRE.

Il me flatte, mes amis, il me flatte de belles paroles, pour me faire oublier ce que je dois à ma gloire. Mais, écoute, Charmiane (*Elle parle bas à Charmiane.*)

IRAS.

Terminez, terminez, Madame; les jours brillans font paffés, & nous rentrons dans les ténèbres.

CLÉOPATRE.

Encore un mot, Charmiane. — Je te l'ai déja dit, tout eft arrangé. Va & dépêche-toi.

CHARMIANE.

J'y vais, Madame. (*Charmiane fort.*)

SCÈNE VIII.

CLÉOPATRE, IRAS, DOLABELLA.

DOLABELLA.

Où est la Reine?

CHARMIANE *(la montrant,)*

Voyez, c'est elle.

CLÉOPATRE.

C'est vous, Dolabella!

DOLABELLA.

Madame, j'accomplis mon serment & vos ordres; mon amitié me fait un devoir religieux de les remplir, & je viens vous annoncer que César a résolu de partir, de prendre sa route par la Syrie, & que dans trois jours, il vous envoie devant lui, vous & vos enfans. Profitez, selon votre prudence de cet avis. J'ai rempli vos desirs & ma promesse.

CLÉOPATRE.

Dolabella, je ne pourrai jamais m'acquitter avec vous.

DOLABELLA.

Je suis trop heureux de vous avoir servi: adieu,

grande Reine : il faut que je me rende auprès de César. (*Il sort.*)

CLÉOPATRE.

Adieu, mille actions de graces. — Hé bien, Iras, quels sont tes sentimens ? Tu seras donc promenée dans les rues de Rome, comme une marionette d'Egypte, ainsi que moi ? La populace des artisans, dans leurs sales habits de travail, leurs haches & leurs marteaux à la main, nous souleveront brutalement dans leurs bras, pour nous montrer au-dessus de la foule : il nous faudra soutenir leurs haleines impures, mêlées aux nuages de la poussière élevée sous leurs pas, & respirer malgré nous ces vapeurs empestées.

IRAS.

Que les Dieux nous en préservent !

CLÉOPATRE.

Oui, voilà le sort qui nous attend, Iras. D'insolens licteurs nous montreront au doigt, comme des courtisannes publiques ; de misérables rimeurs dans la mendicité, nous chansonneront dans leurs airs discordans ; les histrions, composant aussi-tôt de tête une farce de notre histoire, nous traduiront sur le théâtre, & étaleront aux yeux du peuple nos fêtes nocturnes d'Alexandrie : Antoine sera produit sur la scène ivre & chancelant, & moi, (†) je verrai quelque jeune écolier à la voix glapissante, & burlesquement travesti en Cléopâtre, avilir ma grandeur sous le rôle d'une prostituée!

IRAS.

O grands Dieux!...

CLÉOPATRE.

Oui, voilà notre destinée.

IRAS.

Jamais je ne verrai ces horreurs : car je suis bien sûre, que mes ongles sont plus forts que mes yeux.

CLÉOPATRE.

C'est-là, c'est-là le moyen de changer en folie tous les apprêts de notre ennemi, & de triompher de ses absurdes projets.

CHARMIANE (revient.)

C'est toi, Charmiane! — Allons, mes femmes,

(†) Du tems de *Shakespear*, les rôles de femmes étoient joués par de jeunes garçons travestis.

parez-moi en Reine : allez, rapportez mes plus brillans atours ; je vais encore sur les bords du Cydnus, comme au-devant d'Antoine : allons Iras, obéis. — Oui, courageuse Charmiane, je veux terminer — & quand tu auras rempli cette dernière tâche, je te donnerai la liberté de te reposer jusqu'au dernier jour de l'univers. — Apporte ma couronne, n'oublie rien ; mais pourquoi ce bruit ?

(*On entend un bruit dans l'intérieur.*)

UN GARDE.

Il y a là un villageois qui veut absolument être introduit devant votre Majesté ; il porte une corbeille remplie de figues.

CLÉOPATRE.

Qu'on le fasse entrer. (*Le Garde sort.*) Quel foible instrument, & qui pourtant suffit pour exécuter une grande action ! Il m'apporte la liberté. Ma résolution est prise, & je ne sens plus rien en moi de la foiblesse de mon sexe : Cléopâtre, toute entière, est changée en marbre inflexible : & l'astre inconstant (†) des nuits n'est plus la planète qui préside à mes destins.

(†) Allusion au culte que l'Égypte rendoit à la lune sous le nom d'*Isis*.

SCÈNE IX.

LE GARDE *revient : un* **PAYSAN** *portant une corbeille remplie de figues.*

LE GARDE.

Voila l'homme que j'ai annoncé.

CLÉOPATRE.

Retire-toi, & laisse-nous seuls. (*Le Garde sort.*) (*Au Paysan.*) Hé bien, as-tu là ce joli reptile du Nil, qui tue sans douleur ?

LE PAYSAN.

Oui vraiment, je l'ai ; mais je ne voudrois pas être la cause que vous eussiez envie de le toucher. Car sa morsure est incurable. Ceux qui en meurent, n'en reviennent jamais, ou bien rarement.

CLÉOPATRE.

Te rappelles-tu quelques personnes qui se soient donné la mort avec l'aspic ?

LE PAYSAN.

Oui, Madame ; plusieurs, hommes & femmes. Hier encore, une femme en est morte. — Oh ! l'aspic fera son devoir d'aspic.

CLÉOPATRE.

Fort bien. Adieu.

LE PAYSAN.

Ne lui donnez rien, je vous prie, car il ne vaut pas la nourriture.

CLÉOPATRE.

Allons, laisse-moi. Sors. (*) (*Le Paysan sort.*)

SCÈNE X.

CLÉOPATRE, CHARMIANE, IRAS.

CLÉOPATRE.

Donnez-moi ma robe royale; posez ma couronne sur ma tête; je me sens pressée d'un violent désir de quitter la vie. C'en est fait, le nectar de la grappe d'Egypte ne mouillera plus mes lèvres. — Allons, hâte-toi, chère Iras. Il me semble entendre la voix d'Antoine qui m'appelle : je m'imagine le voir, se lever du tombeau, pour applaudir à mon courage. Je crois l'entendre se moquer de la fortune de César; les Dieux commencent par donner le bonheur aux hommes, pour faire pardonner les maux dont leur courroux le fait expier après. — Mon époux, je te suis! — Prouvons par mon courage mes droits à ce titre chéri. Je suis formée d'air & de feu; & je rends à la terre les élémens grossiers qui déshonorent ma substance. — Bon, avez-vous fini? — Venez donc, & recueillez la derniere chaleur de mes lèvres. (*Elle les embrasse.*) Adieu, tendre Charmiane. Iras, adieu pour jamais. (*Elle applique un aspic sur son sein.*) Hé quoi! (*voyant Iras mourante & prête à tomber*) mes lèvres ont-elles donc le venin de l'aspic! Quoi, tu tombes? Ah, si la séparation de l'homme & de la vie, est aussi douce qu'elle le paroît en toi, le trait de la mort n'est donc pas plus redoutable que la morsure d'un amant, qui fait douleur un moment, & qu'on désire encore. Chère Iras, te voilà donc gissante & paisible! En disparoissant aussi rapidement du monde, tu sembles lui dire, qu'il ne vaut pas le tems de lui faire nos adieux.

(*Iras expire.*)

CHARMIANE.

O spectacle fait pour attendrir les Dieux mêmes!

CLÉOPATRE.

Cet exemple m'accuse de lâcheté. — Si elle entre

la première dans l'Élysée, & qu'elle rencontre avant moi mon Antoine à la belle chevelure, il l'interrogera sur mon sort, & lui donnera le premier baiser, baiser que je ne céderois pas pour la félicité des Dieux. Viens (*à l'aspic*) reptile homicide : que ta dent aiguë tranche d'un seul coup la trame rebelle de ma vie. Allons, pauvre animal, courrouce-toi, aigris ton venin & achève. Trompe les projets du superbe César; qu'il reste interdit, & honteux de sa sotte espérance.

CHARMIANE.

O astre de l'orient!

CLÉOPATRE.

Cesse, cesse tes plaintes. Ne vois-tu pas comme il repose sur mon sein? Vois, il s'endort comme un enfant sur le sein de sa nourrice!

CHARMIANE.

Oh, brise toi, brise-toi, mon cœur.

CLÉOPATRE.

C'est du baume qu'il fait couler dans mes veines! Il est doux & suave, comme le souffle caressant de l'air. (*Elle caresse l'aspic.*) O Antoine! — Allons viens aussi, toi

(*Elle*

(*Elle prend un autre aspic qu'elle s'applique au bras.*)
Pourquoi rester plus long-tems... (*Elle meurt.*)

CHARMIANE.

... dans ce monde odieux?... — Ainsi, — adieu donc. — O mort, tu peux te vanter maintenant d'avoir en ta possession une beauté qui n'a point eu son égale dans l'univers ! Beaux yeux, astres de lumière, (*en lui fermant les yeux*) fermez-vous, & que jamais deux yeux si pleins de grace & de majesté, n'envisagent le char d'or du Soleil !... — Votre couronne est dérangée ; je veux la redresser, & après.... (*elle redresse la couronne qui s'étoit dérangée sur la tête de Cléopâtre.*)
(*Surviennent des Gardes qui entrent brusquement.*)

PREMIER GARDE.

Où est la Reine ?

CHARMIANE.

Parlez bas, ne l'éveillez point.

PREMIER GARDE.

César a envoyé....

CHARMIANE.

Un Messager trop lent. (*Elle s'applique un*

Tome *VI.*   K k

aspic.) Oh, viens, allons, vîte, hâte-toi : je commence à te sentir.

PREMIER GARDE.

Approchons ; oh ! tout ne va pas au gré de nos désirs : César est trompé.

SECOND GARDE.

J'apperçois Dolabella que César avoit envoyé : appellez-le.

PREMIER GARDE.

Quel est cet ouvrage, Charmiane ? Est-ce-là un bel exploit ?

CHARMIANE.

Oui, il est digne d'une Princesse issue de tant de Rois illustres..... Ah ! Soldats !... (*Elle expire.*)

DOLABELLA *entre.*

En quel état sont les choses ici ?

SECOND GARDE.

Tout est mort !

DOLABELLA.

César, tes conjectures ont rencontré juste : tu viens voir de tes yeux l'acte funeste que tu as tant cherché à prévenir.

SCÈNE XI.

Les mêmes : OCTAVE *entre avec sa suite.*

TOUS.

Rangez-vous; faites place à César.

DOLABELLA.

Ah! Seigneur, vos pressentimens n'étoient que trop vrais : ce que vous craigniez, est arrivé.

CÉSAR.

C'est finir en héroïne : elle a pénétré notre dessein, & en Reine fière, elle s'est ouvert une issue. Le genre de leurs morts? Je ne vois sur elle aucunes traces de sang.

DOLABELLA (*aux Gardes.*)

Qui les a quittées le dernier?

PREMIER GARDE.

Un pauvre Villageois, qui leur a apporté des figues. Voilà encore sa corbeille.

CÉSAR.

C'étoient donc des figues empoisonnées?

PREMIER GARDE.

Ah! César: Charmiane, que vous voyez là, vivoit encore, il n'y a qu'un moment. Elle étoit debout & parloit. Je l'ai trouvée arrangeant le diadême sur le front de sa Maîtresse morte, & aussi-tôt je l'ai vue chanceler & tomber.

CÉSAR.

O sensible & noble victime!... Si elles avoient avalé du poison, on le reconnoîtroit à quelque enflûre extérieure : mais Cléopâtre semble s'être endormie voluptueusement, comme si elle vouloit attirer encore un autre Antoine dans les filets de ses appas.

DOLABELLA.

Là, sur son sein, paroît une piquûre que le sang a rougie, & un peu d'enflûre à la peau ; la même marque paroît sur son bras.

PREMIER GARDE.

C'est la trace d'un aspic : & ces feuilles de figuier ont sur elles une gomme toute semblable à celle que les aspics laissent après eux dans les cavernes du Nil.

CÉSAR.

Il y a apparence que c'est ainsi qu'elle est morte :

car son Médecin m'a dit qu'elle l'a questionné long-tems sur les genres de mort les plus faciles & les moins douloureux. (*aux Gardes*). Enlevez-la dans son lit, & emportez ses femmes de ce tombeau. Elle sera ensevelie auprès de son cher Antoine ; & nulle tombe sur la terre n'aura enfermé un couple aussi fameux. D'aussi grandes catastrophes sont faites pour étonner ceux mêmes qui en sont les auteurs, & la pitié qu'inspire leur histoire, rendra leurs noms aussi célèbres que celui du vainqueur, qui les a réduits à cette déplorable extrêmité. — Je veux que notre armée, dans une pompe solemnelle, suive leur convoi funèbre, & après, nous marcherons vers Rome. Dolabella, songez à faire exécuter ces obsèques avec l'appareil le plus éclatant & le plus auguste.

Fin du cinquième & dernier Acte.

Cette Pièce tient la curiosité & l'intérêt toujours éveillés. Le mouvement continuel de l'action, la variété des incidens, & la rapide succession d'un personnage à l'autre, tient l'ame attentive & avide d'évènemens, depuis le premier Acte jusqu'au dernier. Johnson.

Shakespeare *a tracé, avec beaucoup de jugement,*

le caractère d'Octave. Antoine étoit son héros, & Octave ne devoit pas briller auprès de lui. Mais d'un autre côté, son caractère étoit donné par l'Histoire, & le Poëte étoit obligé de le peindre ressemblant. Les anciens Historiens, autant de flatteurs d'Auguste, l'ont peint si beau, qu'on en fera un héros quand on voudra. Shakespeare *leur échappe avec beaucoup d'adresse; il emploie tous les grands traits du caractère d'Octave, tels qu'il les a trouvés: mais en même-tems, il rend Octave peu aimable. Il le peint faux, sans courage, d'une ame étroite, hautaine & vindicative; ce qui est vrai en dépit des panégyriques de ses Historiens. Les Princes ont toujours leurs flatteurs, &* Milton *en a donné à Satan.* Warburton.

NOTES

D'ANTOINE ET CLÉOPATRE.

ACTE PREMIER.

SCÈNE III, page 7.

Une autre partie du Palais.

ENOBARBUS, CHARMIANE, IRAS, ALEXAS, UN DEVIN.

CHARMIANE.

Seigneur Alexas, mon cher Alexas, mon incomparable, mon divin Alexas, où eft le Devin que vous avez tant vanté à la Reine ? Oh ! que je connuffe cet époux, qui, dites-vous, doit couvrir de fleurs fon front déshonoré !

ALEXAS.

Devin ?

LE DEVIN.

Que défirez-vous ?

CHARMIANE.

Eft-ce là cet homme ?.... Eft-ce vous, mon ami, qui connoiffez les fecrets....

LE DEVIN.

Je fais lire un peu dans le livre immenfe des fecrets de la Nature.

ALEXAS.
Montrez-lui votre main.
ENOBARBUS.
Qu'on ſerve promptement le repas; & du vin en abondance, pour boire à la ſanté de Cléopâtre.
CHARMIANE.
Mon ami, je vous prie, une bonne fortune.
LE DEVIN.
Ce n'eſt pas moi qui la fais; ſeulement je la prévois.
CHARMIANE.
Hé bien, je vous prie, devinez-m'en une bonne.
LE DEVIN.
Vous ſerez encore plus riche en beauté que vous n'êtes.
CHARMIANE.
Il veut dire en embonpoint.
IRAS.
Non, il veut dire que vous vous mettrez du fard, quand vous ſerez vieille.
CHARMIANE.
Que les rides m'en préſervent!
ALEXAS.
Ne troublez point de vos propos ſa preſcience, & ſoyez attentive.
CHARMIANE.
Oui, taiſons-nous.
LE DEVIN.

LE DEVIN.

Vous aimerez beaucoup plus, que vous ne serez aimée.

CHARMIANE.

J'aimerois mieux m'échauffer le sang (1) avec le vin, qu'avec l'amour.

ALEXAS.

Soit: écoutez-le.

CHARMIANE.

Allons, mon ami, à présent, quelque bonne aventure bien heureuse ! Comme d'épouser trois Rois dans une matinée, & de me trouver le soir veuve de tous les trois ; d'avoir à cinquante ans un fils auquel Hérode (2) de Judée rende hommage. Trouve-moi un moyen de me marier à Octave-César, & de marcher l'égale de ma maîtresse.

LE DEVIN.

Vous survivrez à la Reine que vous servez.

CHARMIANE.

Oh ! merveilleux ! J'aime bien mieux une longue vie, qu'une corbeille de figues (3).

---

(1) *Le foie.* Un foie chaud occasionne un visage ardent & qui respire la volupté. *Johnson.*

(2) Hérode flattoit les Romains, & devint leur tributaire pour conserver le Royaume de Judée : il fit, dans cette vue, de riches présens à Antoine.

(3) Allusion cachée à la corbeille de figues remplie d'aspics qu'on apporte au cinquième Acte ; Charmiane ignore le rapport de sa réponse

LE DEVIN.

Vous avez éprouvé dans le paffé une meilleure fortune que celle qui vous attend.

CHARMIANE.

A ce compte, il y a toute apparence que mes enfans ne feront pas célèbres dans l'Hiftoire. Je vous prie, combien dois-je avoir de garçons & de filles?

LE DEVIN.

Si chacun de vos défirs en produifoit un, & que je puffe nombrer d'avance tous vos défirs, je vous prédirois un million d'enfans.

CHARMIANE.

Tais-toi, infenfé! Je te pardonne, parce que tu es un forcier.

ALEXAS.

Vous croyez que votre couche eft la feule confidente de vos fecrets défirs.

CHARMIANE.

Allons, viens. Dis auffi à Iras fa bonne aventure.

ALEXAS.

Nous voulons tous favoir nos deftins.

ENOBARBUS.

Le mien & le vôtre, à la plûpart de vous, fera d'aller nous coucher ivres ce foir.

---

avec l'évènement: mais *Shakefpeare* fe conforme ici à la fuperftition des Anciens, qui penfoient que fouvent un mot, un propos dit au hafard & fans deffein, renfermoit des préfages de l'avenir. *Voyez Cicéron, de Divinatione.* Warburton.

IRAS, *montrant sa main.*

Voilà une paume qui préfage la chafteté, fi rien ne s'y oppofe d'ailleurs.

CHARMIANE.

Oui, comme le Nil débordé fur l'Égypte, préfage la famine....

IRAS.

Allez, concubine fans pudeur, folâtre compagne de lit, vous ne vous connoiffez pas en bonne aventure.

CHARMIANE.

Oui, s'il n'eft pas vrai qu'une main douce & potelée, eft un figne d'une conftitution amoureufe; il n'eft pas vrai que j'aie le pouvoir de porter la main à mon front. (*au Devin.*) Je vous en prie, prédifez-lui feulement fes aventures des jours ouvrables.

LE DEVIN.

Vos deftinées fe reffemblent.

IRAS.

Mais comment, comment? Citez quelques particularités.

LE DEVIN.

J'ai dit.

IRAS.

Quoi, n'aurai-je pas feulement un pouce de bonne fortune de plus qu'elle?

CHARMIANE.

Et fi vous l'aviez, où voudriez-vous le placer?

IRAS.

Ce ne feroit pas au nez de mon mari.

CHARMIANE.

Que le Ciel corrige nos mauvais penchants ! A votre tour, Alexas (*au Devin*). Allons, fa bonne aventure, à lui, fa bonne aventure. Oh ! qu'il époufe une femme impotente, qui ne puiffe pas marcher. Douce Ifis (1), je te le demande à genoux : que cette femme meure, & alors donne-lui-en une pire encore, & après celle-là d'autres toujours plus méchantes, jufqu'à ce que la pire de toutes le conduife en riant à fa tombe, déshonoré par cent infidélités. Bonne Ifis, exauce ma prière, & quand tu devrois me refufer dans des occafions plus importantes, accorde-moi cette grace. Bonne Ifis, je t'en conjure.

IRAS.

Oui, exauce-la, chère Déeffe, entends la prière que nous t'adreffons toutes ! Car fi c'eft un creve-cœur de voir un galant homme maltraité de fa femme ; c'eft un chagrin mortel de voir un laid malotru fauver fon front de la difgrace qui lui eft dûe : ainfi, chère Ifis, fois équitable, & coëffe-le de la deftinée qui lui convient.

CHARMIANE.

Ainfi foit-il.

ALEXAS.

Voyez-vous ; s'il dépendoit d'elles de me déshonorer, elles vendroient leur honneur pour m'ôter le mien.

---

(1) Les Égyptiens adoroient la Lune fous le nom d'*Ifis*, qu'ils repréfentoient tenant dans fa main une fphère & une amphore pleine d'épis de blé ; emblêmes, l'une des Sciences & des Arts, l'autre de la fertilité du Pays.

ACTE II, Scène IV, page 60.

(*) « L'air même, fans l'horreur du vuide, eût abandonné Antoine, & pour aller admirer Cléopâtre, laiſſoit un vuide immenſe dans la Nature. » -- Alluſion au vieil axiôme de la Philoſophie Péripatéticienne, alors en vogue : *Natura abhorret à vacuo.*

ACTE II, Scène IV, page 60.

(1) *Dryden*, dans ſa Pièce intitulée : *Tout pour l'Amour*, a imité cette deſcription de *Shakeſpeare*, de la manière ſuivante.

« Son vaiſſeau fendoit les flots argentés du Cydnus. Les cables étoient de ſoie : l'or de ſes pavillons ondoyoit dans les airs. Les Zéphirs enfloient ſes voiles de pourpre ; autour de ſa couche étoient rangées ſes Nymphes, comme autant de Néréides. Au milieu, Cléopâtre étoit couchée & ſembloit une autre Vénus. Elle repoſoit, la joue appuyée ſur ſa main, & jettoit un regard languiſſant & doux, comme ſi ſûre des cœurs de tous ceux qui la voyoient, elle eût négligé de chercher à les gagner. De jeunes Pages, comme des Amours, debout devant elle, de leurs aîles colorées agitoient les vents qui ſe jouoient autour de ſes appas. Lorſqu'elle daignoit ſourire, c'étoit un éclair de lumière qui ſembloit jaillir & tout égayer autour d'elle. Les yeux des ſpectateurs amoureux, ne ſe laſſoient point de la contempler, & reſtoient attachés ſur ſa beauté. Au ſon des flûtes, les rames frappoient l'onde en meſure, nouveau charme qui ſe joignoit au plaiſir des yeux, & tous deux augmentoient le raviſſement de l'ame enchantée. C'étoit un ciel, & plus encore ; car tous les cœurs étoient tellement ſous le charme, que la foule entaſſée ſur le rivage, reſtoit immobile & ſans haleine ; la voix manquoit pour applaudir à ſon triomphe. »

ACTE III, Scène IV, page 118.

(1) C'est une allusion manifeste aux questions semblables, que fit Élizabeth à Jacques Mevil, sur sa Maîtresse la Reine d'Écosse. « Elle me demanda, dit-il dans ses mémoires, quelle étoit la plus belle couleur de cheveux, & qui d'elle ou de la Reine d'Écosse avoit les plus beaux cheveux. Je lui répondis que ce n'étoit pas ce qu'elles avoient de moins beau que les cheveux. Elle insista pour m'obliger à déclarer laquelle des deux je trouvois la plus belle. Je répondis qu'elle étoit la plus belle Reine de l'Angleterre, & ma Maîtresse la plus belle Reine d'Écosse. Elle ne fut point satisfaite. J'ajoutai qu'elles étoient les deux plus belles femmes de leurs Royaumes : que Sa Majesté avoit le teint le plus blanc ; mais que ma Reine étoit très-aimable. Elle me demanda laquelle étoit la plus grande. Ma Reine, répondis-je. Oh bien, dit-elle, c'est une trop grande taille ; pour moi, je ne suis ni trop grande ni trop petite. Ensuite elle me demanda quels étoient ses exercices. Je répondis, que la Reine chantoit quelquefois dans les montagnes : qu'après avoir vaqué à ses affaires, elle s'occupoit à lire l'Histoire, que quelquefois elle s'amusoit à pincer le luth ou le virginal (1). Elle me demanda si elle en jouoit bien ; je répondis, passablement bien pour une Reine.

ACTE III, Scène IX, page 133.

(*) « Je pourrois répondre : si nous voulions aller à la guerre avec les chevaux & les cavales, les chevaux seroient absolument superflus : car les cavales porteroient chacune un soldat & un cheval. »

---

(1) Instrument de Musique, ainsi appellé, parce qu'il étoit à la mode parmi les jeunes filles. C'étoit une espèce d'épinette ou clavecin.

ACTE III, Scène III, page 179.

(*) *La Scène représente un corps-de-garde devant le Palais d'Alexandrie.*

(*Entre un détachement de Soldats.*)

PREMIER SOLDAT.

Bon soir, camarade, c'est demain le grand jour.

SECOND SOLDAT.

Il décidera tout. Comment va la joie ? N'as-tu rien entendu d'étrange dans les rues ?

PREMIER SOLDAT.

Rien... Quelles nouvelles ?

SECOND SOLDAT.

Il y a apparence que ce n'est qu'un bruit ; bonne nuit.

PREMIER SOLDAT.

Camarade, bonne nuit.
(*Ils joignent d'autres Soldats.*)

SECOND SOLDAT.

Soldats, faites bonne garde.

PREMIER SOLDAT.

Et vous aussi, bon soir, bon soir.
(*Ils se placent à chaque coin du Théâtre.*)

SECOND SOLDAT.

Ici, notre poste... Et si demain notre flotte a l'avantage, je suis bien certain que nos Troupes de terre ne lâcheront pas pied.

PREMIER SOLDAT.

C'eſt une brave armée & pleine de réſolution.
   (*On entend une ſymphonie qui part de*
     deſſous le Théâtre.)

SECOND SOLDAT.

Silence ! Quel eſt ce bruit ?

PREMIER SOLDAT.

Ha ! prêtons l'oreille.

SECOND SOLDAT.

Écoutons.

PREMIER SOLDAT.

Une muſique aérienne !

TROISIÉME SOLDAT.

Elle vient de deſſous la terre : c'eſt bon ſigne, n'eſt-ce pas ?

SECOND SOLDAT.

Non.

PREMIER SOLDAT.

Taiſez-vous donc; que ſignifie cette muſique ?

SECOND SOLDAT.

C'eſt le Dieu Hercule, qui jadis aimoit Antoine, & qui l'abandonne aujourd'hui.

PREMIER SOLDAT.

Promenons-nous : voyons, ſi les autres Sentinelles entendent la même choſe que nous.

SECOND SOLDAT.

Hé bien, camarades. (*Tous s'écrient enſemble.*) Hé bien, entendez-vous, entendez-vous ces ſons ?

PREMIER SOLDAT.

Cela n'eſt-il pas étrange ?

TROISIÉME SOLDAT.

Entendez-vous camarades, entendez-vous ?

PREMIER SOLDAT.

Suivons ces ſons juſqu'aux dernières bornes de notre garde. Voyons comment cela finira.

TOUS.

Volontiers : c'eſt une choſe bien étrange !

(*Ils s'éloignent tous.*)

ACTE V, Scène IX.

(*) *Le Garde revient ; un Payſan portant une corbeille.*

LE GARDE.

Voilà l'homme que j'ai amené.

CLÉOPATRE.

Éloigne-toi, & laiſſe-nous ſeuls. (*Le Garde ſort.*) (*au Payſan.*) Hé bien, as-tu là ce joli reptile du Nil, qui tue ſans douleur ?

LE PAYSAN.

Oui, vraiment, je l'ai : mais je ne voudrois pas être la cauſe que vous euſſiez envie de le toucher ; car ſa morſure est immortelle : ceux qui en meurent, n'en reviennent jamais, ou bien rarement.

CLÉOPATRE.

Te rappelles-tu quelques personnes qui en soient mortes?

LE PAYSAN.

Plusieurs; des hommes, & des femmes aussi; pas plus vieux qu'hier, j'ouïs parler d'une femme, une fort honnête femme, mais un peu sujette à mentir; ce qui ne convient pas à une femme, à moins que ce ne soit en tout honneur. Comme elle est morte de sa morsure ! Quelle douleur elle a ressentie ! D'honneur, elle rend un fort bon témoignage du reptile : mais qui croira la moitié de ce qu'elles disent, ne sera pas sauvé par tout ce qu'elles peuvent faire. Mais voici ce qui est le plus dangereux, c'est que ce reptile est un étrange reptile.

CLÉOPATRE.

Va-t-en, adieu.

LE PAYSAN.

Je vous souhaite beaucoup de plaisir avec cet aspic.

CLÉOPATRE.

Fort bien, adieu.

LE PAYSAN.

N'oubliez pas, voyez-vous, que l'aspic fera son devoir d'aspic.

CLÉOPATRE.

Oui, oui, adieu.

LE PAYSAN.

Songez bien, Madame, qu'il ne faut pas se fier à l'aspic, ni le donner à garder qu'à personne prudente ; car, il n'y a ma foi rien de bon à attendre d'un aspic.

CLÉOPATRE.

Ne t'inquiète pas ; on y prendra garde.

LE PAYSAN.

Ne lui donnez rien, je vous en prie ; car il ne vaut pas la nourriture.

CLÉOPATRE.

Et moi, me mangeroit-il ?

LE PAYSAN.

Vous ne devez pas croire que je sois assez simple pour ne pas savoir que le diable lui-même ne voudroit pas manger une femme : je sais bien aussi que la femme est un mets digne des Dieux, quand le Diable ne l'assaisonne pas (1). Mais, en vérité, ces démons d'enfer font grand tort aux Dieux dans les femmes ; car sur dix femmes que font les Dieux, le diable en corrompt cinq.

CLÉOPATRE.

Allons, laisse-moi ; adieu.

---

(1) L'expression du Paysan a ici une propriété & une justesse particulières. Cléopâtre est une Déesse par la beauté, & une Furie par la passion.

LE PAYSAN.

Sur mon honneur, je vous souhaite beaucoup de plaisir avec l'aspic.

(*Le Paysan sort.*)

Fin des Notes & de la Pièce d'Antoine & Cléopâtre.

SUR

ANTOINE ET CLÉOPATRE.

Il se trouve entre cette Tragédie & celle de Jules-César, la même connexion qui lie les Tragédies historiques de l'Histoire Anglaise. Après la bataille donnée près de Philippes, Antoine passa avec une armée nombreuse en Gréce. Cette expédition fut fort paisible & marquée par très-peu d'exploits militaires. Bientôt après il alla en Asie. Là les honneurs excessifs qu'il reçut l'enivrèrent ; & le luxe & la mollesse asiatiques le captivèrent & le corrompirent. Amolli par ce séjour, il fut une conquête facile pour Cléopâtre, Reine d'Égypte, qui par ses appas & par le faste de sa Cour, l'enchaîna tellement, qu'il vécut avec elle à Alexandrie, oublia tous ses projets, ses devoirs & les intérêts de sa patrie. Leurs amours & leur triste suite font le sujet de cette Tragédie, dont Shakespeare a emprunté la matière de la vie d'Antoine par Plutarque. Voici en abrégé les circonstances les plus essentielles que cet Historien offrit au Poëte.

Au milieu des plaisirs & des divertissemens, Antoine reçut deux nouvelles désagréables de Rome. On lui apprenoit que son frère Lucius, & sa femme Fulvie, avoient fait une ligue contre César, mais qu'ayant été battus, ils s'étoient réfugiés en Italie ; & qu'ensuite

Labienus, avec le Général des Parthes, s'étoient soumis toute l'Asie (1).

Ces nouvelles le réveillèrent de son long assoupissement, & il prit la résolution d'aller combattre les Parthes. Arrivé de la Phénicie, il se laissa persuader par sa femme Fulvie & il s'engagea par lettres, à aller en Italie avec deux cent vaisseaux. Fulvie s'embarqua elle-même pour aller à sa rencontre ; mais elle mourut en chemin à Sicyone (2).

Cette mort facilita la réconciliation entre Octave-César & Antoine. Dès que ce dernier vint en Italie, & qu'on vit qu'au fond César n'avoit contre lui aucun grief sérieux, & que de son côté Antoine rejettoit la faute de tout le passé sur Fulvie, leurs amis communs entreprirent & vinrent à bout de les réconcilier (3). L'Empire Romain fut partagé entr'eux deux & Lépide. Antoine eut les provinces Orientales, César les Occidentales, & Lépide l'Afrique.

On chercha à consolider ce pacte de toutes les manières. César avoit une belle-sœur nommée Octavie, veuve de Caïus-Marcellus, qui venoit de mourir, qu'il aimoit singulièrement. Son mariage avec Antoine parut à tous le meilleur moyen de conserver entre lui & César l'amitié qu'ils s'étoient promise. On fit les accords, & le mariage fut consommé à Rome (4). Pendant cet inter-

---

(1) Shakespeare, Acte 1, Scène 1.
(2) Acte 1, Scène 2.
(3) Acte 2, Scène 2.
(4) Acte 2, Scène 3.

valle, Pompée le jeune avoit pris la Sicile & dévaſtoit toute l'Italie, & il tenoit les mers avec ſes vaiſſeaux, dont les Pirates Ménas & Ménécrate avoient le commandement. Ses bons procédés avec Antoine & ſa mère, lors de leur fuite en Sicile, firent croire qu'on pouvoit le faire entrer auſſi dans ce pacte. Dans cette vue, ils conférerent enſemble ſur le promontoire de Mycène, où les flottes de Pompée avoient jetté l'ancre, & où l'armée de terre d'Antoine & de Céſar étoient rangées en ordre de bataille. Ils convinrent de certaines conditions que Pompée accepta, & s'invitèrent enſuite réciproquement à un feſtin. On tira au ſort qui donneroit la première fête. Le ſort tomba ſur Pompée, qui les traita avec magnificence (1) ſur ſon vaiſſeau.

Au milieu du bruit des convives égayés & preſqu'enivrés, Ménas fit à Pompée la propoſition de couper le cable, & par un aſſaſſinat des trois Triumvirs, de le proclamer Souverain de tout l'Empire Romain. Mais Pompée lui défendit l'exécution de ſon projet, puiſqu'il avoit eu l'imprudence de lui en faire la confidence, avant de l'accomplir (2).

Immédiatement après ce pacte cimenté entr'eux, Antoine envoya devant lui Ventidius en Aſie pour ſubjuguer les Parthes (3).

Antoine avoit avec lui un Devin d'Égypte, qui aigriſſoit la jalouſie que ſon cœur nourrit toujours contre

---

(1) Acte 2, Scène 6.
(2) Acte 2, Scène 7.
(3) Acte 3, Scène 1.

César, & qui lui perfuada à la fin de quitter encore une fois l'Italie. Il emmena avec lui, jufqu'en Grèce, fa nouvelle époufe Octavie (1). Il paffa l'hiver à Athènes, où il reçut la nouvelle agréable de la victoire que Ventidius venoit de remporter fur les Parthes (2). Cette victoire augmenta fa célébrité & la terreur des peuples, qu'il foumit bientôt à la République Romaine.

Différens avis qu'il reçut de la conduite de César, & qui parurent lui être préjudiciables, rallumèrent fa colère; il réfolut d'aller en Italie avec trois cent vaiffeaux. A Tarente, Octavie le pria de l'envoyer devant à fon frère, pour lever entr'eux toute méfintelligence. Antoine y confentit (3). Elle rencontra César en chemin, & parvint, par fes prières & fes repréfentations, à le faire retourner à Tarente avec les intentions les plus pacifiques. Antoine & César fe reconcilièrent ici, & convinrent que César donneroit à Antoine deux Légions pour faire la guerre contre les Parthes, & Antoine à César, cent vaiffeaux de guerre armés; ces conditions furent encore étendues davantage de part & d'autre par les prières d'Octavie : enfuite ils fe quittèrent; César marcha contre Pompée pour conquérir la Sicile, & Antoine s'en fut en Afie.

Dès qu'il fut de retour en Syrie, fon amour pour Cléopâtre fe réveilla de nouveau. Il envoya Fontejus Capito, la prendre & la conduire chez lui; dès qu'elle

---

(1) Acte 1, Scène 3.
(2) Acte 3, Scène 1.
(3) Acte 3, Scène 4.

arriva,

arriva, il lui fit les préfens les plus riches, il lui donna la partie inférieure de la Syrie, l'île de Chypre, une grande partie de la Phénicie & d'autres Pays. Il la renvoya en Égypte, & il prit fon chemin par l'Arabie & l'Arménie: ici il continua la guerre contre les Parthes, qui lui rendirent la victoire difficile, par leurs rufes & leur fupériorité. Après cette guerre, il vécut de nouveau avec Cléopâtre, qui, par fes appas, fçut toujours l'enchaîner & prolonger de tems en tems fon féjour auprès d'elle.

Céfar ne manqua pas de faire plufieurs repréfentations au Sénat Romain, fur la conduite injufte & indécente d'Antoine, & celui-ci, de fon côté, fit naître plufieurs difficultés contre Céfar (1): il alla jufqu'à répudier fa femme Octavie & s'attira par là la haîne des Romains. Pendant ces intervalles, il fit les plus grands préparatifs de guerre contre Céfar, qui fut forcé de fe mettre fur la défenfive. Antoine avoit au moins cinq cent vaiffeaux de guerre, & une armée de deux cent mille hommes d'infanterie, & douze mille hommes de cavalerie; outre cela, il avoit pour alliés les Rois de Lybie, de Cappadoce, de Thrace, & d'autres Princes qui étoient dans fon armée. Céfar n'avoit que deux cent cinquante vaiffeaux, quatre-vingt mille hommes d'infanterie, & à peu près autant de cavalerie qu'Antoine. Celui-ci étoit vifiblement le plus fort par terre;

---

(1) Acte 3, Scène 6.

il s'opiniâtra néanmoins, pour contenter Cléopâtre, à livrer un combat naval, malgré tous les efforts de ses amis pour l'en dissuader (1). La flotte de César étoit moins nombreuse, mais plus agile & mieux pourvue. Pendant que la flotte d'Antoine étoit à l'ancre près du Promontoire d'Actium, César passa en diligence la mer Ionique, & fit là plusieurs conquêtes. On livra un combat naval, dans lequel Antoine fut extrêmement malheureux; il perdit courage & prit la fuite.

Confus & désespéré de sa défaite, Antoine se jetta de nouveau dans les bras de sa Cléopâtre, qui chercha tous les moyens de dissiper son chagrin, & de le distraire par de nouveaux divertissemens (2). Ils résolurent tous les deux d'envoyer en Asie des Ambassadeurs à César, pour lui proposer un accommodement, & le prier d'assurer l'Égypte à Cléopâtre & à ses enfans; & s'il ne vouloit pas permettre qu'Antoine y demeurât avec elle, il imploreroit un asile à Athènes, où il se contenteroit de mener une vie obscure & privée (3). César refusa la proposition d'Antoine, & fit faire à Cléopâtre les offres les plus avantageuses, si elle vouloit se défaire de lui, ou le chasser de ses États. Il lui envoya pour cette négociation, Thyréus, un de ses affranchis, qui chercha à lui faire accepter ces offres. Antoine fit arrê-

---

(1) Acte 3, Scène 7.
(2) Acte 3, Scène 9.
(3) Acte 3, Scène 10.

ter cet affranchi, le fit battre de verges, & le renvoya à Céfar avec une lettre (1).

Après l'hiver, Céfar fe remit en campagne, pour marcher contre Antoine. Il établit fon camp devant Alexandrie. Antoine fit une fortie qui lui réuffit, & qui lui donna la fupériorité. Fier de fa victoire, il retourna près de Cléopâtre, & fe préfenta à elle comme un guerrier qui avoit fait des prodiges de valeur; auffi lui fit-elle préfent d'une armure d'or (2).

Antoine encouragé par ce fuccès, fe dipofa à une feconde bataille, & provoqua Céfar. Il paffa en divertiffemens la foirée qui précéda cette journée. On dit qu'on entendit dans la nuit une mufique dans les airs, & le bruit d'une fête de Bacchus; les Égyptiens s'imaginèrent que c'étoit un figne que le Dieu qu'il imitoit, & qu'il fervoit par préférence, alloit l'abandonner (3).

Le jour fuivant vit cette fameufe bataille qui devoit fe donner fur terre & fur mer. Mais les vaiffeaux d'Antoine lâchèrent pied & allèrent fe joindre à la flotte de Céfar. Sa cavalerie l'abandonna auffi, & fon armée de terre fut battue. Plein de défefpoir il fe fauva dans la ville, croyant que Cléopâtre l'avoit trahi (4).

Cléopâtre, pour fe fouftraire à fa rage, fe cacha dans

(1) Acte 3, Scène 11.
(2) Acte 4, Scène 1, 2, 7, 8.
(3 Acte 4, Scène 10.
(4) Acte 4, Scène 3.

le tombeau qu'elle avoit fait bâtir, & fit dire à Antoine qu'elle étoit morte. Il le crut, & son désespoir n'en devint que plus violent. Il avoit, depuis long-temps, fait promettre à *Eros*, un de ses plus fideles esclaves, de le tuer, quand il le lui ordonneroit. Dans cet affreux moment il lui rappelle sa promesse, & exige qu'il l'accomplisse. Eros tire son épée, fait croire à Antoine qu'il va l'en frapper, mais il se poignarde lui-même. Honteux & encouragé par une action si vigoureuse, Antoine se plonge son épée dans le sein (1).

Cependant sa blessure n'étoit pas assez profonde pour le faire mourir sur la place; & malgré ses prières, personne ne voulut se résoudre à achever ce meurtre. Cléopâtre lui envoya *Diomede*, & le fit transporter dans son tombeau. Elle lui marqua la plus grande affliction sur sa mort. Les dernieres paroles que lui adressa Antoine, furent pour la supplier de penser à son salut (2).

César, peu de temps après, apprit le sort de son ennemi par *Dercetas*, qui lui avoit apporté l'épée encore fumante du sang d'Antoine (3). Il fut très-touché de cette nouvelle; il assembla ses amis pour justifier son procédé envers Antoine, par la lecture qu'il leur fit de son commerce de lettres avec cet illustre ennemi. Ensuite il chargea Proculéius d'aller se rendre maître

---

(1) Acte 2, Scène 6.
(2) Acte 3, Scène 7.
(3) Acte 5, Scène 1.

de Cléopâtre. Elle refufa de le fuivre ; mais il l'attira par rufe hors de fon tombeau, & s'empara de fa perfonne. Dans fon premier défefpoir, elle vouloit s'enfoncer un poignard dans le fein ; mais Proculéïus l'en empêcha. Céfar vint enfuite lui-même à Alexandrie, où il agit en conquérant. Cléopâtre accablée de chagrin, voulut, pour avancer fa mort, s'abftenir de toute nourriture ; mais Céfar menaça, & lui fit changer de réfolution. Il alla la voir, & la trouva plongée dans la plus grande douleur. Elle fe jetta à fes pieds, & chercha d'abord à fe juftifier ; voyant qu'elle ne gagnoit rien fur l'efprit du vainqueur, elle employa les prières ; elle lui préfenta l'état de toutes fes richeffes, & lorfque *Seleucus*, l'un de fes tréforiers, l'accufa d'infidélité dans fa déclaration, elle fçut y répondre de manière à gagner de plus en plus Céfar & à l'affurer davantage de fa fidélité.

Dolabella, un des amis de Céfar qui conçut pour Cléopâtre un tendre penchant, trahit Céfar, en découvrant à cette Princeffe les vues qu'il avoit fur elle. Elle prit fa réfolution, demanda qu'il lui fût permis de rendre à Antoine les honneurs funéraires, s'en acquitta avec toute la tendreffe d'une amante, prit enfuite un bain, & fe mit à table. Vers la fin du repas, arriva un payfan portant des figues dans une corbeille. La garde, fans rien foupçonner, le laiffa entrer. Les figues cachoient un afpic, qu'elle s'appliqua au bras ; elle reçut la mort par fa morfure. Céfar à qui elle avoit écrit auparavant, envoya quelques-uns de fes agens pour l'empêcher de mourir; mais ils arrivèrent trop tard, elle étoit déjà morte. On trouva auffi *Iras* & *Charmiane*, fes deux femmes de chambre, étendues fans vie à fes pieds.

Il eft inutile d'avertir le Lecteur, que cette Pièce renferme de grandes beautés. Si les caractères ne font pas auffi bien frappés que dans les autres; on peut affurer qu'aucun n'eft manqué, qu'ils font tous à leur place, & qu'aucun n'eft préfenté fous des traits équivoques. Ce mélange de grandeur & de foibleffe dans Antoine, qui intéreffe malgré tous fes défauts, eft ici très-heureufement peint; nous le voyons, dans toutes les circonftances où le Poëte l'a placé, agir avec la condefcendance & la foibleffe propres à la pofition où il fe trouve. Cléopâtre foutient bien auffi le caractère d'une voluptueufe & rufée Courtifanne, que l'Hiftoire lui attribue. Mais que les traits avec lefquels Shakefpeare la peint, font différens de ceux qu'on emploie ordinairement pour tracer un pareil caractère! A quelle profondeur il va les puifer dans les replis du cœur humain! Cette Pièce étale auffi une grande richeffe d'action, & occupe, fans interruption, l'attention & l'intérêt du Lecteur; & elle reçoit encore de nos jours, fur le Théâtre Anglais, beaucoup d'applaudiffemens. On trouve à la vérité dans quelques autres pièces de Shakefpeare, plus d'union dans les scènes; mais le grand art qu'il possède, d'amener tout à un but commun, de toujours fixer l'œil du Lecteur & du Spectateur, sur un objet principal, véritable unité inconnue & négligée de beaucoup de Critiques & d'Imitateurs de Shakespeare, ne sauroit échapper ici aux Connoisseurs.

Timon d'Athènes.

Antoine, après la bataille d'Actium, où il avoit été si malheureux, quitta, plein de désespoir, la ville d'Alexandrie, renonça à tout commerce avec ses amis, & se retira dans la solitude, sur une côte maritime près de Phare. Plutarque dit, qu'il s'étoit proposé d'imiter le genre de vie de *Timon*, n'ayant éprouvé, comme lui, qu'ingratitude & trahison de la part de ses amis, qu'il avoit comblés de bienfaits.

Ce Timon étoit Athénien, & vivoit dans le tems de la guerre du Peloponnèse, comme on le voit par les Comédies d'Aristophane & de Platon, où il est traité comme un bourru & comme un misantrope. Il fuyoit la société, & rompit tout commerce avec les hommes; il n'aimoit que le jeune Alcibiade, à cause de son courage décidé. Apemantus étonné de cette tendresse, lui en demanda la raison? « J'aime ce jeune homme, lui »dit Timon, parce que je sais qu'il fera un jour beau- »coup de mal aux Athéniens. Cet Apemantus étoit encore un homme qu'il fréquentoit quelquefois, parce qu'il lui reſſembloit dans ſes ſentimens & dans ſa conduite. Un jour de fête appellée *Thoe*, qu'ils dînoient enſemble tête à tête, Apemantus s'écria : que ce repas eſt délicieux! Oui, dit Timon, ſi tu n'y étois pas!

On raconte que, dans une aſſemblée des Athéniens, Timon monta ſur la tribune des Orateurs ; cette nouveauté excitoit le plus grand étonnement, & tous attendoient en ſilence ce qu'il alloit dire. Alors il élève la voix : « O Athéniens, dit-il, j'ai un petit terrein où ſe
» trouve un grand figuier, auquel pluſieurs de vos con-
» citoyens ſe ſont déjà pendus ; j'ai intention d'y bâtir :
» mais je n'ai pas voulu le faire ſans vous en prévenir
» publiquement, afin que celui de vous qui auroit en-
» core envie de s'y pendre, veuille bien ſe hâter, avant
» que le figuier ſoit abattu ». — Après ſa mort, il fut enterré ſur le rivage de la mer près de la ville de Hales. La terre qui étoit au tour de ſon tombeau, fut entraînée par les flots ; il reſta ainſi environné des eaux, ſans que perſonne pût approcher (1).

---

(1) Plutarque rapporte auſſi les deux épitaphes, qu'on trouvera vers la fin de la Pièce.

TIMON
D'ATHENES.

PERSONNAGES.

TIMON, *Noble Athénien.*
LUCIUS,
LUCULLUS, } *Trois Nobles,* { *flatteurs & faux amis de Timon.*
SEMPRONIUS,
APEMANTUS, *Philosophe chagrin & cynique.*
ALCIBIADE, *Général Athénien.*
FLAVIUS, *Intendant de Timon.*
FLAMINIUS,
LUCILIUS, } *Serviteurs de Timon.*
SERVILIUS,
CAPHIS,
VARRON,
PHILOTAS,
TITUS, } *Esclaves de différens Usuriers.*
LUCEIUS,
HORTENSIUS,
ISIDOR,
VENTIDIUS, *un des faux amis de Timon.*
UNE MASCARADE.
PHRYNÉ,
TIMANDRA, } *Maîtresses d'Alcibiade.*
SÉNATEURS, UN POETE, UN PEINTRE, UN JOUAILLIER, UN MARCHAND, & UN COMMERÇANT, DES FILOUX, *avec différens Serviteurs, &c.*

La Scène est d'abord à Athènes, & ensuite dans un bois aux environs de cette Ville.

TIMON D'ATHENES.

ACTE PREMIER.

SCÈNE PREMIÈRE.

Une Salle dans la maison de Timon.

UN POETE, UN PEINTRE, UN JOUAILLIER, UN NÉGOCIANT, UN MARCHAND *entrent par différentes portes.*

LE POETE.

Bon jour, ami.

LE PEINTRE.

Ha! je suis ravi de vous voir en bonne santé.

LE POETE.

Il y avoit long-temps qu'on ne vous avoit vu. Comment va le monde ?

LE PEINTRE.

Eh ! le monde s'use & se corrompt à mesure qu'il vieillit.

LE POETE.

Vraiment, on sait cela : mais n'y a-t-il point quelque rareté extraordinaire, quelqu'événement bien étrange, dont on n'ait pas vu d'exemples ? (†) — Voyez, ô magique pouvoir de la bonté ! C'est ton

---

(†) Shakespear donne à ce Poëte un caractère bas & vil : mais son intention n'est pas de déprifer l'art. Celui-ci n'est qu'un usurpateur de ce titre : la preuve, c'est qu'il le peint avec un goût faux & sans jugement. Il n'aime que le merveilleux & l'étrange. Il affecte de méprifer ce qui est ordinaire & dans la Nature. *Pope.* Ce Poëte est calqué sur l'Orateur Déméa de Lucien ; ainsi, au-lieu du Philosophe Thrasydes de Lucien, Shakespear a fait le caractère d'Apemantus, qui lui appartient, & qui est mieux assorti au but de son Drame. Le Thrasydes de Lucien est un avare, ou plutôt un hypocrite. Nous observerons ici que les Poëtes jouoient alors à Athènes un rôle bien plus brillant qu'ils ne font aujourd'hui en Angleterre ou en France. L'Etat les croyoit si utiles à la République, qu'à la mort d'Eupolis, qui fut tué dans un combat sur mer, on porta une loi qui défendoit aux Poëtes d'aller à la guerre & d'exposer leur vie.

charme qui évoque tous ces esprits, & les attire en foule sur les traces de Timon. — Je connois ce Négociant.

LE PEINTRE.

Et moi, je les connois tous deux : l'autre est un Jouaillier.

LE NÉGOCIANT, *à l'autre coin du Théâtre.*

Oh! c'est un digne Seigneur.

LE JOUAILLIER.

Oui, cela est incontestable.

LE NÉGOCIANT.

Un homme incomparable, dont la bienfaisance, toujours en action, ne s'épuise & ne se lasse jamais!.... Il surpasse.....

LE JOUAILLIER.

J'ai ici un diamant.

LE NÉGOCIANT.

Oh, je vous prie, voyons-le : est-il destiné pour le Seigneur Timon ?

LE JOUAILLIER.

S'il veut en donner le prix : sans quoi ....

LE POETE, *occupé à lire son ouvrage: ces trois lignes qu'il répète tout haut, servent d'introduction à un Poëme adressé à Timon, dont il fait ensuite le détail au Peintre.*

« Quand un intérêt mercenaire nous a fait prosti-
» tuer la louange à l'homme vil, c'est une tache
» qui flétrit la gloire des beaux vers où l'on chante
» l'homme de bien. »

LE NÉGOCIANT, *considérant le diamant.*

La forme en est belle.

LE JOUAILLIER.

Et c'est un riche diamant : voyez-vous la belle eau ?

LE PEINTRE, *au* POETE.

Vous êtes là dans l'enthousiasme : vous méditez quelque ouvrage, n'est-ce pas ? Quelque dédicace au magnifique Timon ?

LE POETE.

C'est une idée assez heureuse, qui vient de s'offrir à moi d'elle-même. Notre Poésie est comme une gomme qui se distille de l'arbre. Le feu caché dans le sein du caillou ne se manifeste, que quand il est frappé ; mais le beau feu de la poésie éclate & s'allume de lui-même. — Et comme un torrent, il franchit les digues qui s'opposent à son cours....Mais qu'avez-vous là ?

LE PEINTRE.

C'est un Tableau.— Et quand votre poëme paroît-il au grand jour ?

LE POETE.

Aussi-tôt après la présentation—Mais voyons votre Tableau.

LE PEINTRE.

C'est un bel ouvrage.

LE POETE, *considérant le Tableau.*

Oui vraiment.... Ces figures se détachent bien du fonds ; elles sont parfaites.

LE PEINTRE.

Il n'y a rien de bien merveilleux.

LE POETE.

Admirable ! Que de noblesse & de graces dans l'attitude (†) de cette figure ! Quelle ame de feu étin-

---

(†) Ceci a rapport à l'attitude de la figure, qui est bien à cèle dans ces yeux ! Quelle heureuse imagination anime ces levres ! Toute muette qu'est cette figure, on interpréteroit son silence (†).

LE PEINTRE.

C'est une imitation assez heureuse du naturel : elle respire. Voyez ce trait ? Vous semble-t-il bien ?

LE POETE.

J'ose dire que c'est un modèle pour la nature même ; l'art a imprimé dans ces traits plus d'énergie & d'expression, que n'en offre la vie même....

---

plomb sur son centre, & qui repose sur elle-même avec aisance & grace.

(†) Allusion à un Tableau de Raphael, représentant Socrate au milieu de ses amis. On devine qu'il leur dit : *Vous m'avez accordé la majeure, vous ne pouvez nier la mineure. La conséquence est claire.*

SCÈNE II.

LES MÊMES. *Entrent plusieurs Sénateurs, qui viennent visiter Timon.*

LE PEINTRE.

Comme le Seigneur Timon est courtisé !

LE POETE. (*Une troupe de Sénateurs traversent le Théâtre*).

Les Sénateurs d'Athènes ! L'heureux mortel !

LE PEINTRE.

Ce n'est pas tout.

LE POETE.

Vous voyez ce concours, ces flots de courtisans. Moi, j'ai, dans mon Ouvrage, qui n'est qu'ébauché, peint un homme à qui ce monde sublunaire prodigue ses hommages & ses caresses. Mon libre génie ne s'arrête pas aux petits détails, & mon burin audacieux se donne carrière sur la cire de mes tablettes (†). Nul trait de malignité n'empoisonne un seul hé-

---

(†) On sait que les Anciens écrivoient sur des Tablettes de cire avec un stilet de fer.

Tome VI.   b

miſtiche ; ma veine eſt pure dans ſon cours : ma verve, comme l'aigle, prend l'eſſor, vole & s'élève toujours, ſans laiſſer aucune trace derrière elle.

LE PEINTRE.

Comment pourrois-je vous comprendre ?

LE POETE.

Je vais vous l'expliquer. — Vous voyez comme tous les états, tous les rangs, tous les eſprits & tous les caractères, graves & frivoles, durs & lians, viennent tous offrir leur humble hommage au Seigneur Timon. Son immenſe fortune, que répand ſon cœur né bienfaiſant, attire & enchaîne à lui tous les cœurs ; foule empreſſée de ſe dévouer à ſon ſervice : depuis le ſouple flateur, dont le viſage eſt une glace qui réfléchit celui du Maître, juſqu'à cet Apemantus qui n'aime rien autant qu'il aime à ſe haïr lui-même ; oui, le farouche Apemantus fléchit le genou devant lui ; il s'en retourne heureux & fier d'un coup-d'œil de Timon.

LE PEINTRE.

Je les ai vu parler enſemble.

LE POETE.

J'ai peint un trône élevé ſur le ſommet d'une haute,

& riante colline, & sur le trône la Fortune assise. La base du mont est couverte par étages de talens de tout genre, d'hommes de toute espèce, qui s'agitent autour de l'enceinte, pour avancer leur état & leur bien être. Au milieu de cette foule immense, dont les yeux sont tendus & attachés sur la souveraine du Mont, je représente un personnage sous les traits de Timon, à qui la Déesse, de sa main d'albâtre, fait signe d'avancer. Il monte vers le trône, la Déesse verse sur lui ses dons, & soudain change tous ses rivaux en serviteurs soumis, en esclaves qui rampent à ses pieds.

LE PEINTRE.

Oui, je conçois en effet, que de peindre ce trône, cette fortune & cette colline, & au bas un homme qu'un signe de la Déesse distingue de la foule, & qui, la tête courbée en avant, sur le penchant du mont, gravit vers son bonheur; ce seroit, à mon avis, un Tableau que rendroit bien notre art.

LE POETE.

Soit; mais laissez-moi poursuivre. Ces hommes, auparavant ses égaux, ou même ses supérieurs, suivent tous maintenant ses pas triomphans, remplissent ses portiques d'une cour nombreuse, versent dans son oreille leurs murmures flateurs, & d'une langue homicide égorgent la réputation de ses ennemis (†), revèrent jufqu'à l'étrier que foule fon pied fortuné (a), & ne refpirent que par lui.

LE PEINTRE.

Sans doute : & après, quelle eft la fuite ?

LE POETE.

Lorfque la fortune changeant d'humeur, & dans un caprice, précipite du haut du mont ce favori n'a guère fi chéri d'elle, tous fes vaffaux qui, rampant fur les genoux & fur leurs mains, s'efforçoient après lui de gravir vers la cime du mont, le laiffent rouler de précipice en précipice; pas un n'accompagne, & n'arrête fon pied dans fa chûte.

LE PEINTRE.

C'eft l'ordinaire ; je fuis en état de vous faire voir cent tableaux qui peindroient ces revers foudains de fortune, fous des traits bien plus frappans que les paroles. Cependant vous avez raifon de faire fentir au Seigneur Timon, que le pauvre placé au bas de la montagne, a vu plus d'une fois l'homme puiffant renverfé tête en bas & pieds en haut.

(†) *Rain facrificial Whifperings*. Murmures qui égorgent des Victimes.

(*a*) Allufion à la Coutume de quelques Defpotes d'Orient, qui permettoient à leurs fujets le vil honneur de baifer leurs étriers. *Johnfon.*

SCÈNE III.

FANFARES. TIMON *paroît & donne audience d'un air affable à chacun de ceux qui ont à lui parler.*

TIMON, à UN MESSAGER.

Il est emprisonné, dites vous ?

LE MESSAGER.

Oui, mon noble Seigneur. Cinq talens sont toute sa dette. Mais, en ce moment, il est sans ressource, & ses créanciers sont inflexibles. Il implore une lettre de votre Grandeur à ceux qui l'ont fait emprisonner : si elle lui est refusée, il n'a plus d'espoir.

TIMON.

Noble Ventidius ! — Allons. Il n'est pas dans mon caractère de repousser la main d'un ami qui m'implore au moment où il a le plus besoin de moi. Je le connois pour un homme honnête, qui mérite qu'on lui donne du secours : il l'aura ; je veux payer sa dette, & lui rendre sa liberté.

LE MESSAGER.

Ce bienfait l'attache à vous pour jamais.

TIMON.

Saluez-le de ma part : je vais lui envoyer sa rançon ; & lorsqu'il sera libre, dites-lui de me venir voir. Ce n'est pas assez de relever le foible abbattu, il faut l'aider encore à se soutenir après : adieu ; partez.

LE MESSAGER.

Que le bonheur vous récompense ! (*Il sort*).

SCÈNE IV.

LES MÊMES, *entre un Vieillard Athénien.*

LE VIEILLARD.

Seigneur Timon, daignez m'entendre.

TIMON.

Parlez, bon Vieillard.

LE VIEILLARD.

Vous avez un serviteur nommé Lucilius.

TIMON.

Il est vrai, j'en ai un de ce nom ; qu'avez-vous à dire de lui ?

LE VIEILLARD.

Noble Timon, faites-le venir devant vous.

TIMON, *appellant.*

Est-il ici ? Lucilius ?

LUCILIUS *vient.*

Me voici, Seigneur, à vos ordres.

LE VIEILLARD.

Cet homme, Seigneur Timon, cet homme, qui vit de vos gages, hante de nuit ma maison. Je suis un homme qui, depuis ma jeunesse, me suis adonné au négoce; & mon état mérite un plus riche héritier qu'un de vos valets.

TIMON.

He bien, qu'y a-t-il de plus ?

LE VIEILLARD.

Je n'ai qu'une fille, une fille unique, à qui je peux transmettre tout ce que j'ai amassé de bien. La petite personne est belle & des plus jeunes qu'on puisse épouser. Je l'ai élevée avec soin, & je n'ai rien épargné pour lui donner tous les talens, tous les agrémens. Ce valet qui vous appartient, ose tenter son amour.

Je vous conjure, noble Seigneur, joignez-vous à moi pour lui défendre de la fréquenter : car pour moi, j'ai parlé en vain.

TIMON.

C'est un jeune homme honnête.

LE VIEILLARD.

Il le fera donc pour moi . . . Que son honnêteté lui serve de récompense. S'il est honnête, il ne doit pas m'enlever ma fille.

TIMON.

L'aime-t-elle ?

LE VIEILLARD.

Elle est jeune & crédule. Les passions que nous avons éprouvées nous-mêmes, nous ont appris combien la jeunesse est légère.

TIMON, à LUCILIUS.

Aimes-tu cette jeune fille ?

LUCILIUS.

Oui, mon bon Seigneur, & elle agrée mon amour.

LE VIEILLARD.

S'il lui arrive de se marier sans mon consentement,
j'atteste

j'attefte ici les Dieux, que j'irai choifir mon héritier dans la foule errante des mendians, & que je la déshérite de tout mon bien.

TIMON.

Et quelle fera fa dot, fi elle époufe un mari fortable?

LE VIEILLARD.

Trois talens le jour des nôces; & après moi, tout ce que je pofsède.

TIMON, *montrant Lucilius.*

Cet honnête homme eft attaché depuis long-tems à mon fervice : je veux faire un effort pour fonder fa fortune; car c'eft un devoir de l'humanité. Donnez-lui votre fille; ce que vous avancerez pour fa dot, fera la mefure de mes dons pour fon époux, & je rendrai la balance égale entr'elle & lui.

LE VIEILLARD.

Noble & magnifique Timon, donnez-moi votre parole, & ma fille eft à lui.

TIMON.

Voilà ma main, & mon honneur fur ma promeffe.

LUCILIUS.

Je vous rends les plus humbles actions de graces :

tout ce qui pourra jamais m'arriver de fortune & de bonheur, je reconnoîtrai toujours que je les tiens de vous.

(*Lucilius & le Vieillard sortent*).

SCÈNE V.

LES MÊMES.

LE POETE, *s'avançant vers Timon*.

Daignez agréer mon travail; & que les Dieux vous accordent de longs jours!

TIMON.

Je vous remercie; vous aurez de mes nouvelles dans un moment; ne vous écartez point.(*Au Peintre.*) Qu'avez-vous là, mon ami?

LE PEINTRE.

Un morceau de peinture, que je conjure votre Grandeur d'accepter.

TIMON.

La peinture me plaît beaucoup: l'homme n'est plus guère qu'un portrait; car depuis que le déshonneur trafique de l'ame & des sentimens, l'homme n'est qu'un vifage, tandis que les figures que trace le pinceau, font du moins tout ce qu'elles paroiffent.... Je goûte beaucoup votre ouvrage, & vous en aurez bientôt la preuve; attendez dans mon Palais, jufqu'à ce que je vous faffe avertir.

LE PEINTRE.

Que les Dieux vous confervent !

TIMON, *au Jouaillier.*

Ha, bon jour, honnête homme, votre main; il faut que nous dînions enfemble..... Ami, votre bijou a fouffert du rabais.

LE JOUAILLIER.

Comment, Seigneur ? du rabais ?

TIMON.

Oui, à force d'être prifé. Si je vous le payois tout le prix qu'on l'eftime, je ferois tout-à-fait ruiné.

LE JOUAILLIER.

Seigneur, il eft eftimé le prix qu'en donneroient ceux mêmes qui le vendent. Mais vous favez que des bijoux égaux en valeur, changent de prix dans les mains du propriétaire, & font eftimés en raifon de la valeur du maître. Digne Seigneur, daignez

c ij

me croire : la valeur de ce bijou augmente dans vos mains.

TIMON.

Bon, pur compliment.

LE MARCHAND, *s'approchant.*

Non, Seigneur, tout ce qu'il dit là, tout le monde le répète avec lui.

TIMON.

Voilà quelqu'un qui vient ici ? (*Appercevant Apemantus.*)

(*Au Marchand.*)

Si vous aimez à être brufqué....

LE JOUAILLIER.

Nous le fouffrirons volontiers, puifque votre Grandeur le fouffre.

LE MARCHAND.

Oh, il n'épargne perfonne (†).

(†) Voyez le caractère du Philofophe cynique efquiffé par Lucien, dans la vente des Philofophes à l'encan. Shakefpéar l'a bien rendu.

SCÈNE VI.
LES MÊMES. APEMANTUS.

TIMON.

Salut, gracieux Apemantus.

APEMANTUS.

Quand je le serai, gracieux, je te rendrai ton salut.

LE POETE.

Et quand le feras-tu ?

APEMANTUS.

Quand je serai le bas flatteur de Timon, & que tous ces coquins seront honnêtes gens.

TIMON.

Pourquoi les appelles-tu de ce nom ? Tu ne les connois pas.

APEMANTUS.

Ne sont-ils pas Athéniens ?

TIMON.

Oui.

APEMANTUS.

En ce cas, je ne me dédis pas.

LE JOUAILLIER.

Eſt-ce que tu me connois, Apemantus?

APEMANTUS.

Tu le ſais bien, que je te connois ; je viens de t'appeler par ton nom.

TIMON.

Tu as bien de l'orgueil.

APEMANTUS.

Oui, de ce que je ne ſuis pas Timon.

TIMON, *lui montrant le Tableau.*

Comment trouves-tu ce Portrait ?

APEMANTUS.

Très-bon ; car il n'a pas fait de mal.

TIMON.

Celui qui l'a fait, n'a-t-il pas bien travaillé ?

APEMANTUS.

Celui qui a fait le Peintre, a mieux travaillé encore ; & cependant c'eſt un pitoyable ouvrage.

LE PEINTRE.

Tu es un cynique animal.

APEMANTUS.

Ta mère est de mon espèce ; que sera-t-elle donc, si je suis un animal ?

TIMON.

Apemantus, veux-tu dîner avec moi ?

APEMANTUS.

Non, je ne mange pas les grands Seigneurs.

TIMON, *lui montrant le bijou* (*).

Aimes-tu ce bijou, Apemantus ?

APEMANTUS.

Pas autant que la franchise (†), qui ne coûte pas une obole à l'homme.

TIMON.

Combien penses-tu qu'il vaut ?

(†) Allusion au Proverbe Anglois : *La franchise est un joyau, mais ceux qui en usent, meurent de faim.*

APEMANTUS.

Il ne vaut pas une de mes *pensées*.... Hé bien, Poëte ?

LE POETE.

Hé bien, Philosophe ?

APEMANTUS.

Tu mens.

LE POETE.

N'es-tu pas un Philosophe ?

APEMANTUS.

Oui.

LE POETE.

Je ne mens donc pas.

APEMANTUS.

Et toi, n'es-tu pas un Poëte ?

LE POETE.

Oui.

APEMANTUS.

En ce cas, tu mens. Souviens-toi de ta dernière pièce, où, dans une fiction, tu as fait de Timon un vertueux & digne personnage.

LE POETE

LE POETE.

Ce n'est point une fiction, c'est la vérité.

APEMANTUS.

Digne personnage! Oui, digne de toi, & digne de payer tes mensonges. Qui aime la flatterie, est digne du flatteur. Dieux, que ne suis-je un grand Seigneur? (*) (*Au Marchand.*) N'es-tu pas un Marchand, toi?

LE MARCHAND.

Oui, Apemantus.

APEMANTUS.

Que le négoce puisse te perdre, si les Dieux ne veulent pas le faire.

LE MARCHAND.

Si le négoce me perd, les Dieux en feront la cause.

APEMANTUS.

Ton Dieu, c'est le négoce; que ton Dieu te confonde! (*On entend des trompettes.*)
Entre un Messager.

TIMON.

Que nous annonce cette trompette?

LE MESSAGER.

C'eſt Alcibiade.... Et vingt Cavaliers environ de ſa ſociété.

TIMON, *à ſes Serviteurs.*

Je vous prie, allez au-devant d'eux, qu'on les faſſe entrer. — (*Au Poëte.*) Il faut abſolument dîner avec moi. (*Au Peintre.*) Ne vous en allez pas, que je ne vous aie fait mes remercîmens. Et après le dîner, ſouvenez-vous de me montrer ce Tableau. (*A tous.*) Je ſuis charmé de vous voir tous.

SCÈNE VII.

LES MÊMES. TIMON, ALCIBIADE, & ſa Suite.

TIMON.

Vous êtes le bien venu, Alcibiade.

Ils ſe ſaluent & s'embraſſent.

APEMANTUS.

Fort bien, fort bien ! Oui, que la goutte contracte vos membres, & deſſéche vos muſcles, ſi ſouples à la flatterie ! Se peut-il qu'il y ait ſi peu de véritable amitié au milieu de tous ces coquins, & de leurs vaines politesses! En vérité toute la race humaine n'est qu'une troupe de singes, dressés aux grimaces (†).

ALCIBIADE.

D'honneur, je languissois du désir de vous voir, & mon cœur affamé en dévore le plaisir.

TIMON.

Vous êtes reçu avec transport! Avant de nous séparer, nous passerons ensemble d'heureux momens, & nous varierons nos plaisirs. — Je vous prie, entrons.

(*Ils sortent.*)

___

(†) Le monde est un théâtre. Personne n'y joue le véritable personnage, que la nature lui a donné: c'est beaucoup si l'on y soutient le rôle qu'on a emprunté. *Mist. Griffith.*

d ij

SCÈNE VIII.
APEMANTUS, LUCIUS ET LUCULLUS.

LUCIUS.

A quelle heure du jour sommes-nous, Apemantus?

APEMANTUS.

A l'heure d'être honnête.

LUCIUS.

Il est toujours l'heure d'être honnête.

APEMANTUS.

Tu n'en mérites que plus de malédictions, toi qui ne prends jamais le temps de l'être.

LUCULLUS.

Tu vas à la fête que donne Timon ?

APEMANTUS.

Oui, pour voir les viandes gorger des fripons & le vin échauffer des insensés (*).

LUCIUS.

Va aux enfers.

APEMANTUS.

Je n'en ferai rien. Adresse ces ordres à ton ami.

LUCULLUS.

Loin d'ici, ours intraitable; — Je te chasserai honteusement.

LUCIUS.

Cet homme est en tout l'opposé de l'humanité. — Hé bien, entrerons-nous, & prendrons-nous notre part des générosités de Timon? Oui; la bonté même n'a pas un cœur égal au sien.

LUCULLUS.

Son inépuisable bienfaisance se répand sur-tout ce qui l'environne. Plutus, le Dieu de l'or, n'est que son Intendant : pas le plus léger service qu'il ne paie sept fois plus qu'il ne vaut : pas le plus léger cadeau, qui ne rende à son auteur un présent qui excède toutes les mesures ordinaires de la reconnoissance.

LUCIUS.

Il porte l'ame la plus noble qui jamais ait inspiré un mortel!

LUCULLUS.

Puisse-t-il vivre un siècle dans la prospérité! Voulez-vous que nous entrions?

LUCIUS.

Je vous suis.

SCÈNE IX.

Un autre Appartement dans le Palais de Timon.

Des Hautbois jouent, & l'on entend le bruit d'un concert; les Tables sont servies pour un magnifique banquet.

Entrent TIMON, LUCIUS, LUCULLUS, SEMPRONIUS, *& autres Sénateurs Athéniens, avec* VENTIDIUS. *A quelque distance, & derrière tous les autres, suit* APEMANTUS, *d'un air de mauvaise humeur.*

VENTIDIUS.

Très-honoré Timon, il a plu aux Dieux d'appeler la vieillesse de mon père au terme de son long repos. Il a quitté la vie sans regret, & il m'a laissé riche. Je viens aujourd'hui acquitter envers votre cœur généreux, la dette d'un cœur reconnoissant, & vous rendre les cinq talens qui m'ont racheté ma liberté : recevez avec eux mes actions de graces & mon dévouement.

TIMON.

Oh! je ne les reçois point, honnête Ventidius; vous faites injure à mon amitié : je vous ai fait ce don librement. Eh! peut-on dire qu'on a donné, quand on fouffre que le don foit rendu ? Si nos maîtres (†) fuprêmes jouent ce jeu, il n'appartient pas aux foibles mortels de les imiter & d'exiger de la reconnoiffance.

APEMANTUS.

Ofe les imiter. Ce font de belles fautes, que les fautes qui enrichiffent.

VENTIDIUS.

Les nobles fentimens!

TIMON.

La cérémonie & les vains complimens n'ont été inventés que pour fuppléer à l'infuffifance des actions, pour parer l'accueil faux d'un cœur qui dé-

---

(†) Timon par *nos Maîtres* ou *Supérieurs*, entendoit les Dieux qui veulent qu'on reconnoiffe les biens qu'ils donnent; & il regarde comme une impiété dans les hommes de vouloir exiger du retour pour les biens frivoles qu'ils peuvent diftribuer. Apemantus pervertit fa penfée, & entend par *nos Maîtres*, les Grands de la terre, qui exigent qu'on leur rende beaucoup plus qu'ils ne donnent. *Pope.*

ment sa bienfaisance, & s'en repent, avant même de l'avoir exercée : mais où se trouve la véritable amitié, la cérémonie est inutile. Je vous prie, prenez un siège. Vous êtes plus précieux à ma fortune, qu'elle ne l'est pour moi. (*Ils s'asseyent*).

LUCIUS.

Nous en avons toujours été convaincus.

APEMANTUS.

Ho oui, convaincus ? Que n'êtes-vous pendus aussi !

TIMON.

Ha ! Apemantus, tu es le bien venu.

APEMANTUS.

Non, je ne veux pas, moi, être le bien venu chez toi ; je viens, pour que tu me chasses.

TIMON.

C'est une honte ! Tu es trop sauvage ; tu as pris là une humeur qui ne sied pas à l'homme : c'est un reproche à te faire. — On dit, mes Amis, que la colère est une courte fureur : mais cet homme (*montrant Apemantus*) est toujours en colère. — Allons, qu'on lui dresse une table pour lui seul. Il n'aime
point

point la compagnie, & il n'est vraiment pas fait pour elle.

APEMANTUS.

Je resterai donc à tes périls & risques, Timon; car je viens épier tes actions, je t'en avertis.

TIMON.

Je ne prends pas garde à toi.—Il suffit que tu sois Athénien, pour que tu sois bien reçu de moi. Je ne dois pas être aujourd'hui le maître dans ma maison. — Je t'en conjure, que mon dîner me vaille ton silence.

APEMANTUS.

Je méprise ton dîner.... Il m'étouffera, avant que je te flatte. — O Dieux! quelle foule de Parasites dévorent Timon, & il ne le voit pas! Je souffre de voir tant de bouches affamées, boire le sang d'un seul homme; & le comble de la folie, c'est qu'il ne les en caresse que davantage. Je m'étonne que les hommes osent se confier aux hommes! Je pense, moi, qu'ils devroient s'inviter, se fêter, sans couteaux. Leurs tables y gagneroient, & leur vie seroit plus en sûreté. On en a vu cent exemples : l'homme, qui en ce moment est assis près de lui, qui rompt avec lui son pain & boit à sa santé la coupe qu'ils ont partagée ensemble, sera le premier à l'assassiner. Le fait est arrivé. Si j'étois un grand Seigneur, je craindrois de boire ; je craindrois que mes Hôtes (†) n'épiaffent alors l'endroit le plus mortel, pour me couper la gorge. Les grands Seigneurs ne devroient jamais boire, fans avoir le gofier (a) revêtu de fer.

TIMON, *à un des Convives.*

Seigneur, de tout mon cœur, & que les fantés faffent la ronde.

LUCULLUS.

Qu'elles circulent de mon côté, généreux Timon.

APEMANTUS.

Qu'elles circulent de fon côté ! Fort bien : voilà un brave convive. Il fait prendre à propos fon moment. — Toutes ces fantés, Timon, te rendront malade, toi & ta fortune (*buvant un verre d'eau*). Voici une liqueur dont la foibleffe affure l'innocence : eau pure & amie de la vertu, tu n'as jamais renverfé l'homme dans la fange.

Cette boiffon eft fimple comme mon aliment ; ils fe marient bien enfemble.

Trop d'orgueil préfide aux grands feftins, pour qu'on s'y fouvienne de remercier les Dieux.

(†) Allufion au temps où les Danois maffacroient fouvent les Anglois, tandis qu'ils éoient à boire enfemble.

(a) Sous la Reine Marie, les Procureurs & autres gens de loi, plaidoient fous la cuiraffe.

Actions de graces d'Apemantus.

Dieux immortels, je ne prie pour aucun homme que pour moi seul;
je ne vous demande point d'or.
Accordez-moi de ne jamais devenir assez insensé,
pour me fier à un homme sur son serment ou son seing;
à une fille de plaisir sur ses larmes;
à un chien qui paroît endormi;
à un Géolier pour ma liberté,
ni à mes amis dans mon besoin:
exaucez ma prière: Allons, courage, Apemantus.
Le crime est pour le riche, & je vis de racines.

Que le contentement te paie toujours ta vertu, Apemantus.

TIMON.

Général Alcibiade, votre cœur en ce moment est dans le champ de bataille?

ALCIBIADE.

Mon cœur, Seigneur, est toujours prêt à vous servir.

TIMON.

Vous aimeriez mieux avoir surpris dans leur halte du matin une troupe d'ennemis, que d'assister à ce dîner d'amis.

ALCIBIADE.

Il est vrai, Seigneur: lorsque leur sang vient de

couler, il n'est point de mets plus délicieux pour moi ; je souhaiterois à mon meilleur ami de se trouver à pareille fête.

APEMANTUS.

En ce cas, je voudrois que tous ces flatteurs fussent tes ennemis, afin que tu pusses les égorger & m'inviter au festin.

LUCULLUS.

Si jamais, Seigneur, nous avions le bonheur que vous missiez nos cœurs à l'épreuve ; si jamais vous nous fournissiez l'occasion de montrer une partie du zèle qui nous anime, nous serions au comble de nos vœux.

TIMON.

Oh ! ne doutez pas, mes bons amis, que les Dieux n'aient eux-mêmes réservé dans l'avenir un jour où j'aurai besoin de votre secours. Autrement, pourquoi seriez-vous devenus mes amis ? — Pourquoi seriez-vous choisis entre mille autres, pour porter ce titre sacré de tendresse, si vous n'étiez pas nés pour appartenir de plus près à mon cœur ? Je me suis dit de vous à moi-même, plus de choses que votre modestie n'en peut jamais avouer, & je vous en fais ici la déclaration sincère. O Dieux, m'écriai-je dans mon ame, qu'aurions-nous besoin d'amis, si nous ne devions jamais avoir besoin d'eux ? Que seroient-ils de plus, qu'un instrument suspendu ou enfermé dans son étui, & qui, plein de sons mélodieux, reste muet ? Oui, j'ai souhaité souvent de devenir plus pauvre, afin de me rapprocher davantage de vous. Nous sommes nés pour faire du bien. Et quel bien est plus à nous, que les richesses de nos amis ? O quel précieux avantage, d'en avoir autant que j'en rassemble ici sous mes yeux, tous frères & tous Rois de la fortune l'un de l'autre ! O volupté dont le cœur jouit en idée, avant même que l'occasion du bienfait soit née ! Mes yeux attendris ne peuvent retenir leurs larmes. — Allons : pour expier leur faute, je bois à votre santé.

APEMANTUS.

O Timon (†), plus tu pleures, plus ton vin se boit !

LUCULLUS.

Ce doux sentiment a fait la même impression sur nos yeux, & nos larmes coulent (*).

III ͤ SEIGNEUR.

Je vous proteste, Seigneur, que vous m'avez beaucoup ému.

(†) Ils gagnent ce que tu perds. *Johnson.*

APEMANTUS, *ironiquement.*

Oh! oui, beaucoup.

Son de trompette.

TIMON.

Qu'annonce cette trompette? Qu'y a-t-il?

UN SERVITEUR *entre.*

Permettez, Seigneur; il y a là des Dames qui demandent à entrer.

TIMON.

Des Dames? Que désirent-elles?

LE SERVITEUR.

Elles ont avec elles un courier qui est chargé d'annoncer leurs intentions.

TIMON.

Vraiment, je vous en prie, faites les entrer.

SCÈNE X.

Paroît un CUPIDON *suivi de plusieurs femmes masquées, & vêtues en Amazones, sous le nom des* Cinq Sens.

CUPIDON.

Salut à toi, généreux Timon, & à tous ceux qui jouissent ici de tes bienfaits. Les Cinq Sens te reconnoissent pour leur bienfaisant Patron, & viennent te féliciter de ton cœur riche & prodigue. L'Ouie, le Goût, le Toucher, l'Odorat, se levent de ta table enivrés de plaisir : ceux-ci ne viennent, que pour fêter tes yeux.

TIMON.

Ils sont tous les bien venus. Qu'on leur fasse le plus gracieux accueil. Allons, que la musique célèbre leur entrée.

LUCIUS.

Vous voyez, Seigneur, à quel point vous êtes aimé.

APEMANTUS.

O Ciel, quel essaim frivole amène ici par la vanité ! (*Elles dansent*). C'est une troupe de folles ! —Toute la gloire de cette vie n'eſt que folie. — (†) Un peu d'huile & de racines, ſeuls biens néceſſaires à l'homme, font bien ſentir tout le néant de ce luxe ſuperflu. Nous nous faiſons inſenſés pour avoir du plaiſir ; nous prodiguons la flatterie, pour dévorer des hommes à qui nous ne rendons dans leur vieilleſſe indigente, que haine & malice envenimée. Quel homme reſpire, qui ne corrompe ou ne ſoit corrompu ? Quel homme expire, qui n'emporte au tombeau, pour ſeul don de ſes amis, le chagrin de quelque outrage odieux ? Je craindrois bien que ceux qui danſent là devant moi, ne fuſſent les premiers à me fouler un jour ſous leurs pieds. C'eſt ce qu'on a vu ſouvent. Les hommes ne manquent jamais de fermer leur porte au Soleil, dès qu'il décline & ſe couche.

(*Les Convives ſe levent de table, en faiſant des ſaluts juſqu'à terre & des complimens hyperboliques à Timon ; chacun d'eux prend une des Amazones, & ils danſent couple par couple ; on joue deux ou trois airs de hautbois : après quoi la danſe & la muſique ceſſent.*)

―――――――

(†) Pope ſoupçonne qu'il y a ici quelques vers de perdus : on voit cependant que la liaiſon des idées n'eſt pas interrompue.

TIMON.

TIMON.

Belles Nymphes, vous avez amené les Graces à notre fête : elle a reçu de vous son plus bel ornement ; & sans votre présence, elle n'eût pas été la moitié si brillante. Elle vous doit tout son prix, tout son éclat, & vous m'avez amusé des idées riantes que vous m'avez fait naître : recevez-en mes remercimens.

UNE NYMPHE.

Seigneur, vous nous flattez.

TIMON.

Belles Nymphes, des rafraîchissemens, bien peu dignes de vous, vous attendent dans la salle ; daignez choisir vous-mêmes ce qui vous fera plaisir.

Toutes ensemble.

Mille remercimens, Seigneur. (*Elles sortent*).

TIMON, *appellant.*

Flavius ?

FLAVIUS.

Seigneur ?

TIMON.

Apportez-moi mon écrin.

FLAVIUS.

Tout à l'heure, Seigneur. — Encore des bijoux? Il ne faut pas contredire fes fantaifies ; autrement je lui dirois.... — Allons. — En confcience, je devrois l'avertir. Quand tout fera dépenfé (†), il voudroit bien alors qu'on l'eût contredit. C'eft grand dommage, que la bienfaifance n'ait pas des yeux pour voir derrière elle : alors jamais un homme ne tomberoit dans la mifère, victime d'un trop bon cœur.

LUCULLUS.

Nos ferviteurs, où font-ils ?

UN SERVITEUR.

Les voici, Seigneur, à vos ordres.

LUCIUS.

Nos chevaux.

TIMON.

Mes bons amis : j'ai encore un mot à vous dire. (*A Lucius*). Seigneur, je vous en conjure; faites-

---

(†) *He'd be crofs'd then.* Allufion à la figure de la croix qui étoit fur les monnoies Angloifes avant Edouard I. Et cette expreffion peut en ce cas être rendue par : *Il fouhaitera d'avoir les mains pleines d'or.* Théobald.

moi l'honneur d'accepter ce bijou ; daignez le recevoir & le porter, mon digne & cher ami !

LUCIUS.

Je suis déjà comblé de vos dons !

TOUS.

Eh, nous le sommes tous ! (*Lucius & Lucullus sortent*, &c.).

SCÈNE XI.

Entre un Serviteur.

LE SERVITEUR.

Seigneur, plusieurs membres du Sénat sont descendus à votre porte, & viennent vous visiter.

TIMON.

Ils sont les bien venus.

FLAVIUS *rentre.*

Mon digne & honoré maître, je vous en conjure, daignez m'entendre ; je n'ai qu'un mot à vous dire, mais il vous touche de près.

TIMON.

Il me touche de près, dis-tu? Oh bien, dans un autre moment je t'entendrai. Allons, je te prie, fongeons à tout préparer, pour leur faire le plus gracieux accueil.

FLAVIUS.

A peine fais-je, quelles reſſources....

Entre un autre Serviteur.

LE SECOND SERVITEUR.

Seigneur, le noble Lucius, par un don de fa pure amitié, vous a fait préfent de quatre chevaux blanc-de-lait, avec leurs harnois en argent.

TIMON.

Je les accepte bien volontiers ; ayez foin que ce préfent foit magnifiquement reconnu.

Entre un troifième Serviteur.

LE SERVITEUR.

Seigneur, Lucullus vous invite à chaſſer avec lui demain matin, & il vous envoie une couple de leviers.

TIMON.

Volontiers, je chafferai avec lui : qu'on reçoive fon préfent, mais qu'on me venge noblement.

Timon va rejoindre les autres convives.

FLAVIUS, *à part.*

Quelle fera la fin de tout ceci ? Il nous ordonne de faire des provifions, de rendre de riches préfens, & tout cela à même un coffre vuide: & il ne veut pas fonder le fond de fa bourfe, ni m'accorder un moment pour lui démontrer à quelle indigence extrême eft réduit fon cœur, qui n'a plus les moyens d'effectuer fes vœux. Ses promeffes excèdent fi prodigieufement fa fortune, que tout ce qu'il promet, eft une dette nouvelle qu'il contracte : chaque parole lui donne un créancier de plus : il eft affez bon pour payer encore les intérêts. Ses terres font toutes couchées fur leurs livres ufuraires. Oh, que je voudrois bien être tout doucement congédié de mon office, avant que la néceffité me force à le quitter! Plus heureux eft l'homme qui n'a point d'amis, que l'homme entouré d'amis plus funeftes que les ennemis mêmes. Le cœur me faigne de douleur pour mon bon maître. (*Il fort*).

TIMON, *à quelques convives qui le flattent.*

Vous ne vous rendez pas juftice ; vous rabaiffez

trop votre mérite. (*A l'un d'eux*). Acceptez, Seigneur, cette bagatelle, comme un gage de mon amitié.

Ier SEIGNEUR.

Je la reçois, & j'en suis singuliérement reconnoissant.

IIIe SEIGNEUR.

Oui, il a le cœur de la bonté même.

TIMON, *au second Seigneur.*

A propos, Seigneur, je me rappelle que vous avez beaucoup vanté l'autre jour un coursier baie que je montois. Il est à vous, puisqu'il vous a plu.

LE IIe SEIGNEUR.

Oh, je vous prie, Seigneur, excusez-moi, je ne puis. . . . .

TIMON.

Vous pouvez m'en croire, Seigneur ; je sais par expérience qu'on ne loue bien que ce qu'on aime & ce qu'on désire : je juge des sentimens de mon ami par les miens. Ce que je vous dis est la vérité. (*A tous*). J'irai vous faire visite.

TOUS LES SEIGNEURS.

Oh ! Jamais Hôte ne sera accueilli avec plus de joie.

TIMON.

Et vos perfonnes & vos obligeantes vifites me font fi chères, que ce n'eft pas affez de les payer par des remercimens. Je voudrois pouvoir donner des Royaumes à mes amis, & je ne me lafferois jamais....
— Alcibiade, tu es un guerrier, & les guerriers font rarement opulens : je veux fecourir ta bourfe. Tu vis fur les morts, & toutes les terres que tu poffèdes, font le champ de bataille & le butin.

ALCIBIADE.

Je dédaigne les terres, moi.

Ier SEIGNEUR, *prenant congé de Timon.*

Nous vous fommes infiniment redevables.

TIMON.

C'eft moi qui vous dois beaucoup.

IIe SEIGNEUR.

Croyez à toute la tendreffe de notre amitié.

TIMON.

Vous êtes tous mes amis.—Allons : des flambeaux; —Plus de flambeaux, plus de flambeaux.

IIIᵉ SEIGNEUR.

Que le bonheur, la vénération & la fortune, ne vous abandonnent jamais, noble Timon!

TIMON.

Toujours prêt pour mes amis.

(*Les convives sortent*).

SCÈNE XII.
TIMON, APEMANTUS.

APEMANTUS.

Quel tumulte ici! Quel murmure confus de complimens & de grimaces, de révérences (†) & de courbettes! Je doute que toutes ces jambes si souples & si polies vaillent les sommes dont on paie leurs profondes génuflexions. L'amitié de tous ces Hôtes est pleine d'une lie impure. Il me semble que les hommes au cœur faux, ne devroient pas avoir des jambes si souples & si lestes; elles devroient être

---

(†) *Serring of Becks and jutting out of bums!* Serrement de becs, (métaphore prise des pigeons) & allongement du derrière. Pour exprimer les complimens des jambes, ou les révérences, on emploie souvent le mot *legs* tout seul.

M. *Eschemburg.*

paralysées

paralysées. — C'est donc ainsi que d'honnêtes dupes prodiguent leurs richesses pour de vaines & perfides révérences ?

TIMON, *s'approchant d'Apemantus.*

Et toi, Apemantus, si tu n'étois pas aussi bourru, tu éprouverois mes bontés.

APEMANTUS.

Non, je ne veux rien de toi. Si tu allois me corrompre aussi par tes dons, il ne resteroit plus personne pour se moquer de ta folie, & tu ferois encore plus de sottises. Tu donnes tant, Timon, que je crains bien que tu ne finisses par te donner bientôt toi-même. A quoi bon ces fêtes, ce luxe & ces vaines magnificences ?

TIMON.

Songe bien, que si tu t'avises de lancer tes sarcasmes sur les amis qui forment ma société, je jure de ne plus prendre à toi aucun intérêt. Adieu, & reviens prêcher sur un ton plus gracieux.

APEMANTUS.

Allons : tu ne veux donc pas m'entendre à présent : hé bien, tu ne m'entendras jamais ; je te fermerai la porte de ton bonheur. Oh ! est-il possible que l'oreille des hommes, si ouverte à la flatterie, soit sourde aux avis salutaires. *Il sort.*

ACTE II.

SCÈNE PREMIÈRE.
Le Théâtre repréſente la Place publique.

UN SÉNATEUR.

ET derniérement cinq mille. — A Iſidor & à Varron, il en doit neuf mille; ce qui joint à ce qu'il me devoit auparavant, forme la ſomme de vingt-cinq mille. — Quoi, toujours cette rage de dépenſer? Cela ne peut pas durer; cela ne durera pas. — Si j'ai beſoin d'argent, je n'ai qu'à voler le chien du dernier mendiant, & en faire préſent à Timon : le chien (†) va m'ouvrir une mine d'or. — Si je veux vendre mon cheval, & du prix en acheter dix autres meilleurs que lui, je le donne à Timon, & je ne lui demande rien. Je lui donne mon cheval; auſſi-tôt mon cheval me produit dix chevaux ſuperbes. — Point de portier chez lui; mais un homme qui ſourit à tout le monde, & invite tous ceux qui paſſent. — Oh, cela ne peut durer; il faut néceſſairement que Timon ſe ruine. (*Il appelle un eſclave*). Caphis, hola! Caphis.

(†) *Dans l'original*. Ce chien va battre monnoie pour moi.

CAPHIS.

Me voilà, Seigneur; que désirez-vous de moi ?

LE SÉNATEUR.

Mettez votre manteau, & courez chez le Seigneur Timon : priez-le, mais jusqu'à l'importunité, de me donner de l'argent, & qu'un léger refus ne vous ferme pas la bouche ; & n'allez pas vous payer d'un : *saluez de ma part votre maître*, le bonnet tournant ainsi dans la main droite. Dites-lui, que mes billets crient après moi, & que c'est à mon tour à me servir de ce qui m'appartient. Tous les jours de délais & de grace sont passés ; il m'a toujours remis au lendemain, & par trop de confiance à ses paroles toujours vaines, j'ai altéré mon crédit. J'aime & j'honore Timon; mais je ne dois pas me noyer, pour l'empêcher de se mouiller le pied : j'ai besoin d'argent tout à l'heure, & il faut que j'en aie tout à l'heure. Je ne puis plus me contenter des vaines promesses dont il me berce. Partez ; prenez l'air d'un créancier des plus importuns ; offrez-lui un visage qui demande, sans que vous parliez. Car je crains bien que le Seigneur Timon, qui maintenant brille comme un Phénix, ne soit bientôt nud comme le geai de la Fable, quand chacun l'aura dépouillé de ce qui lui appartient. — Allons, partez.

CAPHIS.

J'y vais, Seigneur.

LE SÉNATEUR.

Oui, j'y vais. Et les billets? Prenez-les donc avec vous, & prenez-en les dates.

CAPHIS.

Oui, Seigneur.

LE SÉNATEUR.

Allez.

SCÈNE II.

L'Appartement de Timon.

FLAVIUS, *tenant plusieurs billets dans ses mains.*

Nul soin de l'avenir; point de frein ni de bornes! Il n'a nul sentiment de sa prodigalité, ensorte qu'il ne pourra jamais, ni se maintenir, ni résister au penchant qui l'entraîne sans cesse à dissiper. Jamais inquiet comment l'argent sort de ses mains; pas plus de souci sur le temps que cela durera. Jamais la Nature ne fit un homme aussi fou, pour le rendre aussi bon!

Que faire ? — Il ne voudra rien écouter, qu'il ne fente lui-même fon état par l'événement. — Il faut que je lui parle fans détour, à l'heure même où il va revenir de la chaffe. Quelle pitié ! Quelle honte !

SCÈNE III.
TIMON, CAPHIS, (†) VARRON, FLAVIUS.

CAPHIS.

Salut, Varron. Eh bien, venez-vous chercher de l'argent ?

VARRON.

Et vous, n'eft-ce pas auffi ce qui vous amène ?

CAPHIS.

Oui ; & vous auffi Ifidor ?

ISIDOR.

Juftement.

CAPHIS.

Plaife au Ciel que nous foyons payés !

(†) Le Poëte donne le nom des maîtres à leurs efclaves, qui ordinairement s'appellent ainfi entr'eux.

VARRON.

C'est de quoi je doute.

CAPHIS.

Voici le Patron.

TIMON, *suivi d'une nombreuse Cour.*

Mon cher Alcibiade ; aussi-tôt après le dîner, nous nous remettrons en campagne. — (*Aux esclaves qui lui présentent leurs billets*). Eh bien, que voulez-vous ?

CAPHIS.

Seigneur, c'est la note de plusieurs dettes.

TIMON.

De plusieurs dettes ? D'où êtes-vous ?

CAPHIS.

D'Athènes, Seigneur.

TIMON.

Allez trouver mon Intendant.

CAPHIS.

Ne vous déplaise, Seigneur, il m'a remis tout le

mois, de jour en jour, pour le paiement. Un besoin pressant force mon maître à demander son argent ; il vous supplie d'écouter vos sentimens généreux, & de lui rendre ce qui lui est dû.

TIMON.

Mon ami, revenez demain matin, je vous en prie.

CAPHIS.

Mais, Seigneur....

TIMON.

Allons, cessez, mon ami.

VARRON.

Un esclave de Varron, Seigneur....

ISIDOR.

C'est de la part d'Isidor ; — il vous prie de le rembourser à l'instant.

CAPHIS.

Seigneur, si vous connoissiez quel est le besoin de mon maître....

VARRON.

Le terme est échu, Seigneur, depuis plus de six semaines.

ISIDOR.

Votre Intendant me renvoie toujours, Seigneur, & mes ordres sont de m'adresser aujourd'hui directement à vous.

TIMON, *avec impatience.*

Eh! laissez-moi respirer. — (*Aux personnes de sa suite*). Je vous en prie, allez toujours devant; je vous rejoins tout à l'heure. (*A Flavius*). Approchez; que signifie tout cela ? Pourquoi me vois-je arrêté par des créanciers qui viennent m'étourdir de demandes, de billets manqués, de paiemens différés si long-temps & sollicités en vain; pourquoi tous ces affronts à mon honneur?

FLAVIUS, *aux Esclaves.*

Allons, avec votre permission : vous prenez tous fort mal votre temps avec vos affaires ; ne nous importunez plus; attendez après le dîner; donnez-moi le temps d'expliquer au Seigneur Timon, pourquoi vous n'avez pas été payés.

TIMON.

Oui, mes amis, attendez. (*A Flavius*). Ayez soin de les satisfaire & de les bien traiter.

(*Timon sort*).
FLAVIUS,

FLAVIUS, *voulant parler à Timon qui lui échappe.*

Seigneur, écoutez-moi, je vous prie. (*Il sort*).

SCÈNE IV.
LES MÊMES. APEMANTUS, LE FOL.

CAPHIS, *aux autres Esclaves.*

Restez, restez, voici le Fol qui vient avec Apemantus; amusons-nous un moment à les entendre.

VARRON.

Qu'il aille au Tartare, il va nous injurier.

ISIDOR.

Que la peste étouffe ce cynique?

VARRON.

Comment te portes-tu, Fol? (*)

CAPHIS.

Où est donc le Fol?

APEMANTUS.

Il vient de le demander tout à l'heure. —Pauvres misérables, valets d'usuriers ! Infâmes vivans entre l'or & le besoin.

TOUS LES ESCLAVES.

Que sommes-nous, Apemantus ?

APEMANTUS.

Des ânes.

TOUS.

Pourquoi ?

APEMANTUS.

Parce que vous me demandez ce que vous êtes, & que vous ne vous connoissez pas vous-mêmes. Parleleur, Fol.

APEMANTUS.

Bon ! courage !
(*Entre un Page, ou jeune Serviteur de la maîtresse du Fol, tenant des lettres*).

LE FOL.

Voyez, voici le Page de ma maîtresse.

LE PAGE.

Eh bien, Capitaine, que faites-vous avec cette sage compagnie ? Comment se porte Apemantus ?

APEMANTUS.

Je voudrois que ma langue fût un bâton, pour te répondre d'une manière utile.

LE PAGE.

Je te prie, Apemantus, lis-moi l'adresse de ces lettres, je n'y connois rien.

APEMANTUS.

Tu ne sais pas lire?

LE PAGE.

Non.

APEMANTUS.

Nous ne perdrons donc pas un savant, quand tu seras pendu. — Celle-ci est pour le Seigneur Timon, l'autre pour Alcibiade : va, tu nâquis de l'opprobre, tu mourras dans l'infamie.

LE PAGE.

Ta mère fut une chienne, & tu mourras de faim comme un chien. Point de réplique. Je suis parti.

(*Il sort*).

APEMANTUS.

C'est nous rendre le plus grand service. — Fol, j'irai avec toi chez le Seigneur Timon.

LE FOL.

Me laisseras-tu là ?

APEMANTUS.

Si Timon est chez lui. — (*Aux Esclaves*). Vous êtes là trois qui servez trois usuriers.

TOUS.

Je voudrois être servi par eux.

APEMANTUS.

Et moi aussi. — Je les servirois comme le bourreau sert le voleur.

LE FOL.

Etes-vous tous trois valets d'usuriers ?

TOUS.

Oui, Fol.

LE FOL.

Je pense qu'il n'y a point d'usuriers qui n'aient un Fol pour serviteur. Ma maîtresse est une usurière, & moi je suis son Fol. Quand quelqu'un emprunte de l'argent à vos maîtres, il vient les trouver tout triste, & s'en retourne gai. C'est tout le contraire chez ma maîtresse. On est joyeux quand on entre, & l'on en sort tout triste. Dites-moi la raison de cela ?

VARRON.

Je puis vous en donner une.

LE FOL.

Parle donc, afin que nous puiſſions te regarder comme un agent d'infamie & un fripon. Va, tu n'en ſeras pas moins eſtimé.

VARRON.

Qu'eſt-ce qu'un pareil agent, Fol?

LE FOL.

C'eſt un Fol bien vêtu; c'eſt quelque choſe qui te reſſemble; c'eſt un Protée : quelquefois il paroît ſous la figure d'un Seigneur; quelquefois ſous celle d'un Légiſte ou d'un Philoſophe. Souvent il reſſemble à un Guerrier : enfin cet eſprit rôde ſous toutes les figures que l'homme peut avoir, depuis quatre-vingt juſqu'à trente.

VARRON.

Tu n'es pas tout à fait fol.

LE FOL.

Ni toi tout à fait ſage : ce que j'ai de plus en folie, tu l'as de moins en eſprit.

VARRON.

Tu aurois pu, avec raison, faire cette réponse à Apémantus.

TOUS.

Place, place : voici le Seigneur Timon.

APEMANTUS.

Fol, viens avec moi, viens.

LE FOL.

Je n'aime point à suivre toujours un amant, un frère aîné, ou une femme ; je pourrois ajouter, un Philosophe.

SCÊNE V.

LES MÊMES, TIMON, APEMANTUS, FLAVIUS.

FLAVIUS, *aux Esclaves.*

Allez faire un tour de promenade, sans vous écarter, je vous prie ; je vous ferai rappeller dans un moment.

(*Timon & Flavius restent seuls*).

TIMON.

Vous m'étonnez fort ! Pourquoi ne m'avez-vous pas expofé plutôt l'état de mes affaires ? J'aurois pu proportionner mes dépenfes à ce qu'il me refte de facultés.

FLAVIUS.

Vous n'avez jamais voulu m'entendre ; je vous l'ai propofé plufieurs fois.

TIMON.

Défaite. Vous aurez peut-être pris le moment, où quelque indifpofition me forçoit à vous renvoyer, & ce prétexte vous a fourni l'excufe que vous me donnez.

FLAVIUS.

O mon bon maître ! je vous ai préfenté mille fois mes comptes ; je les ai mis devant vos yeux ; vous les avez toujours rejettés, en difant que vous vous repofiez fur mon honnêteté. Quand, pour quelque léger cadeau, vous m'avez ordonné de rendre dix fois plus, j'ai fecoué la tête & j'ai gémi : j'ai fait plus, je fuis forti des bornes du refpect, en vous exhortant à tenir votre main plus fermée. Combien de fois n'ai-je pas effuyé de votre part des réprimandes affez dures, quand j'ai voulu vous ouvrir les yeux fur le délabrement de vos affaires, & fur l'abîme de vos dettes accumulées. Oh! mon cher maître (†), quoiqu'il foit bien tard aujourd'hui de m'écouter, en voici pourtant le moment ; toutes vos richeſſes ne ſuffiroient pas pour payer la moitié de vos créanciers.

TIMON.

Eh bien, qu'on vende toutes mes terres.

FLAVIUS.

Vos terres ? Toutes ſont engagées ; une partie eſt décrétée & perdue ; à peine nous en reſte-t-il aſſez pour appaiſer les créances échues. L'avenir amène à grands pas les autres échéances. Qui cependant nous aidera ? Qui nous mettra en état de ſolder tout notre compte ?

TIMON.

Mes poſſeſſions s'étendoient juſqu'à Lacédémone.

FLAVIUS.

O mon bon maître ! le monde n'eſt qu'un mot. Et quand vous le poſſéderiez, il ne vous faudroit qu'une parole pour l'avoir donné & perdu.

(†) Autre leçon. *Vous m'écoutez aujourd'hui ; mais il eſt trop tard.*

TIMON.

TIMON.

Tu me dis la vérité.

FLAVIUS.

Si vous avez le moindre soupçon sur mon administration, sur ma fidélité, citez-moi devant les Juges les plus sévères, & faites-moi rendre un compte rigoureux. Que les Dieux me soient propices ! Ils savent que, lorsque toute notre maison étoit fatiguée du service d'une foule de Parasites dévorans, quand le pavé étoit inondé des flots de vin dont ils regorgeoient, quand chaque appartement brilloit de mille flambeaux, & retentissoit du bruit confus des concerts, moi, je me retirois dans le plus misérable réduit, pour y verser des torrens de larmes.

TIMON.

Cesse, je t'en conjure.

FLAVIUS.

Dieux ! disois-je ; quelle bonté dans le Seigneur Timon ! Que de biens prodigués de vils flateurs ont englouti cette nuit ! Qui d'entre eux ne se dit pas maintenant le serviteur dévoué de Timon ? Qui dans ce moment n'offre pas son cœur, sa vie, son épée, son courage, sa bourse à Timon, *au généreux*

Timon, au noble, au digne, au royal *Timon*? Hélas! dès que la fortune dont il achetoit ces louanges a été dissipée, toutes les voix qui les donnoient, sont restées muettes. Adieu (†) la fête, adieu la Déesse. Un nuage d'hyver verse ses pluies, & tous les insectes ont disparu.

TIMON.

Oh, plus de remontrances, je vous prie. — Nul bienfait honteux n'a déshonoré mon cœur. Je n'ai point à rougir de mes dons; j'ai pu les prodiguer avec imprudence, mais je ne les ai jamais prostitués avec bassesse. Pourquoi pleures-tu? Manques-tu de confiance au point de croire, que je puisse manquer d'amis? Que ton cœur se rassure; va, si je voulois ouvrir les réservoirs où mon amitié a versé ses bienfaits, & éprouver les cœurs, hommes & fortunes s'offriroient à moi; j'en disposerois aussi facilement, qu'il m'est libre de t'ordonner de parler.

FLAVIUS.

Puisse l'événement ne pas tromper vos sentimens!

TIMON.

Et ce besoin où je me trouve aujourd'hui, est pour

[†] Proverbe Anglois. *Feast-won, fast-lost*: gagné à la fête, perdu au jeûne.

moi un bonheur qui couronne mes vœux. Je puis maintenant éprouver mes amis; tu connoîtras bientôt, combien tu t'es mépris sur l'état de ma fortune; je suis riche par mes amis. Hola, quelqu'un ? Flaminius, Servilius ?

SCÈNE VI.
LES MÊMES. SERVILIUS, FLAMINIUS, & d'autres Esclaves.

UN ESCLAVE.

Seigneur, Seigneur.

TIMON.

J'ai différens ordres à vous distribuer. Toi, va chez le Seigneur Lucius, & toi, chez Lucullus. J'ai chassé aujourd'hui avec lui.—Toi, va chez Sempronius.—Recommandez-moi à leur amitié, & dites à chacun d'eux, que je suis fier de trouver l'occasion d'employer leurs services pour quelque somme dont j'ai besoin : demandez-leur cinquante talens.

FLAMINIUS.

Vos ordres serons remplis, Seigneur.

FLAVIUS, (*à part*).

Aux Seigneurs Lucius & Lucullus ? — Hom.

TIMON.

Et vous, Flavius, allez trouver ces Sénateurs. J'avois droit à leur reconnoissance, même dans les jours de mon opulence. Dites-leur de m'envoyer tout à l'heure mille talens.

FLAVIUS.

J'ai pris la liberté de leur présenter votre seing & votre nom, dans l'opinion où j'étois que c'étoit la ressource la plus facile ; mais tous ont secoué la tête, & je ne suis pas revenu plus riche.

TIMON.

Dites-vous la vérité ? Cela est-il possible ?

FLAVIUS.

Ils répondent tous, de concert & d'une voix unanime, qu'ils sont ruinés ; qu'ils n'ont point de fonds; qu'ils ne peuvent faire ce qu'ils désireroient ; qu'ils sont bien fâchés. — *Vous êtes un homme si respectable ! Cependant ils auroient bien souhaité* …. — *Ils ne savent pas* ….. — *Mais il faut qu'il y ait eu de sa faute.* — *L'homme le plus honnête peut faire un faux pas.* — *Ils voudroient être en état……* — *C'eſt bien dommage !* — Tous diſtraits & ainſi occupés d'affaires ſérieuſes, ils me paient de leurs regards dédaigneux & repouſſans, de phraſes entrecoupées; & avec leurs demi-révérences & leurs ſignes de froideur, ils ont glacé ma langue, & m'ont réduit au ſilence.

TIMON, *avec un mouvement de ſurpriſe & d'indignation.*

Grands Dieux, récompenſez-les. (*A Flavius.*) — Ami, je t'en prie, ne t'afflige pas. Ce ſont des vieillards; l'ingratitude ſemble attachée à cet âge; leur ſang eſt glacé, & coule à peine dans leurs veines; ils manquent de reconnoiſſance, parce que leur cœur manque de chaleur. A meſure que l'homme s'avance vers ſa tombe, il perd de ſon activité dans le voyage, & ſon cœur devient froid & engourdi. — Va chez Ventidius. — Ah, de grace, point de chagrin; tu es honnête & fidèle; je te le dis comme je le penſe; on n'a rien à te reprocher. Ventidius vient de perdre ſon père, & cette mort met dans ſa main des biens immenſes. Quand il étoit pauvre, empriſonné & dépourvu d'amis pour le ſecourir, je l'aidai de cinq talens. Va le ſaluer de ma part; dis-lui d'imaginer que ſon ami eſt dans un preſſant beſoin, & qu'il exige qu'il ſe reſſouvienne de ces cinq talens.

Dès que tu les auras touchés, donne-les à ces gens, dont je suis le débiteur. Ne dis jamais, & garde-toi de penser, que la fortune de Timon puisse périr au milieu de ses amis.

FLAVIUS.

Je le voudrois bien, n'être jamais dans le cas de le penser. Cette confiance est l'ennemie de la bonté : sincère & généreuse elle-même, la bonté croit que tous les autres hommes le sont comme elle.

ACTE III.

SCÈNE PREMIÈRE.

Le Théâtre repréfente la Maifon de Lucullus dans Athènes.

FLAMINIUS, UN ESCLAVE DE LUCULLUS.

L'ESCLAVE.

Je vous ai annoncé à mon Maître ; il defcend pour vous parler.

FLAMINIUS.

Ami, je vous remercie.

L'ESCLAVE.

Le voilà. (*Lucullus paroît*).

LUCULLUS.

Un des Serviteurs du Seigneur Timon ? C'eft quelque préfent, je gage. — Oh, j'ai deviné jufte ; j'ai rêvé cette nuit de baffin & d'aiguiere d'argent. —

Ha! honnête Flaminius, je suis, on ne peut pas plus, satisfait de te voir chez moi. — Hola, qu'on lui verse une coupe de vin.—Hé bien, comment se porte le plus respectable, le plus accompli des citoyens d'Athènes, cette ame si noble & si magnifique, ton digne Seigneur, ton bon Maître?

FLAMINIUS.

Seigneur, sa santé est fort bonne.

LUCULLUS.

Mon ami, je suis ravi de le savoir en bonne santé. Mais, dis-moi, mon cher Flaminius, que portes-tu là sous ton manteau?

FLAMINIUS.

D'honneur, rien autre chose qu'une cassette vuide; & je viens, au nom de mon maître, prier votre Grandeur de la remplir. Il se trouve dans une circonstance des plus sérieuses, où il a un besoin pressant de cinquante talens, & il m'envoie vous prier de les lui prêter; il ne doute pas que vous ne veniez sur le champ à son secours.

LUCULLUS.

Hom. — Il ne doute pas, dit-il; hélas, le brave Seigneur! C'est le plus honnête homme! C'est dommage

dommage qu'il tienne un si grand état de maison. Cent fois j'ai dîné chez lui, & je lui en ai dit ma pensée. Je suis même retourné souper chez lui, exprès pour l'avertir de diminuer sa dépense ; mais il n'a jamais voulu suivre mes conseils, & mes visites n'ont pu le corriger. Chaque homme a son défaut, & le sien est trop de bonté ; c'est ce que je lui ai répété souvent ; mais je n'ai jamais pu le rendre sage. (*Entre un Esclave qui apporte du vin.*)

L'ESCLAVE.

Seigneur, voilà du vin.

LUCULLUS.

Flaminius, je t'ai toujours remarqué pour un homme prudent & sage ; tiens, voilà pour toi.
(*Il lui présente quelques pièces d'argent.*)

FLAMINIUS.

Votre Grandeur veut sans doute plaisanter.

LUCULLUS.

Non, je te rends justice. J'ai toujours reconnu en toi un esprit souple & actif ; tu sais juger ce qui est raisonnable ; & quand il se présente une bonne occasion, tu sais la saisir & en tirer bon parti. Tu as d'excellentes qualités. (*A l'Esclave.*) Sortez. — Toi, approche, honnête Flaminius. Ton Maître est un Seigneur plein de bonté ; mais tu as du jugement, & quoique tu sois venu me trouver, tu sais trop bien que ce n'est pas là le temps de prêter de l'argent, sur-tout sur la simple parole de l'amitié, & sans aucune sûreté. Tiens, mon enfant, voilà trois pièces pour toi ; ferme les yeux sur moi, & dis que tu ne m'as pas vu ; adieu, sois heureux.

FLAMINIUS.

Est-il possible que les hommes soient si différens d'eux-mêmes ! & que nous soyons aujourd'hui l'homme qui vivoit hier ! Loin de moi, fange maudite, retourne vers celui qui t'adore.

(*Il jette l'argent qu'il a reçu*).

LUCULLUS.

Ah ! je vois maintenant que tu es un sot, & bien digne de servir ton Maître.....

(*Il sort.*)

FLAMINIUS.

Puisse cet argent servir à tes tourmens & faire ton supplice ! Puisse ce métal fondu te brûler aux enfers : ô toi, peste de ton ami, & non pas son ami ! Quoi ? l'amitié a-t-elle un cœur si foible, si variable qu'il change (†), & se corrompe en moins de deux nuits? O Dieux! je ressens d'avance toute l'indignation de mon Maître. Ce lâche ingrat porte encore dans son estomac les mets qu'il a engloutis à la table de mon Maître; pourquoi seroient-ils pour lui une nourriture salutaire, lorsque son cœur même s'est changé en poison? Puissent-ils ne produire en lui que des maladies; & quand le malheureux sera près d'expirer, que ces alimens, payés aux dépens de mon Maître, servent, non pas à le guérir, mais à prolonger son agonie!

SCÈNE II.
Une rue d'Athènes.

LUCIUS, TROIS ÉTRANGERS.

LUCIUS.

Qui? le Seigneur Timon? C'est mon meilleur ami: le plus respectable des hommes!

Ier. ÉTRANGER.

Nous en sommes persuadés, quoique nous ne le

(†) *Milky heart.* Cœur de lait, qui s'aigrit.

connoiſſions pas. Mais, Seigneur, il court un certain bruit, que j'ai entendu, & dont je veux vous parler; les jours heureux de Timon ſont paſſés, ç'en eſt fait: ſa fortune tombe en ruine.

LUCIUS.

Allons donc, n'en croyez rien; il n'eſt pas poſſible que Timon manque d'argent.

II. ÉTRANGER.

Mais un fait que vous pouvez croire, Seigneur, c'eſt qu'il n'y a pas bien long-temps qu'un de ſes gens eſt venu trouver le Seigneur Lucullus pour lui emprunter cinquante talens; oui, tout autant, & qu'il l'a preſſé inſtamment, en faiſant ſentir la néceſſité où ſon Maître eſt réduit; & qu'il a eſſuyé un refus.

LUCIUS.

Comment?

II. ÉTRANGER.

Je vous le dis, il a eſſuyé un refus.

LUCIUS.

Quelle étrange nouvelle! Par tous les Dieux, j'en rougis de honte! Quoi? refuſer un homme ſi reſpectable? Il faut avoir bien peu d'honneur. Quant à moi, je dois l'avouer, j'ai reçu de lui mille petites marques de sa bonté, de l'argent, de la vaisselle, des bijoux & semblables bagatelles, qui ne sont rien auprès des présens qu'a reçus Lucullus. Hé bien, si, sans s'arrêter à lui, il m'avoit envoyé demander du secours, je ne lui aurois jamais refusé cette somme dans son besoin. (*Entre Servilius.*)

SERVILIUS.

Heureusement, voilà le Seigneur Lucius ; j'ai tant couru pour le trouver, que je suis tout en sueur. — Très-honoré Seigneur.......

LUCIUS.

Ha, Servilius ! je suis charmé de te voir, sois heureux, recommande-moi à l'amitié de ton honnête & estimable Maître, le plus cher de mes amis.

SERVILIUS.

Seigneur, sous votre bon plaisir, mon Maître m'a envoyé.....

LUCIUS.

Ho, que m'a-t-il envoyé ? Que d'obligations je lui ai. Sans cesse, il m'envoie. Dis-moi, comment pourrai-je reconnoître tant de bonté ? Et que m'envoie-t-il ?

SERVILIUS.

Il vous envoie feulement l'occafion de lui rendre à l'inftant un fervice ; il fupplie votre Grandeur de lui prêter, en ce moment, cinquante talens.

LUCIUS.

Je vois bien que Timon veut faire une plaifanterie ; il n'eft pas poffible qu'il ait befoin de cinq talens, ni même de cinquante fois autant.

SERVILIUS.

Il a befoin à préfent d'une fomme plus petite. Si le cas n'étoit pas auffi preffant, je ne vous conjurerois pas avec tant d'inftances.

LUCIUS.

Mais, Servilius, parles-tu férieufement ?

SERVILIUS.

Sur ma vie, rien n'eft fi vrai.

LUCIUS.

Quel imbécile je fuis, de m'être dégarni, dans une fi belle occafion de montrer toute l'honnêteté de mes fentimens ! Je fuis bien malheureux, d'avoir été jetter mon argent, pour acquérir une malheureufe petite terre, il y a deux jours, & perdre aujourd'hui l'occasion de me faire honneur ! Servilius, je te jure, à la face des Dieux, qu'il m'est impossible de pouvoir faire.....—Quelle sottise à moi !— J'allois moi-même envoyer demander quelque argent à Timon : ces honnêtes gens en sont témoins ; mais, pour tout ce qu'il y a de richesses dans Athènes, je ne voudrois pas à présent l'avoir fait. Recommande-moi à ton Maître dans les termes les plus tendres. Je me flatte que je ne perdrai rien de son estime, lorsqu'il verra l'impossibilité absolue où je suis de l'obliger ; dis-lui de ma part que je mets au nombre de mes plus grands malheurs, de ne pouvoir faire ce plaisir à un si estimable Seigneur. Bon Servilius, me promets-tu de me faire l'amitié de répéter à Timon mes propres paroles ?

SERVILIUS.

Oui, Seigneur : je lui dirai.
(*Il sort.*)

LUCIUS.

Va, je saurai t'en récompenser, Servilius. (*Aux Etrangers.*) En effet, vous aviez raison, Timon est ruiné, & quand une fois on a éprouvé un refus, il est rare qu'on aille bien loin.
(*Il sort.*)

Iᵉʳ. ÉTRANGER.

Avez-vous remarqué, Hoſtilius ?

II. ÉTRANGER.

Oui, oui, que trop.

Iᵉʳ. ÉTRANGER.

Eh bien, voilà le cœur du monde : tous les flatteurs ſont faits de la même étoffe. Qui peut après cela donner le nom d'ami à l'homme qu'il fait aſſeoir à ſa table ? Il eſt à ma connoiſſance que Timon a ſervi de père à ce Seigneur ; qu'il lui a conſervé ſon crédit, qu'il a ſoutenu ſa fortune par ſes libéralités ; il y a plus, c'eſt de l'argent de Timon qu'il a payé les gages de ſes domeſtiques ; Lucius ne boit jamais, que ſes levres ne touchent l'argent de Timon, & cependant...—Oh ! voyez quel monſtre eſt l'homme, quand il ſe montre ſous les traits d'un ingrat ! Au prix de ce qu'il en a reçu, ce qu'il oſe lui refuſer, l'homme charitable le donneroit gratuitement au mendiant le plus inconnu.

III. ÉTRANGER.

La conſcience & l'honneur en gémiſſent.

Iᵉʳ. ÉTRANGER.

Pour moi, je n'ai jamais goûté des bienfaits de Timon,

Timon, jamais ses dons, répandus sur moi, ne m'ont inscrit au nombre de ses amis ; cependant, en considération de son ame noble, de sa vertu, de sa générosité, & de sa conduite honorable, je proteste que si, dans son besoin, il s'étoit adressé à moi, j'aurois fait de mon bien deux parts, & la meilleure auroit été pour lui, tant j'aime son cœur !— Voilà un exemple qui doit enseigner aux hommes à se dispenser d'être charitables ; l'intérêt a son trône & domine au-dessus de la conscience.

SCÈNE III.

SEMPRONIUS, *un troisième Serviteur de Timon.*

SEMPRONIUS.

Et pourquoi m'importuner moi, par préférence à tous les autres ? Ne pouvoit-il pas s'adresser à Lucius, à Lucullus ? Ce Ventidius (†), qui maintenant est si riche, il l'a racheté de la prison : voilà trois

___

(†) Dans le premier Acte, Ventidius, dès qu'il est en possession de la fortune de son père décédé, court à son bienfaiteur lui exprimer sa reconnoissance, & lui offrir de lui rendre l'argent dont il avoit racheté la liberté. Il fait le rôle d'un homme hommes qui lui font redevables de tout ce qu'ils possèdent.

LE SERVITEUR.

Hélas! Seigneur, tous trois ont été sondés, & nous n'avons trouvé en eux que des ames de boue; ils l'ont tous refusé.

SEMPRONIUS.

Comment, ils l'ont refusé! Lucius, Lucullus, Ventidius l'ont refusé; & il vient s'adresser à moi?... Tous trois refusé? Une pareille démarche annonce de sa part bien peu de jugement, bien peu d'amitié; est-ce moi qui devrois être son pis aller? Ses amis, comme autant de Médecins qu'il appelle l'un après l'autre, l'ont tous condamné, & il faut que ce soit moi qu'on charge de cette cure? Je m'en trouve très-offensé, j'en suis très-indigné; il eût dû mieux connoître mon rang. Je ne vois pas l'ombre de raison dans son procédé; quelle folie! C'étoit moi qu'il devoit, dans son besoin, implorer d'abord; car enfin, je suis & je l'avoue, le

---

reconnoissant; & ici il fait celui d'un ingrat; est-ce un oubli de Shakespéar, & une contradiction dans le caractère! Non, c'est la Nature. Ventidius, au moment où il passe de l'indigence à l'opulence, a le cœur ouvert par l'impression de ce bonheur soudain, & il sent un instant de générosité: mais, dans les ames étroites, ce moment de sensibilité passe bientôt; le cœur se rétrécit & se referme en peu de temps. *Mis. Griffith.*

premier homme qui ait reçu quelque préfent de lui ; & il me recule dans fon fouvenir au point de penfer que je ferois le dernier à lui marquer ma reconnoiffance ! Il a tort. — Il n'en faut pas davantage pour me rendre un objet de rifée aux yeux de toute la ville, & me faire paffer parmi les grands Seigneurs, pour un homme fans délicateffe, fans principes. J'aimerois mieux, pour trois fois la fomme qu'il demande, qu'il fe fût adreffé à moi le premier, ne fût-ce que pour l'honneur de mes fentimens ; j'avois affez de cœur pour lui rendre un fervice. — Retourne, & à la froide réponfe de fes amis, ajoute celle-ci : » Quiconque offenfera mon honneur, ne verra point » de mon argent. »   (*Il fort.*)

LE SERVITEUR.

A merveille ! Votre Grandeur cache un maître fripon (†). De quels beaux fentimens il colore fa baffeffe ! De quels noms de vertu il pare fa perverfité ! Comme ceux, qui, fous le voile d'un patriotifme ardent, mettent tout un royaume en feu (†). Tel eft le caractère de cet ami politique, & vendu à l'intérêt. C'étoit pourtant fur lui que mon Maître fon-

---

(†) Warburton penfe que c'eft ici une épigramme contre la Secte des Puritains, qui cherchoient à introduire un nouveau fyftême de religion & de gouvernement, & vouloient les réformer fur les maximes & les exemples de l'Ecriture : comparaifon qui convenoit plus aux Spectateurs qu'aux Perfonnages.

doit sa plus solide espérance ! Tous ont déserté. Il ne lui reste maintenant que les Dieux : tous ses amis sont morts.—Maintenant ces portes de mon Maître, qui, dans des jours de prospérité, ne connurent jamais de verroux, vont être employées à protéger sa liberté. Voilà tout le fruit qu'il recueille de ses largesses. Celui qui ne peut garder son argent, doit à la fin garder (†) sa maison.

SCÈNE IV.

La maison de Timon.

VARRON, TITUS, HORTENSIUS, LUCIUS & *autres Valets des Créanciers de Timon, attendant qu'il sorte.*

VARRON.

Salut, Titus ; Salut, Hortensius ; je suis charmé de vous rencontrer ici.

TITUS.

Je vous rends la pareille, honnête Varron.

(†) Ou faire garder, de peur des Créanciers.

HORTENSIUS.

Lucius, par quel hasard nous trouvons-nous ensemble ici ?

LUCIUS.

Je pense que le même objet nous y amène tous ; le mien, c'est de l'argent.

TITUS, *montrant les autres.*

C'est le leur à tous, & le mien aussi.

(*Entre Philotas.*)

LUCIUS.

Et l'ami Philotas aussi sans doute ?

PHILOTAS.

Je vous donne le salut à tous.

LUCIUS.

Sois le bien venu camarade ; quelle heure croyez-vous qu'il soit ?

PHILOTAS.

Le tems court après neuf heures.

LUCIUS.

Déjà ?

PHILOTAS.

Et le Seigneur de céans n'est pas encore visible ?

LUCIUS.

Pas encore.

PHILOTAS.

Cela m'étonne ; il avoit coutume de se montrer brillant comme le soleil, dès sept heures du matin.

LUCIUS.

Il est vrai ; mais le flambeau de ses beaux jours est bien obscurci. Faites attention que la course de l'homme prodigue, est radieuse comme celle du soleil; mais elle ne se renouvelle pas toujours comme celle de l'astre. Je crains bien que l'affreux hyver ne soit dans le fond de la bourse de Timon ; je veux dire, qu'on peut y enfoncer la main bien avant, & n'y pas trouver grand'monnoie.

PHILOTAS.

J'ai la même crainte que vous.

TITUS.

Je veux vous faire faire une remarque assez étrange ; votre maître vous envoie chercher de l'argent?

HORTENSIUS.

Rien n'est plus vrai.

TITUS.

Et il porte maintenant les bijoux que lui a donnés Timon, & pour lesquels je viens aussi moi demander de l'argent!

HORTENSIUS.

Si je le fais, c'est bien contre mon cœur.

TITUS.

Ne paroît-il pas bien étrange, que Timon, en cela, paie plus qu'il ne doit ? C'est comme si votre Maître envoyoit demander le prix des bijoux qu'il porte lui-même.

HORTENSIUS.

Les Dieux me sont témoins, combien ce message me pèse. Je sais que mon maître a eu une riche part aux largesses de Timon ; cette ingratitude est plus criminelle que s'il les eût volés.

VARRON.

Oui. — Mon billet à moi est de trois mille écus ; & le vôtre ?

LUCIUS.

De cinq mille.

VARRON.

C'est une somme énorme & qui fait voir que la confiance de Timon pour votre Maître, surpassoit ou égaloit du moins celle qu'il avoit pour le mien : autrement les deux sommes seroient égales.

(*Entre Flaminius.*)

TITUS.

Voilà un des Serviteurs du Seigneur Timon.

LUCIUS, *appellant.*

Flaminius ? Hola, un mot ; le Seigneur Timon va-t-il bientôt paroître ?

FLAMINIUS.

Non, pas encore.

TITUS.

Nous l'attendons ; je vous prie de l'en prévenir.

FLAMINIUS.

Il n'est pas nécessaire ; il sait bien que vous n'êtes que trop ponctuels.

(*Entre Flavius, le visage caché dans son manteau*).

LUCIUS.

Ha ! N'est-ce pas là son Intendant que nous voyons ainsi affublé ? Il s'enfuit enveloppé de son manteau, comme d'un nuage ; appellez-le, appellez-le.

TITUS.

Flavius, Flavius ; entendez-vous ?

VARRON.

Avec votre permission...

FLAVIUS.

Mon ami, que voulez-vous de moi ?

VARRON,

VARRON, *d'un ton ironique.*

Seigneur, j'attends ici le paiement d'une certaine somme.....

FLAVIUS.

Si le paiement étoit auffi certain que l'on eft fûr de vous y voir l'attendre, on pourroit compter deffus. Que ne préfentiez-vous vos billets, quand vos perfides Maîtres mangeoient à la table du mien? Alors l'idée de l'argent qu'il leur devoit, les flattoit & les faifoit fourire ; leur bouche affamée en dévoroit les intérêts. Vous vous tourmentez en vain, en me preffant, en m'agitant ainfi ; laiffez-moi paffer tranquillement. — Apprenez que mon Maître & moi, nous fommes au bout de notre carrière ; je ne fuis pas plus en état de vous compter de l'argent, que lui d'en dépenfer.

LUCIUS.

Oui, mais cette réponfe ne fera pas acceptée.

FLAVIUS, (*à demi-voix.*)

Acceptée ou non, vous êtes de vils efclaves de maîtres fripons.

VARRON.

Que murmure donc là fa feigneurie caffée aux gages?

TITUS.

Hé, que nous importe? Le voilà pauvre, &

nous sommes assez vengés. Qui a plus droit de parler librement, que celui qui n'a pas un toît où loger sa tête ? Il lui est bien permis de se moquer des superbes édifices.

(*Entre Servilius.*)

TITUS.

Oh, oh, voici Servilius ; nous allons avoir une réponse.

SERVILIUS.

Si j'osois vous conjurer, mes amis, de revenir dans quelques autres momens ; vous m'obligeriez beaucoup ; car, sur mon ame, mon Maître est dans un étrange abattement ; il est privé de toute consolation ; sa santé est très-dérangée ; il est obligé de garder la chambre.

LUCIUS.

Tous ceux qui gardent la chambre, ne sont pas malades. D'ailleurs, si la santé de Timon est en si grand danger, c'est, ce me semble, une raison de plus pour payer promptement ses dettes, afin de s'applanir la route vers les Dieux.

SERVILIUS.

Dieux justes !

TITUS.

Nous ne pouvons pas nous contenter de cette réponse.

FLAMINIUS, (*dans l'intérieur de la maison.*)

Servilius ! Au secours ! Mon Maître, mon Maître !

SCÈNE V.

LES MÊMES, TIMON, *en fureur*.

TIMON.

Quoi ! mes portes aussi me ferment-elles le passage ? Quoi ! j'aurai toujours été libre, & ma maison sera devenue l'ennemie de ma liberté, la prison funeste de son Maître ! — La Salle où j'ai donné des festins montre-t-elle maintenant à son Maître, comme toute la race humaine, un cœur de fer ?

LUCIUS.

Allons, approche, commence, Titus.

TITUS.

Seigneur, voilà mon billet.

LUCIUS.

Voici le mien.

VARRON.

Et le mien, Seigneur.

CAPHIS.

Et les nôtres, Seigneur.

PHILOTAS.

Voilà aussi nos billets.

TIMON.

Assommez-moi avec eux. — Etouffez-moi.

LUCIUS.

Hélas! Seigneur.

TIMON.

Coupez, monnoyez mon cœur, pour vous payer.

TITUS.

Le mien est de cinquante talens.

TIMON.

Dis à mes veines de te donner mon sang.

LUCIUS.

Cinq mille écus, Seigneur.

TIMON.

Cinq mille gouttes de mon sang pour les payer.
— Et le vôtre? — Et le vôtre?

VARRON.

Seigneur.

CAPHIS.

Seigneur.

TIMON.

Tenez, prenez-moi, déchirez-moi, & que les Dieux vous confondent! *(Il sort.)*

HORTENSIUS.

Parbleu ; je vois bien que nos Maîtres n'ont qu'à jetter leurs bonnets par dessus les moulins : ces dettes peuvent bien être regardées comme perdues sans ressource, puisque c'est un fol qui est le débiteur. *(Ils sortent.)*

SCÈNE VI.

TIMON *rentre avec* FLAVIUS.

TIMON.

Ils m'ont mis hors de moi, les misérables! Des créanciers! Des furies!

FLAVIUS.

Mon cher Maître.

TIMON, *rêvant.*

Si je prenois ce parti.....

FLAVIUS.

Mon cher Maître. —

TIMON.

Je veux le prendre. — Mon Intendant ?

FLAVIUS.

Hé ! me voici Seigneur.

TIMON.

Fort à propos. — Allez, invitez tous mes amis, Lucius, Lucullus, Sempronius. — Tous ; je veux encore donner une fête à cette canaille.

FLAVIUS.

Ha, Seigneur ! c'est l'égarement où votre raison est plongée, qui vous fait parler ainsi ; il ne vous reste pas même de quoi servir le repas le plus frugal.

TIMON.

Ne t'inquiete pas. Va, invite-les tous, amène ici ces flots de coquins ; mon Cuisinier & moi, nous saurons pourvoir à tout.

SCÈNE VII.

La Salle du Sénat d'Athènes.

LES SÉNATEURS, ALCIBIADE.

Ier. SÉNATEUR.

Seigneur, comptez sur ma voix, sa faute est capitale; il faut qu'il meure; rien n'enhardit le crime, comme le pardon.

II. SÉNATEUR.

Votre remarque est très-vraie; la loi doit l'écraser de tout son poids.

ALCIBIADE.

Santé, honneur, clémence dans l'auguste Sénat!

Ier. SÉNATEUR

Quel sujet, Général....

ALCIBIADE.

Je vous implore, & j'adresse à vos vertus mon humble respect; car la pitié (†) est la vertu des

_____
(a) Belle idée & bien exprimée. Rien ne fait plus d'honneur

loix ; il n'y a que les Tyrans qui faſſent d'elles un inſtrument de cruauté. — Il plaît aux événemens, au ſort cruel, de s'appeſantir ſur un de mes amis, qui, dans l'efferveſcence du ſang, a enfreint la loi, abîme ſans fond pour l'imprudent qui s'y plonge ſans précaution. C'eſt un homme qui, à cet écart près, eſt plein d'honneur & de vertus qui rachetent ſa faute. Il n'y a ni lâcheté ni baſſeſſe dans ſon action. Une noble colère, un reſſentiment généreux l'ont armé, voyant ſa réputation mortellement bleſſée, contre ſon ennemi : dans l'accès même de ſa paſſion, il l'a gouvernée avec la ſageſſe & la modération d'un homme qui expoſe ſes raiſons & plaide tranquillement ſa cauſe.

Ier. SÉNATEUR.

En cherchant ainſi à innocenter une action criminelle, vous vous chargez d'un paradoxe trop révoltant. Aux efforts que vous faites, on diroit que votre diſcours tend à légitimer l'homicide, & à armer (†) la bravoure d'un eſprit querelleur, qui n'eſt qu'une valeur brutale & dégénérée, fléau entré dans le monde

---

au cœur de Shakeſpéar, que les traits forts & touchans dont il a peint dans pluſieurs de ſes piéces, & recommandé la pitié, cette vertu de l'eſpèce humaine, & la ſource de toutes les vertus de l'homme.

(†) *Et à arborer le panache de la querelle ſur la tête de la valeur.*

à la naissance des sectes & des factions. Le vrai brave est celui qui sait souffrir avec patience, tout ce que la langue la plus méchante peut exhaler contre lui; qui regarde une injure comme une chose aussi étrangère à sa personne, que le vêtement qu'il porte avec indifférence; & qui ne préfère pas l'injure à sa vie, en exposant sa vie pour elle. Si une injure est un mal, qui peut nous conduire au meurtre; quelle folie n'est-ce pas de risquer ses jours pour un mal ?

ALCIBIADE.

Seigneur.—

I. SÉNATEUR.

Vous ne pouvez justifier des fautes aussi énormes. La valeur ne consiste pas à se venger, mais à souffrir.

ALCIBIADE.

Permettez-moi de parler, Seigneur, & pardonnez, si je parle en guerrier.—Pourquoi les hommes s'exposent-ils follement dans les combats ? Que n'endurent-ils toutes sortes de menaces ? Que ne dorment-ils en paix sur l'affront ? Pourquoi ne pas se laisser égorger tranquillement & sans résistance par l'ennemi ? S'il y a tant de courage à souffrir, qu'allons-nous faire dans les camps ? Certes les femmes qui se tiennent auprès de leurs foyers, seront plus braves que nous, si la vraie bravoure est de souffrir; la bête de somme sera plus brave que le lion; & le coupable chargé de fers, sera plus sage que son Juge, si la sagesse est dans la patience. O vénérables Sénateurs, ayez autant de clémence & de bonté, que vous avez de puissance. — Qui ne condamne pas la violence commise de sang froid? Tuer, je l'avoue, est le dernier excès du crime; mais tuer, pour défendre sa vie, devient une action juste aux yeux de la sensible équité. S'abandonner à la colère, est une impiété; mais quel est l'homme qui ne s'est jamais livré à la colère? Pesez le crime avec toutes ces considérations.

II. SÉNATEUR.

Vous plaidez en vain.

ALCIBIADE.

Quoi! en vain? Ses services rendus près de Lacédémone & de Byzance, parlent assez haut pour sa grace.

I. SÉNATEUR.

Que voulez-vous dire?

ALCIBIADE.

Je dis qu'il vous a rendu des services signalés; qu'il a, dans les combats, fait mordre la poussiere à vos ennemis. Quelle valeur n'a-t-il pas montrée dans la dernière action ? Que de sang a fait couler son épée !

II. SÉNATEUR.

Il s'en est trop payé sur le butin. C'est un débauché déterminé ; il est sujet à un vice qui noie sa raison, & enchaîne sa valeur. Sans autres ennemis, ce vice seul suffit pour le dompter & le perdre. On l'a vu, dans cette passion brutale, commettre mille outrages, & susciter les querelles : on nous a informés, que ses jours sont souillés d'excès honteux, & que son ivresse est dangereuse pour l'État.

I. SÉNATEUR,

Il mourra.

ALCIBIADE.

O sort barbare ! Il auroit pu mourir avec honneur dans les combats ! —Seigneurs, si vous êtes insensibles à ses qualités personnelles, quoiqu'il pût réclamer le salaire des exploits de son bras, sans rien devoir à personne ; prenez, s'il le faut, pour vous fléchir, mes services, & joignez-les aux siens. Comme je sais qu'il est de la prudence de votre âge, de s'assûrer des garants, je vous engage, moi, mes victoires & mes honneurs, & j'ose vous répondre de toute sa reconnaissance. Si, pour son crime, il doit sa vie à la loi, laissez-le la donner avec son sang noblement versé sur le champ de bataille. Car la loi eſt ſevère, & la guerre ne l'eſt pas davantage.

I. SÉNATEUR.

Nous tenons pour la loi ; il mourra. Alcibiade, n'inſiſte pas davantage, ſi tu ne veux encourir notre diſgrace ; ami ou frère, qui répand le ſang d'autrui, doit le ſien à la loi.

ALCIBIADE.

Il faut donc qu'il meure ! Non, Seigneurs, cela ne peut être : je vous en conjure, connoiſſez-moi.

II. SÉNATEUR.

Comment ?

ALCIBIADE.

Rappellez-vous qui je ſuis.

III. SÉNATEUR.

Comment, quoi ?

ALCIBIADE.

J'ai peine à croire que le grand âge & les années n'aient pas effacé Alcibiade de votre mémoire : autrement on ne me verroit pas ici abaiſſé à vos pieds, ſuppliant pour une grace auſſi vulgaire, &

qu'on me refuse encore. Vous rouvrez mes anciennes plaies.

I. SÉNATEUR.

Oses-tu provoquer notre colère ? Écoute, ce n'est qu'un mot, mais son effet est vaste : nous te bannissons pour jamais.

ALCIBIADE.

Me bannir ? Moi !.... Bannissez plutôt votre démence, bannissez l'usure qui déshonore le Sénat.

I. SÉNATEUR.

Si après deux soleils, Athènes te voit encore, attends de nous le jugement le plus rigoureux.

II. SÉNATEUR.

Et pour braver encore plus ta vaine menace, il va être exécuté sur l'heure (†). (*Ils sortent*).

ALCIBIADE.

Puissent les Dieux vous faire vieillir assez, pour n'offrir que des squelettes décharnés & odieux à tous les regards ! Ma rage est au comble. — Je faisois fuir leurs ennemis, tandis qu'ils étoient ici occupés à

(†) *Autre Leçon*: Et sans nous échauffer davantage, il va être exécuté à l'instant.

compter un argent qu'ils prêtoient à groffe ufure ! —
Et moi, je ne fuis riche, qu'en larges bleffures ! —
En voilà donc le falaire ? Eft-ce là le baume que cet
avare Sénat verfe dans les plaies des guerriers ?
Quoi, l'exil ! — Je n'en fuis pas fâché : je ne hais
pas d'être exilé ; c'eft un affront fait pour allumer
toute mon indignation, & pouffer mon bras à frapper
fes coups fur Athènes. Je vais ranimer le courage
de mes troupes mécontentes ; & gagner leurs cœurs.
Il y a de la gloire à combattre de nombreux ennemis.
Les guerriers ne doivent pas plus que les Dieux, fouf-
frir qu'on les offenfe impunément. (*Il fort*).

SCÈNE VII.

La Maifon de Timon, & plufieurs Sénateurs.

I. SÉNATEUR.

JE vous falue.

II. SÉNATEUR.

Je vous rends le falut. Je penfe que l'honorable
Timon n'a fait que nous éprouver l'autre jour.

I. SÉNATEUR.

C'étoit la réflexion qui m'occupoit, lorfque nous

nous sommes rencontrés. Je me flatte qu'il n'en est pas à cette extrêmité ; & ce qu'il a fait, n'étoit qu'une épreuve de ses amis.

I I. SÉNATEUR.

Sans doute, & ce qui le prouve assez, c'est le nouveau festin qu'il donne encore.

I. SÉNATEUR.

Je le crois ainsi. Il m'a fait une invitation très-pressante ; quelques affaires urgentes m'ont forcé de me dégager d'abord ; mais il a tant prié, qu'il a fallu me rendre.

I I. SÉNATEUR.

Je me devois aussi moi-même à des affaires indispensables, mais il n'a pas voulu recevoir mes excuses. Je suis fâché de m'être trouvé dénué de fonds, lorsqu'il envoya m'emprunter de l'argent.

I. SÉNATEUR.

Moi, j'en suis inconsolable, sachant, comme je le sais, le cours que prennent les choses.

I I. SÉNATEUR.

Chacun ici en dit autant. — Combien vouloit-il emprunter de vous ?

I. SÉNATEUR.

Mille pieces d'or.

II. SÉNATEUR.

Mille piéces !

I. SÉNATEUR.

Et vous ?

III. SÉNATEUR.

Il m'avoit envoyé demander.... — Mais le voilà, il vient.

SCÈNE VIII.

LES MÊMES. TIMON. *Suite.*

TIMON.

De tout mon cœur, dignes Sénateurs. Comment vous portez-vous ?

I. SÉNATEUR.

A merveille, Seigneur, quand nous apprenons que vous jouissez aussi d'une heureuse santé.

II. SÉNATEUR.

L'hirondelle ne suit pas l'Été avec plus de plaisir, que nous votre Grandeur.

TIMON

TIMON, *à part.*

Et ne fuit pas plus promptement l'hyver ; les hommes reſſemblent à ces oiſeaux de paſſage. — Seigneurs, le dîné ne vous dédommagera pas du temps que vous avez perdu à m'attendre. Egayez-vous un peu à entendre cette muſique. (*On entend des inſtrumens.*) Si votre oreille n'en eſt pas plus flattée que du ſon rauque de la trompette, nous irons auſſitôt nous mettre à table.

I. SÉNATEUR.

Je me flatte que votre Grandeur ne conſerve aucun reſſentiment de ce que j'ai renvoyé votre meſſager les mains vuides.

TIMON.

Ah ! ne ſongez donc pas à cela.

II. SÉNATEUR.

Noble Seigneur.

TIMON.

Ah, mon digne ami, comment vous en va ?

II. SÉNATEUR.

Très-honoré Seigneur, je ſuis tout confus de m'être trouvé ſi pauvre, lorſque votre Grandeur envoya l'autre jour chez moi.

TIMON.
Eh ! oubliez donc cela.

II. SÉNATEUR.
Si vous eussiez envoyé seulement deux heures plutôt...—

TIMON.
Que ce souvenir n'éloigne pas de vous des idées plus agréables. — (*A ses Serviteurs.*) Allons, qu'on apporte tout à la fois.

II. SÉNATEUR.
Quoi, tous les plats couverts ?

I. SÉNATEUR.
Festin royal ! J'en réponds.

III. SÉNATEUR.
N'en doutez pas ; tout ce que l'argent & la saison peuvent procurer.

I. SÉNATEUR.
Comment vous portez-vous ? Quelles nouvelles ?

III. SÉNATEUR.
Alcibiade est exilé, le savez-vous ?

I & II. SÉNATEURS.
Alcibiade exilé !

III. SÉNATEUR.
Oui, foyez-en sûrs.
I. SENATEUR.
Comment ? Comment ?
II. SÉNATEUR.
Et le fujet, je vous prie ?
TIMON.
Mes bons & dignes amis, voulez-vous bien approcher ?
III. SÉNATEUR.
Je vous en dirai davantage tantôt : voilà un fplendide repas fous nos yeux !
II. SÉNATEUR.
Le Patron eft toujours ce qu'il étoit, toujours auffi bon.
III. SÉNATEUR.
Cela durera-t-il ? Cela durera-t-il ?
II. SÉNATEUR.
A préfent, bon ; mais un tems viendra, où—
III. SÉNATEUR.
Je vous entends.

TIMON.

Allons, que chacun prenne fa place, avec l'ardeur dont l'Amant fe penche fur les lèvres de fa Maîtreffe: vous ferez également bien fervis, en quelque lieu que vous vous placiez. Ne faites point de cérémonie & ne laiffez point refroidir le dîner, en difputant fur le choix & la prééminence des places. Affeyez-vous, affeyez-vous. — Rendons d'abord graces aux Dieux.

« O vous, grands bienfaiteurs du monde, inf-
» pirez à notre fociété la reconnoiffance. Faites-vous
» payer de vos dons par des louanges; mais réfervez
» toujours quelques bienfaits, fi vous ne voulez
» pas voir vos divinités méprifées. Prêtez à chaque
» homme affez, pour qu'aucun n'ait befoin d'em-
» prunter d'un autre. Si vos Divinités étoient ré-
» duites à emprunter des hommes, les hommes
» abandonneroient les Dieux. Faites que le feftin
» foit plus aimé que l'hôte qui le donne. Qu'il ne
» fe forme jamais une affemblée de vingt convives,
» fans qu'il y ait une vingtaine de fripons : & s'il fe
» trouve douze femmes à table, qu'elles foient.... ce
» qu'elles font déjà. — Et le refte de vos ennemis (†),
» ô Dieux, les Sénateurs d'Athènes, avec toute la
» lie du peuple Athénien, hâtez leur deftruction
» entière. — Quant à tous ces amis qui m'environ-

_____
(†) *Autre leçon.* Pour le refte de vos dons.

„ nent, soyez pour eux, ce qu'ils sont pour moi.....
„ & que vos dons soient comme le festin auquel ils
„ sont invités.... un néant. (*Découvrant les plats.*)
Découvrez, meute affamée, & dévorez. (*Tous les
plats sont vuides.*)

QUELQUES SÉNATEURS.

Que veut dire sa Grandeur ?

QUELQUES AUTRES.

Je n'en sais rien.

TIMON.

Beau cercle d'amis de bouche, puissiez-vous ne
voir jamais une meilleure fête ! La fumée & l'eau
sont votre parfaite image. Voilà le dernier don de
Timon, qui, tout couvert de vos louanges & de vos
flateries dorées, s'en lave aujourd'hui, & vous rejette
au visage vos lâches & dégoûtans mensonges : allez,
puissiez-vous traîner une longue vieillesse abhorrée !
Doucereux flatteurs, détestables parasites, qui dévorez en souriant, loups affables, ours caressans, vils
amans de la fortune & de la bonne chère, oiseaux
de passage, bas esclaves à la tête inclinée, au genou
prosterné, vains fantômes sans solidité, ridicules
automates attachés au palais du riche (†) ; que tous

(†) *Minute-Jacks.* C'est ce qu'on appelle ordinairement. *A* les fléaux qui défolent l'homme & la brute, réunis fur vous, vous couvrent d'une lepre univerfelle. — Eh bien, où allez-vous? Attendez.—Toi, prends d'abord ta potion, — & toi auffi, & toi encore.— (*Il leur jette les plats à la tête & les chaffe*). Arrête, je veux te prêter de l'argent & non t'en emprunter. Quoi, tous en alarmes ? — Qu'il ne fe faffe plus déformais de fête où les fripons ne foient les biens reçus! Fatale maifon, que le feu te confume! Péris, Athènes, péris; & que déformais l'homme & tout ce qui portera la figure humaine, foit haï de Timon. (*Il fort.*)

LES SÉNATEURS *rentrent en tumulte.*

I. SÉNATEUR.

Eh bien, Seigneur?

II. SÉNATEUR.

Pouvez-vous expliquer qu'elle eft cette fureur du Seigneur Timon?

III. SÉNATEUR.

Avez-vous vu ma toque?

Jack of the clock-houfe, une petite figure fur une horloge, qui montre les heures & les minutes. Ou bien, *Jack with à lanthorn*: Jacques à la lanterne: feux folets, qu'un inftant voit paroître & difparoître.

IV. SÉNATEUR.

J'ai perdu ma robe.

I. SÉNATEUR.

Ce n'est qu'un fou ; il ne se laisse gouverner que par le caprice ; l'autre jour il m'a donné un diamant, & aujourd'hui il me le fait sauter de mon chapeau… L'avez-vous vu, mon diamant ?

II. SÉNATEUR.

Avez-vous vu mon chapeau ?

III. SÉNATEUR.

Le voilà.

IV. SÉNATEUR.

Ah, voici ma robe.

I. SÉNATEUR.

Hâtons-nous de sortir d'ici.

II. SÉNATEUR.

Le Seigneur Timon est fou.

III. SÉNATEUR.

Je le sens bien vraiment à mes épaules.

IV. SÉNATEUR.

Il nous donne des diamans un jour, & l'autre des pierres.

Fin du troisième Acte.

ACTE IV.

SCÈNE PREMIÈRE.

Le Théâtre repréfente une Place hors des murs d'Athènes qu'on apperçoit encore.

TIMON.

Que je vous regarde encore, ô murs, dont l'enceinte renferme ces loups dévorans ; abîmez-vous fous la terre & ne défendez plus Athènes ! Chafteté, fors du cœur des époufes ; obéiffance, péris dans le cœur des enfans. Que les efclaves & les fous arrachent de leurs fièges vos graves Sénateurs, & jugent à leur place. Jeunes Vierges, pures encore, plongez-vous dans tous les excès de la débauche, commettez le crime fous les yeux de vos parens. Dépofitaires banqueroutiers, ne lâchez pas la main, & plutôt que de rendre l'argent, tirez vos poignards, & coupez la gorge aux créanciers qui vous l'ont confié. Serviteurs, volez avec adreffe ; vos graves maîtres font des brigands à la large main, qui pillent au nom des loix. Jeune esclave, entre sans pudeur au lit de ton maître; ta maîtresse se prostitue dans un lieu infame. Jeune fils de seize ans, arrache des mains de ton vieux père sa béquille veloutée, soutien de ses pas chancelans, & d'un coup parricide brise sa tête chauve. Crainte, respect, amour des Dieux, paix, justice, bonne-foi, subordination domestique, tranquille repos des nuits, union des concitoyens, éducation, mœurs, Religion, commerce social, respect mutuel, loix, usages, bienséances, soyez anéantis & remplacés par tous les vices & les désordres contraires. Que par-tout la confusion regne seule; & vous, tyrans des mortels, cruelles maladies, soufflez, amassez sur Athènes vos ardeurs contagieuses; elle est mûre pour la ruine; voici l'instant de la frapper. Froide sciatique, estropie nos Sénateurs, & que leurs membres difformes & contrefaits deviennent l'image de leurs mœurs! Débauche effrénée, glisse-toi dans les cœurs, & pénetre toutes les fibres de la jeunesse. Qu'elle lutte avec succès contre le frein de la vertu, & qu'elle aille s'abîmer, se perdre dans les gouffres de la volupté. Que la corruption fermente en secret dans le sang Athénien, & produise tout-à-coup la moisson d'une lépre universelle; que l'haleine infecte l'haleine; que leur société soit, comme leur amitié, un poison! Cité détestable, je n'emporte rien de toi, que ce corps nud : arrache-le moi auffi, en multipliant les profcriptions. Timon te fuit & fe retire dans le fond des forêts, où les bêtes les plus féroces feront pour lui plus humaines que les hommes. O Dieux bienfaifans, exaucez-moi, je vous invoque tous ; exterminez les Athéniens au dedans & au dehors de leurs murs. Accordez à Timon de voir croître, avec fes années, fa haine pour la race des hommes, grands ou peuple !

SCÉNE II.

La Maifon de Timon.

FLAVIUS, DEUX SERVITEURS.

UN SERVITEUR.

Parlez, honnête Intendant, où eft notre maître ? Tout eft-il perdu, défefpéré ? Ne refte-t-il rien ?

FLAVIUS.

Hélas ! mes amis, que voulez-vous que je vous dife ? — Que les juftes Dieux daignent fe fouvenir de moi ; je fuis auffi pauvre que vous.

UN SERVITEUR.

Une pareille maifon renverfée ? Un fi généreux

maître ruiné, précipité dans la misere ? Tout perdu ! Et pas un seul ami qui tende les bras à son infortune (†), & qui l'accompagne dans son malheur !

UN SECOND SERVITEUR.

De même que nous tournons le dos à notre camarade dès qu'il est jetté dans la fosse, ainsi ses amis, en voyant sa fortune ensévelie, s'échappent tous loin de lui, ne lui laissant que leurs vœux trompeurs, comme des bourses vuides. L'infortuné, dévoué à la mendicité ; sans autre bien que l'air ; atteint de la lépre de la pauvreté, que tout le monde fuit, marche comme le mépris, seul. (*Entrent quelques autres Serviteurs de Timon.*) Voici encore quelques-uns de nos camarades.

FLAVIUS.

Tous, débris malheureux d'une maison renversée !

UN TROISIÈME SERVITEUR.

Nos cœurs n'en portent pas moins la livrée de Timon. Je le lis sur nos visages. Nous sommes tous compagnons encore, servant tous ensemble sous le malheur. Notre barque fait eau, & nous, pauvres mousses, nous sommes sur le tillac, écoutant le bruit des vagues qui menacent notre vie ; il faut que nous

---

(†) *Qui prenne sa fortune par le bras.*

nous féparions tous, difperfés dans l'immenfe océan de l'air.

FLAVIUS.

Braves amis, je veux partager avec vous tout ce qui me refte. En quelque lieu que nous puiffions nous revoir ; pour l'amour de Timon, reftons toujours camarades ; faites tous un figne de tête, & en fignal funèbre du bonheur trépaffé de Timon, difons tous enfemble : *Nous avons vu des jours plus heureux* ! — Tenez, que chacun prenne fa part ; allons, tendez vos mains. — Pas un mot de plus : c'eft ainfi que nous nous féparons, pauvres de fortune, mais riches en douleur.

(*Il leur donne de l'argent, les embraffe, & tous fe retirent de différens côtés.*) (†)

FLAVIUS *continue*.

Oh ! dans quelle affreufe détreffe la profpérité nous a précipités ! Qui ne defirera pas d'être préfervé des richeffes, puifque l'opulence aboutit à cet état de mifère & de mépris ? Quel homme voudroit fe laiffer tromper par l'éclat de la profpérité,

___

(†) Rien ne fait mieux connoître le caractère de Timon, que la fidélité de fes domeftiques. Cette efpèce n'honore que la vraie vertu. Il n'y a qu'une bienfaifance impartiale, qui puiffe gagner l'amour de ceux qui dépendent d'un autre. *Johnfon*.

pour ne jouir que d'un fonge d'amitié ? Qui voudroit de tous les biens que peut donner la fortune, & de la pompe qui l'environne, pour ne les poſféder qu'en vaines peintures, telles que ſont les faux amis de Timon ? O, mon bon maître, ſi honnête & ſi malheureux ! Voilà où ſon bon cœur l'a réduit ; c'eſt ſa bienfaiſance qui l'a ruiné ! C'eſt un être bien étrange & bien nouveau, que l'homme, dont le plus grand crime eſt d'avoir fait trop de bien ! Qui oſera déſormais être la moitié auſſi bon, puiſque la bonté qui fait les Dieux, détruit l'homme ? O mon cher Maître, adoré autrefois, pour être maudit aujourd'hui ; riche ſeulement pour devenir miſérable ! Ta grande opulence eſt devenue ta grande calamité. Hélas, le bon Seigneur ! dans ſa rage, il a fui cette ville odieuſe, repaire de ſes monſtrueux amis. Il n'a rien avec lui pour ſubſtanter ſa vie, & ſe procurer le néceſſaire. Je veux le chercher & le ſuivre. Je ſervirai toujours ſa belle ame avec le plus tendre dévouement ; & tant qu'il me reſtera de l'or, je veux reſter ſon Intendant.

(Il ſort.)

SCÈNE III.

TIMON *seul.*

O Soleil, père de tous les biens, pompe les plus impures vapeurs de la terre ; infecte l'air depuis la sphère de ta sœur, jusqu'à notre globe. —(†) Deux frères jumeaux, sortis du même sein, conçus, formés & nés presque au même instant, éprouvent des destinées bien contraires! Le plus grand méprise le plus petit. L'homme, malgré tous les maux qui l'assiégent & lui rappellent son origine, ne peut supporter une grande fortune, sans méconnoître sa nature, & mépriser son semblable. (*a*) Qu'on élève ce mendiant, & qu'on dépouille ce Sénateur ; le premier va jouir des honneurs d'une naissance illustre, & le second traînera un mépris héréditaire. C'est l'opulence qui (*b*) enfle l'existence, & fait les beaux jours de l'homme ; c'est la pauvreté

(†) Il pourroit y avoir ici quelque lacune.

(*a*) Warburton pense que Shakespéar a ici en vue Alexandre, qui ne put supporter la prospérité, & qui méprisant son origine humaine & mortelle, eut la folie de se croire un Dieu.

[*b*] *It is the pasture lards the Weather's sides,*
 The want that makes him lean.

C'est la pâture qui engraisse les saisons de la vie,
Et c'est le besoin qui les rend maigres.

Cet endroit est très-obscur dans l'original. La correction de Warburton est trop hasardée, & ne donne même pas un sens passable. Selon lui, le sens seroit : « C'est le pâturage qui » engraisse les flancs du bélier ; mais la disette les maigrit. »

qui amaigrit son bonheur, & décharne sa vie. Quel homme, dans la fierté d'une ame droite & pure, osera dire: voici un flatteur? S'il en est un seul, ils le sont tous; car ils se suivent tous comme un troupeau: chaque degré de la fortune est applani par celui qui descend. La tête savante s'incline devant l'imbécile vêtu d'or : tout est oblique & faux dans l'homme : rien de vrai dans notre nature maudite que le vice & la perversité. Maudites soient donc les fêtes, les sociétés & les assemblées des hommes ! Timon hait & méprise son semblable ; il se hait lui-même. Que la destruction anéantisse le genre humain ! — O terre, cede-moi quelques racines. (*Il creuse la terre.*) Que l'homme qui te demande quelque chose de plus, reçoive de toi, dans sa bouche, les plus violens poisons ! —Que vois-je ? de l'or ? Quoi, ce jaune, ce brillant & précieux métal ? Non, Dieux, (†) je ne

---

Johnson s'efforce de donner un sens à l'ancienne leçon ; mais on n'est pas plus satisfait. Peut-être faut-il lire *Pasture*, dit M. Eschenburg, & laisser le reste sans y rien changer, & alors voici quel seroit le sens. « Beaucoup de nourriture engraisse les flancs » de notre prochain; c'est-à-dire, le fait environner d'un essaim » d'amis, mais le besoin les écarte. »

J'ai préféré le sens que donne le mot *Weather*, *tempête*, *temps circonstance*, *saison*.

(†)   O si
Sub rastro crepet argenti mihi seria dextro
  Hercule !   Perse.

vous demande rien de superflu. — Des racines, justes Dieux ! — Seulement cette dose de cette brillante poussière peut blanchir ce qui est noir, embellir un monstre, innocenter le coupable, ennoblir la bassesse, rajeunir la vieillesse, & couronner le front du lâche des lauriers du brave. — Oh, pourquoi cela, grands Dieux, pourquoi cela ? — Oui, cet or peut faire déserter de vos autels, vos Prêtres (†) & vos plus zélés serviteurs; il arrache l'oreiller (a) où le malade, encore plein de vie, repose sa tête défaillante. Ce brillant & servile métal unit ou rompt les nœuds des pactes les plus religieux, sanctifie & fait bénir ce qui doit être maudit : il fait adorer le plus impur, le plus hideux squelette; il place auprès du Sénateur, sur le siège de Justice, un fripon, lui donne la noblesse, le respect & l'approbation publique. C'est lui qui séche les larmes de la veuve (b),

(†) Aristophane, dans son Plutus, Acte V, Scène II, introduit un Prêtre de Jupiter, qui abandonne son culte & ses autels pour aller servir Plutus.

[a] Allusion à une ancienne coutume d'ôter l'oreiller de dessous la tête des mourans dans leur agonie, pour rendre leur mort plus douce. Shakespéar prête ici une intention toute opposée.

(b) Wapen'd ou Waped signifie à la fois triste & effrayée de la perte d'un bon mari, & des traitemens d'un mauvais; mais l'or, dit-il, surmonte sa tendresse & ses craintes. Suivant Steevens, la Veuve *dont la curiosité & les passions sont contentées.*

& la rengage dans de nouveaux liens. La plus affreuſe créature, que les infirmités dévorent dans l'obſcurité de ſon réduit honteux, il l'embaume & la parfume, & elle reprend toute la fraîcheur de ſon Avril. (†) Vile idole, à qui tout le genre humain ſe proſtitue, qui ſèmes le trouble parmi la foule bruyante des nations, je veux à l'inſtant te faire reprendre la place que t'aſſigna la Nature.—(*Une marche militaire.*) Un tambour!— Tu es bien ſubtil & bien remuant; mais je veux t'enſévelir : va, le plus fort des brigands, rentre aux lieux où tes ſatellites avares ne peuvent te ſuivre; mais gardons-en un peu, pour ſervir d'échantillon.

(*Il prend un peu d'or, & enfouit le reſte*).

SCÈNE IV.

TIMON, PHRYNIA, TIMANDRA, ALCIBIADE, *en habit de Guerrier, avec des Tambours &c.*

ALCIBIADE à TIMON.

Qui es-tu? Parle.

(†) Du jour de ſes nôces. M. *Eſchenburg*.

TIMON.

Une bête sauvage comme toi. Qu'une vipère te ronge le cœur, pour venir m'offrir encore les yeux d'un homme !

ALCIBIADE.

Quel est ton nom ? L'homme est-il donc haï de toi, qui, toi-même, es un homme ?

TIMON.

Je suis le (†) *Misantrope*, & je hais le genre humain. — Pour toi, je voudrois que tu fusses chien; je pourrois t'aimer un peu.

ALCIBIADE.

Oh, je te connois, mais non pas tes malheurs, j'ignore tout.

TIMON.

Je te connois bien aussi moi, & cela me suffit ; je ne desire point en savoir davantage ; suis tes tambours : rougis, abreuve la terre du sang des hommes. Les Loix Religieuses, les Loix Civiles, toutes sont cruelles ! Que doit donc être la guerre ? — Cette courtisane, que tu mènes avec toi, cruelle, malgré la douceur de ses yeux célestes, porte en elle une destruction plus fatale que ton épée.

(†) Le mot grec a bien plus d'énergie, que celle que nous y attachons actuellement.

PHRYNIA.

Périssent tes lévres odieuses!

TIMON.

Va; je ne t'embrasserai pas; que ta malédiction retombe sur les tiennes!

ALCIBIADE.

Comment le noble Timon a-t-il pu éprouver cette étrange révolution?

TIMON.

Comme la Lune éprouve la sienne, & s'éteint, faute de lumiere à répandre; mais je n'ai pu, comme elle, renouveller ma clarté; il n'y avoit point de soleils, pour en emprunter d'eux.

ALCIBIADE.

Noble Timon, quel service mon amitié peut-elle te rendre?

TIMON.

Aucun, sinon de justifier mes sentimens.

ALCIBIADE.

Quels sont-ils?

TIMON.

Promets-moi tes services, & ne m'en rends aucun. Si tu ne le promets pas, que les Dieux te punissent; car alors tu es un homme: si tu tiens ta promesse, qu'ils te punissent encore; car alors encore tu es un homme!

ALCIBIADE.

J'ai bien ouï dire quelque chose de tes malheurs.

TIMON.

Tu vis mes malheurs dans le temps de ma prospérité.

ALCIBIADE.

C'est aujourd'hui que je les vois; alors c'étoit le temps de ton bonheur.

TIMON.

Oui, comme il est aujourd'hui le tien; à présent que tu es entouré par ce couple de prostituées.

TIMANDRA.

Est-ce donc là cet Adonis d'Athènes, dont tous les échos répétoient les louanges?

TIMON.

Es-tu Timandra?

TIMANDRA.

Oui.

TIMON.

Sois toujours proſtituée. Ceux qui jouiſſent de toi, ne t'aiment point. Verſe dans leurs veines, en échange de leurs laſcives ardeurs, un poiſon qui éteigne les feux de leur lubricité; emploie bien tes heures diſſolues; envoie tous tes amans au Médecin, & condamne tes jeunes adorateurs aux joués de roſe, à la diette & au lait.

TIMANDRA.

Va aux enfers, monſtre.

ALCIBIADE.

Pardonne-lui, chere Timandra; ſes grandes calamités ont égaré ſa raiſon. — Brave Timon, il ne me reſte qu'un peu d'or, dont la diſette excite tous les jours quelques révoltes parmi mes ſoldats indigens. J'ai appris avec douleur comment l'ingrate Athènes, oubliant ton mérite & tes grands exploits, qui la ſauvèrent lorſque les États voiſins alloient l'écraſer ſans ton épée & tes heureuſes victoires.....

TIMON.

Je te prie, fais battre tes tambours, & va-t-en.

ALCIBIADE.

Mon cher Timon, je fuis ton ami, je te plains.

TIMON.

Et quelle marque de pitié me donnes-tu, toi, dont la préfence m'importune & m'offenfe? J'aimerois mieux être feul.

ALCIBIADE.

Eh bien, adieu; voilà de l'or pour toi.

TIMON.

Garde ton or, je ne peux pas le manger.

ALCIBIADE.

Quand j'aurai fait de la fuperbe Athènes un monceau de.....

TIMON.

Tu fais donc la guerre aux Athéniens?

ALCIBIADE.

Oui, Timon, & j'en ai fujet.

TIMON.

Que les Dieux les exterminent par ton épée victorieufe, & qu'ils t'exterminent enfuite toi-même après ta victoire!

ALCIBIADE.

Moi, Timon, & pourquoi?

TIMON.

Parce qu'en égorgeant ces lâches, tu feras né pour conquérir ma patrie. — Reprends ton or: en voilà pour toi, pars: fois fatal comme un astre malfaisant, lorsque Jupiter suspend sur une ville criminelle ses nuages empestés dans l'air corrompu. Va: que ton glaive n'en épargne pas un seul; n'aie aucune pitié du vieillard, malgré ses cheveux blancs; c'est un avare usurier: frappe-moi la matrone, en dépit de sa pudeur; rien n'est honnête en elle que son vêtement; son cœur est prostitué. Que les joues de rose de la jeune vierge, n'adoucissent pas le tranchant de ton épée furieuse: ce sein d'albâtre qui, au travers de la gaze transparente, enchante les yeux de l'homme, n'est point marqué pour la clémence dans le livre de la pitié; perce-le, comme traître & perfide: n'épargne pas même l'enfant dont le gracieux sourire fait tomber les armes des mains des plus forcenés; ne vois en lui qu'un enfant du crime, un assassin futur, dont un oracle équivoque a menacé ta vie; écrase-le sans remords. Jure de les exterminer tous; arme tes oreilles & tes yeux; sois de fer, inexorable aux cris des mères, des filles, des enfans,

à la

D'ATHENES.

à la vue des Prêtres baignans de leur sang leurs vêtemens sacrés. Tiens, voilà de l'or pour payer tes soldats; marche au carnage; & quand ta fureur sera assouvie, sois exterminé toi-même! — Pas un seul mot de plus : va-t'en.

ALCIBIADE.

As-tu encore de l'or? Je le prendrai; mais non pas tes avis.

TIMON.

Suis-les, ou ne les suis pas; que le ciel te confonde!

TIMANDRA & PHRYNIA.

Donne-nous de l'or, bon Timon : en as-tu encore?

TIMON.

Assez pour faire abjurer à une prostituée son infâme métier (†), & lui rendre tous les honneurs de la vertu. Viles créatures, tendez & emplissez vos tabliers. Ce n'est pas à vous qu'il faut demander des sermens qui vous enchaînent; non que vous ne soyez prêtes à jurer; & je le sais, vos sermens exécrables feroient trembler le ciel d'horreur, & frissonner les Dieux immortels dans le sein de l'Olympe. Épargnez les

___

[†] Autre leçon : *Assez pour en multiplier l'espèce.*

parjures ; je vous abandonne à votre penchant ; soyez toujours ce que vous avez été. Que celui qui tentera de vous convertir à la vertu, soit lui-même entraîné par vous dans le crime ; attirez-le dans vos filets, & embrasez-le du feu caché qui vous dévore. Ne désertez jamais votre profession ; seulement éprouvez six mois de l'année, les douleurs & les peines méritées qui expient vos plaisirs. Ornez votre front d'une chevelure étrangère (†), & couvrez votre tête chauve de la dépouille des morts ; si elle appartînt à des scélérats expirés sur le gibet, n'importe ; portez-la, & que ses tresses soient autant de piéges pour trahir. Continuez vos prostitutions ; peignez votre visage jusqu'à le rendre luisant comme une glace, & comblez de fard les rides de l'âge.

TIMANDRA & PHRYNIA.

Fort bien : allons, encore de l'or. — Sois persuadé que nous ferons tout pour de l'or.

TIMON.

Abreuvez de venin les plus purs esprits du sang des

[†] Vers l'an 1595, lorsque la mode de porter plus de cheveux sur la tête que n'en fait croître la Nature, s'introduisit en Angleterre, il étoit dangereux de laisser sortir les enfans. De méchantes femmes attiroient ceux qui avoient une belle chevelure dans des rues détournées, & les leur coupoient. *Steevens*.

hommes ; brisez leurs jambes atrophiées ; anéantissez leur force & leur courage. Étouffez la voix du Légiste ; qu'on n'entende plus son fausset perçant & chicanneur défendre la mauvaise cause. Couvrez d'une lèpre honteuse le Pontife qui déclame contre les aiguillons de la volupté, & qui ne se croit pas lui-même. Faites tomber le nez gangrené de l'homme, qui ne cherche qu'à éventer son bien particulier au milieu de l'intérêt général. Dépouillez ces jeunes suborneurs de la chevelure dont ils sont idolâtres ; & que les fanfarons de la guerre, échappés sans blessure au fer des combats, puisent dans votre sein les maux & les douleurs ! Frappez tous les hommes du même fléau. Que vos impudiques ardeurs desſèchent les sources de la volupté, & anéantissent pour jamais les germes de la population ! Voilà encore de l'or ; allez, perdez les autres, & que cet or vous perde à votre tour, & que les fossés de la voie publique vous servent à tous de tombeau !

TIMANDRA & PHRYNIA.

Encore des avis & de l'argent, charitable & généreux Timon.

TIMON.

Plus il y aura de prostituées & plus il y aura de maux. Commencez votre tâche ; je vous en ai payé le salaire.

ALCIBIADE.

Sonnez, trompettes. Marchons vers Athènes. — Adieu, Timon ; si je prospère à mon gré, je reviendrai te revoir.

TIMON.

Et moi, si mon espoir veut ne me pas tromper, je ne te reverrai jamais.

ALCIBIADE.

Je ne t'ai jamais offensé.

TIMON.

Tu as dit du bien de moi.

ALCIBIADE.

Appelles-tu cela une offense ?

TIMON.

Oui, les hommes l'éprouvent tous les jours. — Sors d'ici, pars & emmène ces deux pestes avec toi.

ALCIBIADE.

Nous ne faisons ici que l'aigrir. — Partons.

SCÈNE V.

TIMON.

Se peut-il que la Nature souffrante & lassée de l'ingratitude de l'homme, soit encore si prodigue pour lui ! Ô mere commune (†), toi dont le sein immense & fécond enfante & nourrit tout ; toi, qui de la même substance dont tu formes le plus vain de tes enfans, l'homme superbe, engendres le noir crapaud, la couleuvre bleuâtre, le lésard doré, le serpent vénimeux (a), & mille autres créatures abhorrées sous la voûte du ciel, où brillent les feux vivifians du soleil ; (b), ouvre à Timon, qui déteste la race humaine, ton sein libéral & fertile ; accorde-lui une pauvre racine ; & après, referme ton sein. Ne produis plus rien pour l'homme

---

(†) Cette image est prise des anciennes statues de la Diane d'Ephèse, *Multi mammia*, à plusieurs mammelles, appellée παναίολος φύσις πάντων μήτηρ. Hésiode faisant allusion à la même Statue, appelle la Terre γαῖ' εὐρύστερνος. *Terre au vaste sein.* Warburton.

(a) L'aveugle, espèce de serpent.

(b) *De l'Hypérion.* Ce mot signifie ici le soleil, que quelques-uns appellent le frère de Saturne, qui gouverne le cours des Planètes, & est appelé pour cette raison le *père du Soleil, de la Lune & des Etoiles.*

ingrat; ne fois plus enceinte que de tigres, de loups, de dragons, d'ours & d'autres monstres nouveaux, s'il en est que ta surface n'ait point encore montrés à la face pure du firmament qui t'environne. — O une racine ! — (*Il bêche & il en trouve une.*) Je te remercie. — Ferme tes veines, taris tes ruisseaux, dessèche tes vignobles, tes prairies & les sillons de tes guêrets, & toutes les plantes dont l'homme ingrat tire ces sucs onctueux, ces liqueurs nourrissantes, qui, sous l'embonpoint d'un corps fleuri, étouffent l'ame, & offusquent la lumière pure de la raison.

SCÈNE VI.

TIMON, APEMANTUS.

TIMON.

Encore un homme ! Malédiction, malédiction.

APEMANTUS.

On m'a indiqué ta demeure. On m'a rapporté que tu affectes mes mœurs, que tu veux m'imiter.

TIMON.

C'est parce que tu n'as point de chien que je puisse imiter. Que la peste te confume !

APEMANTUS.

Tout cela n'eſt pas naturel en toi; pure affectation; ce n'eſt qu'une mélancolie indigne de l'homme, & qui eſt née du changement de ta fortune. Que ſignifient cette bêche, cette habitation, ce vêtement d'eſclave, & ces regards où l'inquiétude eſt peinte? Et cependant tes flatteurs portent la ſoie, boivent le nectar & dorment ſur le duvet, hument leurs parfums pernicieux, & ils ont oublié, s'il exiſta jamais un Timon. Va, ne déshonore pas ce manteau, en uſurpant le rôle hypocrite de cenſeur des hommes. Fais-toi flatteur à ton tour; cherche à relever ta fortune par le moyen qui t'a ruiné; apprends à courber les genoux; que le plus léger ſouffle du riche qui recevra ton hommage, faſſe voler ton bonnet de deſſus ta tête; préconiſe ſes plus grands vices, & érige-les en vertus. C'eſt ainſi qu'on te traitoit; ton oreille ouverte à l'adulation, étoit comme l'appât qui attiroit autour de toi une troupe de fripons & de paraſites; il eſt juſte que tu deviennes un fripon toi-même. Si tu étois encore opulent, tu ne le ſerois qu'au profit des fripons. —Va, ne cherche pas à contrefaire mon rôle, & à me reſſembler.

TIMON.

Si je te reſſemblois; je m'anéantirois moi-même.

APEMANTUS.

Jadis insensé, sot aujourd'hui, toujours semblable à toi, il y a long-temps que tu t'es anéanti toi-même. — Quoi! attends-tu que cet air froid & impétueux viendra, comme ton Page, t'apporter ton vêtement pénétré d'une douce chaleur? Ces arbres vêtus de mousse, & plus vieux que l'aigle, suivront-ils tes pas ; iront-ils se planter & couvrir de leur ombrage le rendez-vous que tu leur assigneras? L'onde du ruisseau glacé changera-t-elle de nature pour laver & réparer tes organes fatigués des excès de la nuit? Appelle toutes les créatures qui vivent exposées à l'inclémence de l'air : ces arbres dont les troncs nuds & sans abri, en butte au choc des élémens, subissent la nature, ses loix & ses rigueurs ; dis-leur de te flatter. — Oh, tu connoîtras.....

TIMON.

Toi, pour un insensé : sors d'ici.

APEMANTUS.

A présent, je t'aime plus que jamais.

TIMON.

Et moi, je te hais davantage.

APEMANTUS.

Pourquoi?

TIMON.

TIMON.

Tu flattes jusqu'à la misère.

APEMANTUS.

Je ne te flatte pas; je te dis seulement que tu es un misérable.

TIMON.

Pourquoi m'es-tu venu chercher ?

APEMANTUS.

Pour te vexér.

TIMON.

C'est toujours le rôle d'un homme vil ou d'un fou: te plais-tu dans ce rôle ?

APEMANTUS.

Oui.

TIMON.

Tu es un lâche scélérat.

APEMANTUS.

Si tu avois revêtu ces froids & grossiers haillons pour châtier ton orgueil, je t'approuverois; mais tu ne l'as fait que par force. Tu serois un courtisan, si tu n'étois pas un gueux. — L'indigent volontaire est Roi en comparaison de l'opulent qui ne sait pas borner ses désirs ; celui-ci les remplit sans cesse, & ne les comble jamais ; l'autre satisfait, est toujours au comble de ses vœux. La fortune la plus brillante, privée du contentement, est un état de peine & de misère, cent fois au-dessous de la plus extrême indigence que le contentement accompagne. Tu devrois désirer de mourir, puisque tu es misérable.

TIMON.

(†) Je ne le suis pas, pour en recevoir le nom de la bouche d'un homme qui est bien plus misérable que moi. Toi, tu n'es qu'une vile créature, que jamais la fortune ne pressa dans ses bras caressans ; elle t'a traité comme l'homme traite le chien. Si tu avois, comme moi, dès le berceau, passé successivement par toutes les douceurs que le monde prodigue à ceux qui peuvent d'un coup d'œil appeler tous ses plaisirs autour d'eux, tu te serois plongé tout entier dans la

---

(†) Shakespéar avoit du talent pour la satyre. Il en donne ici une preuve dans une ligne pleine d'amertume, où Timon fait entendre à Apemantus, qu'il n'a pas même eu assez de vertu pour être capable des crimes & des vices contre lesquels il se déchaîne. J'ai entendu louer à Burke la finesse de la nuance avec laquelle Shakespéar sépare & distingue le caractère actuel de Timon de celui d'Apemantus, que des yeux vulgaires pourroient voir comme entièrement ressemblans. *Johnson.*

débauche; ta jeuneſſe ſe ſeroit uſée dans tous les excès divers de la molleſſe & de la volupté: uniquement occupé de la pourſuite des illuſions brillantes qui t'auroient attiré, tu n'aurois jamais appris les froides & auſtères leçons de la modération & de la décence.— Mais moi, qui avois le monde entier pour tributaire, je régnois ſur la langue, le cœur & les yeux de plus de ſerviteurs que je n'en pouvois employer; ils étoient attachés à moi comme les feuilles innombrables le ſont au chêne qu'elles couvrent : mais le ſouffle d'un ſeul hiver les a toutes ſecouées des rameaux où elles étoient attachées, & m'a laiſſé nud expoſé à toutes les fureurs de la tempête. Si cet état eſt un pénible fardeau pour moi qui n'avois jamais connu que le bonheur; pour toi, ton exiſtence a commencé dans le malheur, & le temps t'a néceſſairement endurci à la ſouffrance. — Pourquoi haïrois-tu les hommes ? Ils ne t'ont pas flatté. Quels dons leur as-tu fait ? Va, ſi tu veux maudire, maudis ton père; fais tomber tes imprécations ſur le miſérable qui, dans ſon dépit, s'unit à quelque malheureuſe errante, & forma en toi l'héritier de ſa miſère & de ſa baſſeſſe. — Hors d'ici, va-t'en; ſi tu n'étois pas né le plus miſérable des hommes, tu n'aurois été qu'un fripon & un flatteur.

APEMANTUS.

Et tu fais donc encore le fier ?

TIMON.

Oui, de n'être pas toi.

APEMANTUS.

Et moi, de n'avoir pas été un prodigue.

TIMON.

Et moi d'en être encore un à préfent. Si tous les tréfors de l'univers étoient renfermés en toi, je te dirois : Tréfors & toi, aux enfers. — Que la vie de tous les Athéniens enfemble n'eſt-elle dans cette racine ! Vois comme je la dévore. (*Il mange une racine.*) (*)

APEMANTUS.

Qui voudrois-tu envoyer à Athènes ?

TIMON.

Toi, emporté par un ouragan. Si tu veux, va dire aux Athéniens que j'ai de l'or ici : vois, j'en ai.

APEMANTUS.

L'or n'eſt ici d'aucun ufage.

TIMON.

Il n'en eſt que meilleur & que plus innocent ; car ici il dort, & ne fait point de mal.

APEMANTUS.

Timon, où passes-tu la nuit ?

TIMON.

Sous ce dais que tu vois au-dessus de moi. Apemantus, où manges-tu le jour ?

APEMANTUS.

Où je trouve de quoi manger.

TIMON.

Oh, si le poison connoissoit ma volonté, & vouloit lui obéir.

APEMANTUS.

Où l'enverrois-tu ?

TIMON.

Assaisonner tes alimens.

APEMANTUS.

Va, tu n'as jamais connu les justes tempéramens de l'humanité ; tu es toujours tombé dans l'un ou l'autre extrême. Au milieu de ton or & de tes parfums, on se moquoit de toi pour ton excès de bonté. Maintenant, sous tes haillons, il n'est personne qui ne te méprise pour ton indigence. (*) — Que trouves-tu dans le monde de plus ressemblant à un flatteur ?

TIMON.

La femme en approche le plus; mais l'homme est la flatterie elle-même. — Apemantus, que ferois-tu de l'univers, si tu le tenois sous ta puissance?

APEMANTUS.

Je l'abandonnerois aux bêtes féroces, pour me délivrer des hommes.

TIMON.

Voudrois-tu périr toi-même dans la destruction générale de l'espèce humaine? Ou bien voudrois-tu rester brute avec les brutes?

APEMANTUS.

Oui, Timon.

TIMON.

Brutale ambition! Que les Dieux t'accordent ton désir! — Si tu étois lion, le renard te duperoit; agneau, le renard te dévoreroit: renard, le lion te suspecteroit, si par hasard l'âne venoit à t'accuser: âne, ta stupidité feroit ton tourment, & tu ne vivrois que pour devenir la proie du loup: loup, ta voracité seroit ton supplice, & tu exposerois ta vie pour assouvir ta faim. Licorne, ta fureur feroit un piége pour toi; tu périrois victime de ta colère (†). Ours, tu serois

___

(†) Voici ce qu'on rapporte de la licorne: « Quand le lion, » qui est son ennemi, l'apperçoit, il se tient appuyé sur le tronc tué par le cheval ; cheval, tu ferois la proie du léopard ; léopard, tu ferois parent du lion, & ta peau mouchetée feroit fatale à ta vie ; tu n'aurois d'afyle que dans ta fuite, & ton abfence feroit ton unique défenfe. Quel animal pourrois-tu être, qui ne fût foumis à quelqu'autre animal ? Tu en es un déjà, de ne pas voir combien tu perdrois à la métamorphofe.

APEMANTUS.

Si ta converfation avoit pu me plaire, ce feroit fur-tout en ce moment. La République d'Athènes eft devenue un repaire de bêtes féroces.

TIMON.

Pourquoi donc es-tu forti ?

APEMANTUS.

Tu es la lie des infenfés.

TIMON.

Je te méprife trop pour te cracher au vifage.—Va-t'en aux enfers.

APEMANTUS.

Tu es trop vil, pour qu'on daigne te maudire.

» d'un arbre, la licorne furieufe vole vers lui pour le percer : » le lion fe retire, fon ennemi enfonce fa corne dans l'arbre, & » devient ainfi la proie du lion.» *Gefner, Hiftoire des Animaux.*

TIMON.

Il n'est point de fripon qui ne soit honnête, comparé à toi.

APEMANTUS.

Il n'est point de peste pareille à ton langage.

TIMON.

Oui, si je te nommois. — Si je ne craignois de souiller mes mains, je te....

APEMANTUS.

Je voudrois qu'une de mes paroles pût te les trancher.

TIMON.

Hors d'ici, chien lépreux (†) : la colère me transporte de te voir vivant ; ta vue me soulève le cœur.

APEMANTUS.

Je voudrois te voir expirant.

TIMON.

Retire-toi, ennuyeux importun ; je ne veux pas perdre une pierre après toi (a).

(†) Timon tire sur Apemantus comme sur un cynique, quoique tous les Cyniques ne fussent pas de ce caractère. Tel n'étoit pas Déméa, qui voyant que les Athéniens vouloient introduire les combats des Gladiateurs qui étoient en vogue à Rome, leur cria : *Chiens que vous êtes, ne souffrez pas cette cruauté, ou démolissez le Temple de la Pitié.*

(a) Allusion au Proverbe : *Tout homme a une pierre pour jetter à un chien.*

APEMANTUS.

APEMANTUS.
Bête sauvage !
TIMON.
Vil esclave !
APEMANTUS.
Objet d'horreur !
TIMON.
Odieux Scélérat !

(*Apemantus s'éloigne comme pour s'en aller.*)

Je suis malade de dégoût de ce monde pervers ; je n'en veux rien aimer, que les racines qui croissent sur sa surface. — Allons, Timon, prépare ta tombe à l'heure même ; repose dans un lieu où l'écume légère de la mer puisse chaque jour en baigner la pierre : compose ton épitaphe, & que ta mort soit la satyre de la vie des autres. (*Il regarde son or.*) O toi, doux régicide, cher & précieux tranchant, qui romps les nœuds dont sont unis le fils & le père ; toi, brillant corrupteur de la pureté du lit nuptial ; Dieu plus audacieux que Mars ; agent d'amour, toujours jeune, toujours frais & séduisant, toujours aimé, dont l'éclat peut corrompre l'innocence & salir la neige pure du chaste sein de Diane (†) : toi,

---

(†) Allusion à l'Histoire de Danaë & de Jupiter en pluie d'or, & de l'usage de consacrer aux Dieux la chose qu'on présumoit que chacun d'eux estimoit le plus, & qui avoit quelque rapport avec le caractère & les penchans qu'on leur prêtoit. *Warburton.*

Dieu visible, qui rends possible l'impossible, associes l'insociable, & forces à se joindre les êtres les plus contraires ; toi, qui parles & assortis tous les langages à tous les desseins : ô toi, aiman des cœurs, suppose que l'homme, ton esclave, se révolte, &, par ta puissance, allume la discorde dans son espèce & détruis-la. Puisse l'empire du monde rester à la brute !

APEMANTUS.

Que ton vœu s'exauce ! Mais je voudrois mourir auparavant. —Je vais publier que tu as de l'or ; tu te verras encore investi d'une foule d'hommes.

TIMON.

D'une foule ?

APEMANTUS.

Oui.

TIMON.

Tourne moi le dos, je t'en conjure.

APEMANTUS.

Vis & chéris ta misère.

TIMON.

Vis ou meurs, mais avec elle, & je suis content. — Encore des visages humains ? Mange tes racines, Timon ; & déteste les hommes. (*Il voit des Maraudeurs.*)

APEMANTUS.

Que leur fureur tombe fur toi ; je crains de m'y voir expofé ; allons-nous-en ; je viendrai te revoir, quand je n'aurai rien autre chofe à faire.

TIMON.

Quand il ne reftera plus rien de vivant fur la terre que toi, tu feras le bien venu.— J'aimerois mieux être le chien affamé d'un mendiant vagabond, que d'être Apemantus.

(*Apemantus fort.*)

SCÈNE VII.
TIMON, DES SOLDATS MARAUDEURS.

UN MARAUDEUR.

Où peut-il avoir trouvé cet or ? Sans doute ce font quelques miférables reftes, quelques débris de fa fortune. La difette d'argent, l'abandon de fes amis, l'auront jetté dans cette mélancolie.

II. MARAUDEUR.

Il court un bruit, qu'il pofsède un tréfor immenfe.

III. MARAUDEUR.

Faisons une tentative sur lui; s'il ne se soucie plus de l'or, il nous l'abandonnera facilement; mais s'il est jaloux de le conserver, comment l'aurons-nous?

II. MARAUDEUR.

Tu as raison; car il ne le porte pas sur lui; son trésor est caché.

I. MARAUDEUR.

N'est-ce pas là lui?

LES AUTRES.

Oui.

II. MARAUDEUR.

Le voilà tel qu'on nous le peint.

III. MARAUDEUR.

Lui-même; je le reconnois.

TOUS DEUX.

Dieu te garde, Timon.

TIMON.

Eh bien, Voleurs!

TOUS DEUX.

Soldats & non Voleurs.

TIMON.

Tous les deux à la fois, &, qui pis eft, nés des femmes.

TOUS DEUX.

Nous ne fommes point des Voleurs, mais des hommes que la faim tourmente.

TIMON.

C'eft d'hommes que vous êtes le plus affamés. Hé pourquoi cette faim ? Voyez, la terre a des racines ; autour de ce vafte efpace, cent ruiffeaux d'eau vive jailliffent de fon fein ; ces chênes produifent du gland ; ces bruyères font couvertes de graines vermeilles ; la nature, cette nourrice bienfaifante, vous fert fur chaque buiffon une moiffon abondante. La faim ? Et pourquoi avez vous faim ?

I. MARAUDEUR.

Nous ne pouvons vivre d'herbes, de fruits fauvages & d'eau, comme les poiffons, les oifeaux & les bêtes de ces forêts.

TIMON.

Vous ne pouvez pas même vivre fur les bêtes, les oifeaux & les poiffons : il faut que vous dévoriez les hommes. Je dois vous rendre graces ; du moins vous vous annoncez ouvertement pour des voleurs ;

pour faire votre métier, vous ne prenez point le masque des vertus. C'est dans les professions légitimes de la société, que la rapacité n'a point de bornes. Brigands, tenez, voici de l'or. Allez, buvez le sang de la grappe, jusqu'à ce qu'il coagule le vôtre, & qu'il allume dans vos veines une fièvre brûlante qui vous sauve du gibet! Ne vous confiez pas au Médecin; son antidote est un poison; il commet plus d'assassinats que vous de vols; il vole la bourse & la vie à la fois. Votre profession, c'est la scélératesse; exercez-la, comme les artisans exercent la leur. Je veux vous montrer par-tout l'exemple du brigandage. Tout vole dans la nature; le soleil, par sa puissante attraction, vole le vaste océan; la lune, sans pudeur, vole au soleil la pâle lumiere dont elle brille. La mer envahit ses rivages & leur enlève leurs digues qu'elle délaie & convertit en flots. La terre vole sa nourriture à toutes les substances animales, & ne produit qu'à force de larcins. Tout est brigand; les loix, dont le joug vous opprime, dont la verge vous châtie, sont elles-mêmes, par leur pouvoir tyrannique, le plus effréné des brigands. Point d'amitié entre vous; allez, volez-vous l'un l'autre; voilà encore de l'or. Egorgez sans pitié; tout ce que vous rencontrerez, vous ressemble & vole. Allez à Athènes, brisez, ouvrez les atteliers; vous ne pouvez rien voler qu'à des voleurs. Que cet or que je vous donne, ne vous empêche pas de voler encore : qu'il vous perde vous-mêmes, & vous confonde : voilà mon vœu!

(*Il les quitte & se retire.*)

III. MARAUDEUR.

En voulant me faire aimer mon métier, le charme de son discours m'en a dégoûté.

Ier. MARAUDEUR.

Ce n'est pas le desir que nous prospérions dans notre art, c'est la haine pour les hommes, qui lui a dicté ces conseils (†).

II. MARAUDEUR.

Je le croirai comme un ennemi; & je dis adieu à ma profession.

Ier. MARAUDEUR.

Attendons que nous revoyons la paix dans Athènes.

II. MARAUDEUR.

Il n'est point de tems si misérable, où l'homme ne puisse être honnête.

(†) Autre sens : il est dans la malignité du cœur humain de donner aux autres des conseils qui doivent leur être funestes.

Fin du quatrième Acte.

ACTE V.

SCÈNE PREMIÈRE.

Le Théâtre repréfente une Caverne au milieu des Bois.

FLAVIUS, TIMON.

FLAVIUS.

O Dieux ! Eſt-ce bien là mon Maître ? Dans cet état de ruine & d'opprobre ! Image de la miſère vivante & de l'abandon univerſel ! O monument étonnant de bienfaits prodigués aux méchans ! Quel changement d'humeur ont produit l'indigence & le déſeſpoir ! — Quoi de plus vil ſur la terre que les amis, s'ils conduiſent ainſi les ames les plus nobles à la plus honteuſe & à la plus déplorable fin ? Quel ſiécle que celui où l'homme eſt réduit à l'étrange vœu d'aimer ſes ennemis ! Puiſſai-je n'accorder ma tendreſſe qu'à celui qui me veut du mal, plutôt qu'à celui qui me careſſe ! — Son œil m'a apperçu ; je vais lui préſenter mon honnête douleur, & je veux le

ſervir

servir, comme mon maître, aux dépens de ma vie. — Mon cher Maître.

TIMON.

Loin d'ici, qui es-tu ?

FLAVIUS.

Quoi ! m'avez-vous oublié ?

TIMON.

Pourquoi fais-tu cette queſtion ? J'ai oublié tous les hommes : ſi tu t'avoues un homme, je t'ai oublié auſſi.

FLAVIUS.

Votre honnête Serviteur....

TIMON.

Je ne te connois donc point. Je n'eus jamais un honnête homme autour de moi ; je n'avois que des fripons qui en ſervoient d'autres (†).

FLAVIUS.

Les Dieux me ſont témoins, que jamais honnête Serviteur ne verſa ſur l'infortune de ſon Maître de larmes plus ſincères, que n'en ont verſé mes yeux ſur la vôtre.

(†) Autre ſens : je n'avois que des fripons à ſervir à de lâches coquins.

TIMON.

Quoi ! Tu pleures ! Approche, approche ; maintenant, je t'aime, puisque tu montres la foiblesse d'une femme, & que tu désavoues le cœur de pierre des hommes. Les cruels ne pleurent jamais que de débauche ou de folle joie !—Siécle pervers, où la pitié assoupie dans les cœurs, ne fait jamais couler les larmes !

FLAVIUS.

Reconnoissez-moi, mon cher Maître, je vous en conjure ; agréez ma sincère douleur, & tant que ce foible trésor durera, (*il lui présente ce qu'il a d'or,*) souffrez que je sois votre Intendant ; (†) regardez-moi toujours comme votre Serviteur.

TIMON.

Quoi, j'avois un Intendant si honnête, si juste, & aujourd'hui si compatissant ! Ceci change presque mon caractère sauvage, & adoucit ma haine.—Voyons ton visage. (*Il l'envisage.*) Cet homme pourtant nâquit sûrement d'une femme.—Dieux immortels & justes, pardonnez-moi l'anathême téméraire dans lequel j'ai enveloppé tous les hommes ; je proclame celui-ci pour honnête : mais ne vous y trompez pas ; il n'y a que

---

(†) Destouches a bien profité de cette Scène dans le cinquiéme Acte de son Dissipateur.

lui ; retenez bien ; il eſt le ſeul, & c'eſt un Intendant !
Oh ! que j'aurois aimé à déteſter tout le genre humain ; mais tu te rachètes toi-même de ma malédiction ; en ce moment, je la donne à tous, excepté
à toi. — Il me ſemble que tu es plus honnête que
ſage. Car en trahiſſant, en opprimant ton Maître,
tu en aurois trouvé plus facilement un autre : tant de
tes pareils arrivent au ſervice d'un ſecond Maître,
en marchant ſur le corps du premier. Mais, dis-moi
la vérité ; car je douterai toujours, malgré ma certitude ; cette tendreſſe n'eſt-elle point feinte, intéreſſée, uſuraire, comme celle du riche qui fait des préſens dans l'eſpérance de recevoir vingt fois plus qu'il
ne donne ?

FLAVIUS.

Non, mon digne Maître ; je vois que la défiance
& le ſoupçon ſont entrés, hélas, trop tard ! dans
votre cœur. C'étoit dans les jours de votre proſpérité,
au milieu de vos feſtins, que vous deviez être défiant ; mais le ſoupçon ne vient, que quand la fortune
eſt ruinée. Ma démarche, le Ciel m'en eſt témoin,
eſt pur amour : c'eſt mon attachement à votre ame incomparable ; c'eſt un zèle déſintéreſſé, qui m'amènent
auprès de vous, pour prendre ſoin de vos jours & de
votre ſubſiſtance; &, ſoyez-en perſuadé, tout ce que je
poſsède, & tout ce que je puis eſpérer dans l'avenir,
je le donnerois pour remplir l'unique vœu de mon

cœur; c'est que vous redeveniez riche & opulent : le plaisir de vous revoir heureux seroit ma récompense.

TIMON.

Vois, ton vœu est accompli, homme honnête & le seul. Tiens, prends, (*Il lui donne de l'or.*) Les Dieux, du fonds de ma misère, t'envoient un trésor. Va, vis riche & heureux ; mais à condition que tu iras bâtir loin des hommes ; haïs les tous, maudis-les tous ; ne montre de pitié pour aucun ; plutôt que de secourir le mendiant, laisse sa chair exténuée par la faim, se détacher de ses os ; donne aux chiens, ce que tu refuseras aux hommes ; que les cachots les engloutissent, que les dettes les accablent, qu'ils se flétrissent & meurent comme les arbres décrépits, & que toutes les maladies dévorent leur sang ! — Adieu, sois heureux.

FLAVIUS.

O mon Maître, souffrez que je reste avec vous, & que je vous console.

TIMON.

Si tu crains les malédictions, fuis : ne t'arrête pas, tandis que tu es libre & heureux. Ne vois jamais les hommes, & que je ne te voie jamais !

Timon sort a un côté, & Flavius à regret de l'autre.

SCÈNE II.

LE PEINTRE ET LE POETE.

LE PEINTRE.

Si je me suis bien informé du lieu, sa demeure ne doit pas être éloignée.

LE POETE.

Que devons-nous penser de lui ? En croirons-nous le bruit que l'on fait courir, qu'il regorge d'or ?

LE PEINTRE.

Cela est certain, Alcibiade le dit ; Phrynia & Timandra ont reçu de l'or de lui ; il a aussi enrichi quelques Soldats maraudeurs. On dit même qu'il a fait un présent considérable à son Intendant.

LE POETE.

Ainsi, sa banqueroute n'étoit qu'un artifice pour éprouver la fidélité de ses amis.

LE PEINTRE.

Rien de plus : vous le verrez encore fleurir dans Athènes, & briller parmi les plus opulens ; ainsi, il ne sera pas mal-à-propos d'aller lui offrir nos hommages dans son infortune apparente. Ce sera de notre part un procédé honnête, & il ne faut pas sur-tout oublier l'objet de notre visite ; c'est de savoir, s'il est aussi riche qu'on le dit.

LE POETE.

Qu'avez-vous à lui présenter maintenant ?

LE PEINTRE.

Rien, quant à présent, que ma personne; mais je lui promettrai quelque chef-d'œuvre.

LE POETE.

J'ai envie de lui offrir le même leurre ; & je lui dirai que je prépare certain ouvrage pour lui.

LE PEINTRE.

C'est tout ce qu'il faut : promettre est le ton du siècle. La promesse tient éveillée l'espérance, qu'engourdit & tue l'accomplissement de sa parole. Tenir, n'est plus en usage que parmi les gens du peuple. Promettre est plus poli, plus à la mode ; tenir sa promesse, c'est faire son testament; cela annonce toujours une grande maladie dans le jugement,

SCÈNE III.

LES MÊMES, TIMON, *qui sort de la caverne, & les entend, sans être vu.*

TIMON, *à part.*

Fort bien! excellent Artiste; tu ne pourrois pas peindre un homme aussi méchant que toi.

LE POETE.

Je rêve à l'ouvrage que je lui dirai avoir préparé pour lui. Il faut qu'il en soit lui-même le sujet. Ce sera une satyre contre la molesse de la prospérité, contre la fortune, & un détail des flateries qui obsédent la jeunesse opulente.

TIMON, *à part.*

Faut-il aussi que tu fasses le rôle de fripon dans ta propre pièce? Feras-tu la satyre de tes vices & de toi-même sous le nom des autres? Va, écris, j'ai de l'or pour toi.

LE PEINTRE.

Mais cherchons-le : nous péchons contre notre fortune, si nous manquons l'occasion de faire quelque profit, en tardant trop à le joindre.

LE POETE.

Vous avez raison ; tandis qu'il fait jour & que la lumière nous offre ses dons, profitons-en, pour trouver l'or qui nous manque, avant que la nuit vienne tout remplir de ses noires ombres : venez.

TIMON, *à part.*

Je vais vous joindre dans un moment. — Quel Dieu est donc cet or, pour être adoré dans des Temples plus vils & plus abjects, que les lieux où l'on nourrit les plus immondes animaux ? C'est toi qui équipes les flottes dont la mer écumante est sillonnée ; toi qui attaches l'hommage & le respect au plus vil esclave. Sois donc adorée des mortels, vile idole, & que tous les hommes dévoués à ton culte en soient récompensés par tous les fléaux ! — Il est tems que je les aborde.

LE POETE.

Salut, noble Timon.

LE PEINTRE.

Notre ancien & digne Maître !

TIMON.

Aurois-je assez vécu, pour voir enfin deux honnêtes gens ?

LE POETE.

LE POETE.

Nous qui avons souvent éprouvé vos bontés, ayant appris votre retraite & la désertion de vos amis...... Oh, les ames détestables ! le Ciel n'a pas assez de châtimens pour punir ces cœurs ingrats. Quoi, envers vous! Vous, dont la générosité, comme l'astre du Ciel, donnoit la vie à tout leur être ; je me sens hors de moi ; je ne connois point d'expressions assez fortes, assez énergiques, pour revêtir de ses vraies couleurs, leur énorme ingratitude.

TIMON.

Laisse la nue ; elle n'en sera que plus visible aux yeux des hommes. — Vous, qui êtes honnêtes, le contraste de votre probité sert à faire sortir davantage leur infamie.

LE PEINTRE.

Lui & moi, nous avons voyagé dans la vie sous la céleste rosée de vos bienfaits ; elle a pénétré nos cœurs du doux sentiment de la reconnoissance.

TIMON.

Oh, vous êtes d'honnêtes gens.

LE PEINTRE.

Nous sommes venus ici vous offrir nos services.

TIMON.

Ames honnêtes ! comment reconnoîtrai-je votre attachement ? — Pouvez-vous manger des racines & boire de l'eau ? Non.

LE POETE.

Tout ce que nous pourrons faire, nous le ferons pour vous.

TIMON.

Vous êtes de braves gens; vous avez appris que j'avois de l'or, je le fais : avouez-le moi, fi vous êtes honnêtes !

LE PEINTRE.

On le dit, noble Timon ; mais ce n'eft pas là le motif qui amène mon ami, ni moi.

TIMON, *au Peintre*

Homme de bien, il n'eft perfonne dans Athènes qui foit capable de faire un portrait au naturel comme toi. De tous les Artiftes, tu es celui qui contrefais le mieux la vie & la vérité.

LE PEINTRE.

Vous me flattez trop, Seigneur.

TIMON.

Je le pense comme je le dis. — (*Au Poëte.*) Et toi, dans tes fictions, ton vers coule avec tant de grace & de douceur, que l'art y ressemble à la nature. Cependant, mes dignes amis, il faut que je vous le dise. Vous avez un défaut ; mais un défaut des plus légers, & je ne veux pas que vous vous tourmentiez beaucoup pour vous en corriger.

LE POETE & LE PEINTRE.

Nous prions votre Grandeur de nous le faire connoître.

TIMON.

Vous le prendrez mal.

LE POETE & LE PEINTRE.

Non Seigneur ; avec la plus vive reconnoissance.

TIMON.

Parlez-vous sérieusement ?

LE POETE & LE PEINTRE.

N'en doutez pas, Seigneur.

TIMON.

C'est qu'il n'y en a pas un de vous qui ne se confie à un coquin qui le trompe.

x ij

LE POETE & LE PEINTRE.

Nous, Seigneur ?

TIMON.

Oui : vous entendez l'impoſteur vous flatter ; vous le voyez ſe contrefaire ; vous connoiſſez ſon artifice groſſier, & cependant vous l'aimez, vous le nourriſſez, vous le rechauffez dans votre ſein. Soyez pourtant bien ſûrs, que c'eſt un parfait ſcélérat.

LE PEINTRE.

Je ne connois perſonne de ce caractère, Seigneur.

LE POETE.

Ni moi non plus.

TIMON.

Ecoutez, je vous aime tendrement, je vous donnerai de l'or ; mais chaſſez-moi de votre compagnie ces fourbes hypocrites ; étranglez-les, poignardez-les, noyez-les ; exterminez-les enfin par quelque moyen : & venez enſuite me trouver, & je vous donnerai de l'or libéralement.

LE POETE & LE PEINTRE.

Nommez-les, Seigneur ; que nous les connoiſſions.

TIMON.

Placez-vous ici, vous; & vous, là: chacun de vous féparément, tout feul fans compagnon : hé bien, un maître fripon tient encore compagnie à chacun de vous. (*Au Peintre.*) Si là où tu es, tu ne veux pas qu'il fe trouve deux coquins, ne te laiffe pas approcher de lui. (*Au Poëte.*) Et toi, fi tu ne veux pas habiter auprès d'un coquin, fuis loin de cet homme.

(*Timon prend un bâton, & les chaffe.*

Hors d'ici, couple de fripons; voilà de l'or : ah, vous en voulez de l'or, miférables ? — Vous avez travaillé pour moi ? Vous voilà payés. —Hors d'ici : tu es un Alchymifte, toi, convertis cela en or. Loin d'ici, vile engeance.

(*Timon rentre dans la caverne.*)

SCÈNE IV.

FLAVIUS, DEUX SÉNATEURS.

FLAVIUS.

C'est en vain que vous cherchez à parler à Timon. Il s'eſt tellement concentré en lui-même, que de tous ceux qui ont la figure humaine, il eſt le feul qu'il puiſſe aimer.

Ier. SÉNATEUR.

Conduis-nous à ſa caverne ; nous avons promis aux Athéniens de lui parler, & nous voulons acquitter notre engagement.

II. SÉNATEUR.

Dans des circonſtances toutes ſemblables, les hommes ne ſont pas toujours ſemblables à eux-mêmes. C'eſt le tems & le chagrin qui ont produit en lui ce changement ; le temps, en lui offrant d'une main plus fortunée le bonheur de ſes premiers jours, peut reſſuſciter en lui l'homme d'autres fois. Conduis-nous vers lui, au haſard de ce qui pourra en arriver.

FLAVIUS.

Voilà ſa caverne. — Que la paix & le contentement règnent en ce lieu, Seigneur Timon! Timon, reparoissez, parlez à vos amis; les Athéniens, représentés par ces deux Membres de leur respectable Sénat, viennent vous saluer; parlez-leur, noble Timon.

SCÈNE V.

TIMON, *sortant de sa caverne.*

TIMON.

Soleil, au lieu d'échauffer, brûle. (*Aux Sénateurs.*) Parlez: que chaque vérité qui sortira de votre bouche, enfle sur vous une pustule envenimée & qu'à chaque mensonge, un feu contagieux consume votre langue jusqu'à la racine!

Ier. SÉNATEUR.

Digne Timon!

TIMON.

Pas plus digne des hommes qui te ressemblent, que toi de Timon.

II. SÉNATEUR.

Les Sénateurs d'Athènes vous saluent.

TIMON.

Je les remercie, & je voudrois, en retour, leur envoyer une seconde peste (†), si ce fléau étoit en ma puissance.

Iᵉʳ. SÉNATEUR.

Oubliez une injure dont nous-mêmes nous sommes affligés pour vous. Le Sénat, d'un consentement & d'un cœur unanime, vous rappelle à Athènes, & vous destine certaines dignités qui sont vacantes. Elles sont à vous.

II. SÉNATEUR.

Ils confessent que leur ingratitude envers vous fut trop grande & poussée trop loin ; ils en font l'aveu. Le Peuple même, qui rarement revient sur ses injustices pour les réparer, sent, avec le besoin qu'il a du secours de Timon, l'indignité de son procédé, & implore votre assistance. C'est lui qui nous envoie vous témoigner son tendre repentir, & vous offrir des avantages beaucoup plus grands que ne fut l'offense. A force d'amour, de biens & d'honneurs accumulés sur votre personne, ils effaceront toutes les traces de leur injustice passée ; leur amitié vous

---

(†) Allusion à la fameuse peste d'Athènes dont parle Thucydide.

couvrira de ses dons, & vous deviendrez tout entier un monument éclatant de leur reconnoissance.

TIMON, *avec ironie.*

Vos offres m'enchantent, me surprennent délicieusement; je suis prêt à pleurer de joie : donnez-moi le cœur d'un fol & les yeux d'une femme, & ces offres brillantes, dignes Sénateurs, vont faire couler mes pleurs.

Ier. SÉNATEUR.

Daignez donc revenir parmi nous. Reprenez l'autorité dans Athènes, votre chère Patrie & la mienne; vous y serez reçu avec transport, & revêtu, au milieu de nos hommages, du pouvoir absolu. Votre nom révéré y régnera en souverain, &, avec votre secours, nous aurons bientôt repoussé les féroces attaques du cruel Alcibiade, qui, comme le sanglier des forêts, cherche à déraciner la paix dans le sein de sa patrie.

II. SÉNATEUR.

Et déjà son épée menaçante étincèle devant nos murs.

Ier. SÉNATEUR.

Ainsi, Timon....

TIMON.

Oui, Sénateurs, je le veux bien; oui, je le veux

bien.— Si Alcibiade tue mes Concitoyens, dites-lui de la part de Timon, que Timon ne s'en embarrasse guère; s'il livre Athènes au pillage, s'il insulte les cheveux blancs & respectables des Vieillards; s'il abandonne les Vierges sacrées aux derniers outrages & à l'insolence effrénée de la guerre furieuse, qu'il apprenne par votre bouche ce que dit Timon: « par pitié pour notre jeunesse & pour nos vieillards, je ne puis m'empêcher de lui dire...que je ne m'en inquiéte point. Qu'il déploie toute sa fureur, qu'il sévisse à son gré.» — Hé quoi! moquez-vous de leurs glaives, tant que vous aurez des gorges à couper. Quant à moi, il n'est point de poignard dans le camp le plus désordonné, que je ne préfére à la tête la plus respectable d'Athènes. Je vous abandonne donc à la garde des Dieux justes, comme des voleurs à leurs géoliers.

FLAVIUS.

Ne vous arrêtez pas plus long-temps: tous vos efforts seront inutiles.

TIMON.

Tenez, j'étois occupé à faire mon épitaphe: on la verra demain. Je commence à me rétablir de cette longue maladie de la vie: je retrouve tout dans le néant de tout. Allez, vivez, qu'Alcibiade soit votre fléau, & vous le sien, & vivez long-temps les fléaux les uns des autres!

Iᵉʳ. SÉNATEUR.

Nous parlons envain.

TIMON.

Cependant, j'aime ma patrie, & je ne suis point homme à me réjouir du malheur public, comme on en fait courir le bruit.

Iᵉʳ. SÉNATEUR.

Bien parlé.

TIMON.

Recommandez-moi à mes chers compatriotes.

Iᵉʳ. SÉNATEUR.

Voilà les paroles seules dignes de passer par vos levres.

II. SÉNATEUR.

Elles sont reçues dans nos oreilles avec la joie & les acclamations qui accueillent les guerriers triomphans aux portes de la ville.

TIMON.

Recommandez-leur Timon : dites-leur que, pour les consoler de leurs peines, de leurs craintes des ravages ennemis, de leurs maux, de leurs pertes, de leurs amours infortunés, & généralement de tous les accidens qui peuvent assaillir le frêle vaisseau de la nature dans le voyage incertain de la vie, j'ai à leur donner, par pure amitié, un conseil salutaire qui préviendra la fureur d'Alcibiade.

II. SÉNATEUR.

Ceci me plaît assez; il se rendra.

TIMON.

J'ai ici, dans mon jardin, un arbre que je veux abbattre pour mon usage, & je ne tarderai pas à le couper. Allez à Athènes, mes amis : dites à tous les Habitans, grands & petits, que si quelqu'un veut terminer son affliction, il se hâte de venir ici se pendre à mon arbre, avant que la coignée s'attache à ses racines ; recommandez-moi à leur souvenir.

FLAVIUS.

Ne l'aigrissez pas davantage : vous le verrez toujours le même.

TIMON.

Ne revenez jamais me voir : dites seulement aux Athéniens, que Timon a bâti sa dernière demeure sur les bords du rivage de la mer, qui vient une fois par jour la couvrir de son onde écumante. Venez dans ce lieu, & que la pierre de mon tombeau soit votre oracle. O ma bouche, prononce des paroles amères, & après que ma voix s'éteigne—: que la peste réforme les abus qui demandent à être corrigés; que les hommes ne travaillent qu'à creuser leurs tombeaux, & que la mort en soit le salaire!—Soleil, cache tes rayons; le règne de Timon est passé!

(*Il se retire.*)

Ier. SÉNATEUR.

Sa haine incorporée, pour ainsi dire, avec sa substance, en est devenue inséparable.

II. SÉNATEUR.

Toute notre espérance en lui est morte; retournons, & tentons quelque autre moyen d'écarter l'affreux danger qui nous menace.

Ier. SÉNATEUR.

Ce danger demande un prompt secours.

SCÈNE VI.

Le Théâtre repréſente les murs d'Athènes.

DEUX SÉNATEURS, UN COURIER.

Iᵉʳ. SÉNATEUR au COURIER.

Tu as bien pris de la peine pour le ſavoir; ſon armée eſt-elle auſſi nombreuſe qu'on le dit?

LE COURIER.

Ce que je vous ai dit, n'eſt rien encore; les préparatifs qu'il a faits, annoncent qu'il va bientôt être près de nos murs.

II. SÉNATEUR.

Nous courons un grand péril, s'il n'amène pas Timon.

LE COURIER.

J'ai trouvé en chemin un courier de mes anciens amis, & quoiqu'il allât d'un côté tout oppoſé à la route que je tenois, cependant nous avons cédé au penchant de notre vieille amitié, & nous nous ſommes arrêtés pour converſer amicalement enſemble.

Il venoit du camp d'Alcibiade, chargé de lettres pour Timon, qu'il alloit voir dans sa caverne. Alcibiade le prie de s'unir avec lui contre votre ville, dans une guerre entreprise, dit-il, en partie pour le venger.
(*Arrivent d'autres Sénateurs.*)

II. SÉNATEUR.

Voici nos Collégues.

III. SÉNATEUR.

Ne parlez plus de Timon, n'attendez rien de lui. —Déjà les Tambours des ennemis se font entendre, & leur marche redoutable obscurcit les airs d'une nuée de poussiere. Rentrons & préparons-nous : je crains bien que la chasse ne se fasse au profit de nos ennemis, & que nous ne soyons la proie.

SCÈNE VII.

Le bord de la mer ; un tertre de gason & dessus une pierre.

UN SOLDAT, *cherchant Timon.*

Selon la description qu'on m'a faite, ce doit être ici la place. (*Il appelle.*) Y a-t-il quelqu'un ici ? Hola ! Parlez. — Personne ne répond. — Que veut dire ce silence? — Ah! Timon est mort. Il a terminé sa carrière ; quelque bête sauvage a élevé ce tertre. Point d'homme vivant ici. — Sûrement il est mort. Et voilà son tombeau. Mais que vois-je sur la pierre ? Je ne sais point lire. — Je vais enlever cette inscription moulée sur la cire, & je la donnerai à notre Général ; il connoît tous les caractères. Quoique jeune d'années, il a la science des Vieillards. — S'il a mis le siége devant les murs de l'orgueilleuse Athènes, ce n'est que pour venger cet homme. La mort de Timon est le terme de l'ambition d'Alcibiade.

SCÈNE VIII.

Les remparts d'Athènes.

ALCIBIADE *paroît à la tête de ses troupes ; on entend les instrumens de guerre.*

ALCIBIADE.

QUE la trompette annonce à cette ville efféminée & à ses lâches habitans, l'approche terrible de notre armée.

(*Un Pourparler* ; *les Sénateurs paroissent sur les murs ; Alcibiade leur adresse la parole.*

Jusqu'à présent vous avez toujours avancé dans
vos

vos désordres ; vous avez rempli vos jours d'abus d'autorité, prenant pour loix vos injustes caprices. Jusqu'à présent moi, & ceux qui dormoient à l'ombre de votre pouvoir, nous avons erré, tenant nos armes reposées sur nos bras oisifs ; nous avons exhalé en vain nos souffrances dans nos soupirs. Enfin le moment est venu, où nos genoux trop long-temps (†) courbés sous le poids de votre oppression, se relèvent indignés & crient : « C'est assez. La vengeance, lassée d'égorger, va s'asseoir & se reposer sur ces siéges où la mollesse respiroit avec vous ; & la guerre, au visage bouffi de fureur, va s'élancer dans vos murs, & semer la terreur & le carnage ».

I. SÉNATEUR.

Jeune & noble guerrier, quand tes premiers griefs n'étoient qu'imaginaires, avant que tu eusses la force en main, & que tu pusses nous inspirer de la crainte, nous avons envoyé vers toi, pour calmer ta fureur, & réparer notre ingratitude par des marques d'amour qui devoient en effacer le souvenir.

II. SÉNATEUR.

Nous avons tenté aussi, par une humble députation,

(†) Image prise du chameau, qui les genoux fléchis pour recevoir le fardeau, se relève, s'il le sent trop lourd.

de réveiller, dans le cœur de Timon dénaturé, l'amour d'Athènes, en lui promettant d'effacer l'injure qu'il en avoit reçue. Nous n'avons pas tous été cruels ; nous ne méritons pas tous d'être enveloppés dans la ruine générale.

I. SÉNATEUR.

Ces murs n'ont point été élevés par les mains de ceux qui t'ont offensé ; & ton injure n'est pas si grave, qu'il faille détruire ces tours superbes, ces brillans trophées, & ces illustres Académies, pour punir leur faute personnelle.

II. SÉNATEUR.

Les Auteurs de ton exil ne vivent plus ; la honte & le désespoir d'avoir manqué de prudence, a brisé leurs cœurs. Noble Alcibiade, entre dans notre Cité tes enseignes déployées ; & si la soif de la vengeance t'acharne sur une pâture que la nature abhorre, prends sur les Habitans la dîme de la mort, & que le malheureux marqué par le sort périsse.

I. SÉNATEUR.

Nous n'avons pas tous été tes ennemis ; il n'est pas juste de venger sur les vivans le crime des morts : le crime n'est pas héréditaire comme un champ. Ainsi, cher Concitoyen, fais entrer tes troupes ; mais laisse ta colère hors des remparts ; épargne Athènes, ton berceau ; épargne tes parens ; ils vont périr avec ceux qui t'ont offensé, si tu n'écoutes que ta fureur. Entre, comme le berger dans le parc, sépare les brebis saines, & tue les brebis infectées ; mais n'égorge pas tout le troupeau.

II. SÉNATEUR.

Quel que soit ton but, tu y parviendras plutôt par la douceur que par l'épée.

I. SÉNATEUR.

Frappe seulement du pied nos portes fortifiées ; elles vont s'ouvrir. Envoie ton noble cœur devant tes pas annoncer que tu entres au nom de l'amitié.

II. SÉNATEUR.

Jette ton gantelet, ou quelque autre gage de ta foi, qui nous asfûre que tu n'as pris les armes que pour te relever, & non pour nous renverser ; ton armée entière restera dans la ville, jusqu'au moment où nous aurons rempli tes défirs.

ALCIBIADE.

Tenez, voilà mon gage ; descendez ; ouvrez vos portes ; vous me livrerez les ennemis de Timon & les miens. Eux seuls périront ; &, pour dissiper vos frayeurs, en vous déclarant mes nobles sentimens, pas un de mes soldats ne passera le poste que je lui aurai assigné. Si quelqu'un d'eux ose s'écarter des regles & du bon ordre dans l'enceinte de cette ville, les Loix en feront une justice sévère.

II. SÉNATEUR.

Sentimens généreux !

ALCIBIADE.

Descendez, & tenez votre promesse.

(*Un Soldat entre.*)

LE SOLDAT.

Noble Général, Timon est mort ; il est enterré sur le rivage, tout près des flots. J'ai trouvé sur son tombeau cette inscription que je vous apporte moulée sur la cire. Ces caractères attestent ma triste ignorance.

ALCIBIADE *lit l'Epitaphe.*

« Ci gît un corps malheureux, séparé d'une ame mal-
» heureuse. Ne cherche pas à savoir mon nom. Que la
» peste vous dévore tous, misérables humains qui restez après
» moi ! Ci gît Timon, qui détesta tous les hommes vivans.
» Passe & maudis à ton gré ; mais n'arrête point ici tes pas.

Ces mots, Timon, expriment bien tes derniers

sentimens. Tu avois en horreur la pitié des humains, & tu méprisois ces larmes stériles que la nature fait tomber de nos yeux ; & cependant une sublime idée t'inspira de faire pleurer à jamais le grand Neptune sur ta tombe, pour des fautes.... pardonnées, puisque Timon est mort, lui dont la mémoire, plus illustre dans l'avenir..... Conduisez-moi dans votre ville, j'y vais porter l'olive & l'épée. La guerre enfantera la paix : la paix contiendra la guerre ; toutes deux marcheront unies, & se commanderont mutuellement : allez : battez, tambours.

Fin du cinquième & dernier Acte.

NOTES.

Acte Premier.

Scène IV, page 57.

Timon. Si tu mangeois les grands Seigneurs, tu fâcherois nos Dames.

Apemantus. Oh! elles mangent les grands Seigneurs : & voilà pourquoi leur ventre prend tant d'embonpoint.

Timon. C'est là une idée bien libertine.

Apemantus. C'est vous qui l'interprétez ainsi : prenez-la pour votre peine.

Ibid. page 25.

Timon. Hé que ferois-tu, si tu étois un grand Seigneur ?

Apemantus. Ce que je fais à présent : je haïrois un grand Seigneur de toute mon ame.

Timon. Quoi ! toi-même ?

Apemantus. Oui.

Timon. Pourquoi ?

Apemantus. Pour avoir formé le sot désir, d'être un grand Seigneur.

Acte II.

Scène IV, page 57.

(*) *Varron.* Comment te portes-tu, Fol ?

Apemantus. Parles-tu à ton ombre ?

Varron. Je ne parle pas avec toi.

Apemantus. Non, c'est avec toi-même que tu parles. (*Au Fol.*) Allons-nous-en, viens.

Isidor à *Varron.* Voici le Fol qui déjà s'attache à ton dos.

Apemantus. Non, tu n'y es pas encore : tu es encore seul.

(*) *Ibidem*, page 58.

Le Fol. Messieurs, comment vous portez-vous ?

Tous. Grand merci, l'ami ; que fait ta Maîtresse ?

Le Fol. Elle est occupée à échauder (†) des animaux comme vous : Je voudrois vous voir à Corinthe (*a*).

Apemantus. Bon! Courage.

(†) Allusion à un Mal honteux.

(*a*) Nom général pour désigner un lieu de prostitution. Corinthe étoit une des Villes de la Grèce les plus dissolues. *Corinthi super mille prostitutæ in Templo Veneris assiduæ degere, & inflammatâ libidine quæstui meretricio operam dare, & velut sacrorum Ministra Deæ famulari solebant.* Alexander ab Alexandro.

Acte III.

Scène III, page 83.

(*) Le Diable ne savoit ce qu'il faisoit quand il fit un Intrigant : il s'est fait tort à soi-même ; & je ne puis croire qu'à la fin les crimes de l'homme ne le fassent absoudre des siens.

Acte IV.

Scène VI, page 140.

Apemantus. Je veux améliorer ton festin.

Timon. Commence par améliorer ma société, en t'ôtant de ma vue.

Apemantus. Ce seroit améliorer la mienne, en n'ayant plus la tienne.

Timon. Elle ne seroit pas améliorée ; elle n'en seroit que plus gâtée.

Ibid. page 141.

(*) *Apemantus.* Voilà une nefle (†); mange-la, Timon.
Timon. Je ne mange point ce que je hais.
Apemantus. Tu hais donc une nefle ?
Timon. Oui, quoiqu'elle te reſſemble.
Apemantus. Si tu avois haï les (*néfles*), flatteurs plutôt, tu m'aimerois mieux aujourd'hui. Quel prodigue as-tu connu qui ait jamais été aimé à proportion de ſes moyens (richeſſes) *ou*, après qu'il a perdu ſes richeſſes ?

Timon. Et quel homme ſans ces moyens (richeſſes) as-tu jamais vu être aimé ?

(†) Jeu de mots entre *Medlar*, Nefle, & *Medler*, un homme qui ſe mêle de tout, un flatteur.

Fin des Notes.

De l'Imprimerie de VALADE, rue des Noyers.

AVIS
AUX SOUSCRIPTEURS.

Avant de donner la suite des Pièces Historiques ou Nationales de Shakespéar, qui ont encore un degré d'intérêt supérieur aux premières, par la qualité des Personnages, & par la proximité des temps, j'ai cru à propos de réunir, au commencement du VIIe Volume, les remarques de M. Eschenberg sur les onze Pièces qui précèdent. Ce savant Professeur de Zurich vient de donner à l'Allemagne une Traduction complette des Œuvres de Shakespéar. Il a revu & perfectionné les Pièces déjà traduites par le célèbre M. Vieland, & complette l'Ouvrage qu'il avoit laissé imparfait. Il a orné sa Traduction de Remarques & de Notes sur chaque Pièce.

Les Notes renferment le travail des Commentateurs Anglois pour l'intelligence du sens, ou celle des allusions aux usages des tems & des lieux ; il en a ajouté plusieurs de son propre fonds. Les Remarques contiennent des détails historiques, plus ou moins vraisemblables, s'ils ne sont pas certains, sur les sources où Shakespéar a pu puiser, soit les sujets, soit l'idée de plusieurs scènes ; & aussi sur les imitations plus ou moins heureuses que d'autres Auteurs Anglois ou Étrangers ont enſuite haſardées d'après ce *grand Original*, pour me ſervir de l'expreſſion littérale de M. Eſchenberg, que je ne crains pas que l'équivoque du mot en françois, puiſſe jamais faire appliquer à Shakeſpéare dans une acception ridicule. M. Eſchenberg cite auſſi quelquefois M. de Voltaire parmi les Imitateurs de Shakeſpéare, ſoit pour les ſujets, ſoit pour les ſcènes & les détails de quelques Pièces. La liberté de juger les Étrangers, ne peut pas nous appartenir excluſivement ; il faut bien leur pardonner le même uſage de la liberté de penſer & d'écrire dans des matières où les opinions doivent être ſouverainement indépendantes. D'autres Écrivains encore vivans & diſtingués parmi nous, y ſubiſſent auſſi la critique purement littéraire du Traducteur Allemand : s'il ſe trompe, il leur eſt permis de compter pour rien ſon opinion. Pour moi, Traducteur fidèle & indifférent à ces diſcuſſions, mon objet eſt de raſſembler ce qui peut éclaircir & intéreſſer l'Ouvrage que j'ai entrepris de faire paſſer dans notre langue.

Il faut que les Libraires Suiſſes aient eu une opinion bien avantageuſe de ces Notes de M. Eſchenberg, puiſque, dans un Proſpectus répandu il y a trois ans, ils les préſentoient à l'Europe comme un appât déterminant pour ſouſcrire à la contrefaçon qu'ils propoſoient de cette Traduction naiſſante, &

AUX SOUSCRIPTEURS.

dont il n'y avoit encore que trois Piéces d'imprimées. Pour défintéreffer, s'il eft poffible, ces Libraires fi matineux, qui fe propofoient très-innocemment de moiffonner mon champ, à mefure que je le fémerois, je prends les devans, j'enrichis moi-même ma Traduction des Notes de M. Efchenberg, & je m'empare légitimement de l'ornement infidieux dont ils vouloient décorer leur ufurpation fi prématurée. Peut-être, pour glaner fur moi, attendront-ils à préfent, que j'aie recueilli l'honnête & modique fruit d'une entreprife laborieufe, innocente dans fes motifs & dans fon but, néceffairement utile aux Gens de Lettres, & dont, ceux mêmes qui ont pu chercher à la traverfer, ont profité, & profiteront encore.

Les VII & VIIIe Volumes paroîtront au commencement de l'année prochaine, & contiendront les premières Pièces du Théâtre national de Shakefpéare.

On trouve aussi chez l'Auteur, *les
Poésies d'Ossian,
Vue de l'Évidence de la Religion,
Nuits d'Young,
Méditations d'Hervey,
Éloge de M. le Maréchal du Muy.*

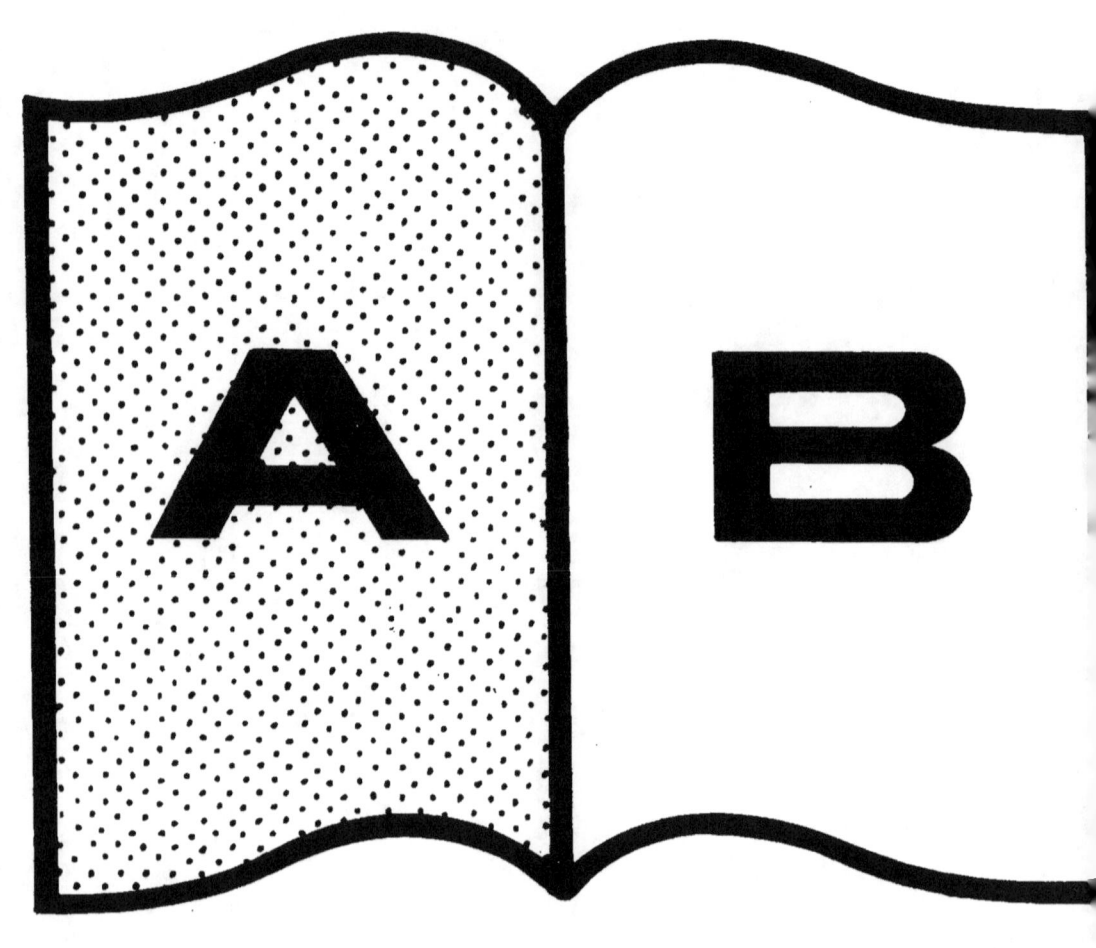

Contraste insuffisant

NF Z 43-120-14

www.ingramcontent.com/pod-product-compliance
Lightning Source LLC
Chambersburg PA
CBHW050249230426
43664CB00012B/1891